夏斯云 张国义 等 著

走向世界

近现代历史上的
上海对外贸易

上海人民出版社

本书作者名单

（按姓氏拼音排序）

吕佳航　　夏斯云

庾向芳　　翟海涛

张国义　　张　帅

目录

第一章　外贸体制嬗变与华洋关系变化

一、晚清外贸体制演变论纲

可能由于译著中英文“system”有多种汉语译词，在论述中国近代外贸史的著作中，不少学者常常把近代中国的外贸体制与外贸体系、外贸制度混用。体制、体系、制度的中文语义有所不同，但也有许多相通之处。本文统一使用体制一词，但在内涵上可能有所交叉。

从中国外贸体制的产生发展看，主要是作为外交体制的延伸或组成部分。我们理解的所谓“外贸体制”，一般指包含机构、政策、外贸主体，以及其他与外贸直接关联的各要素的外贸运行系统及运作模式，比如政府设置的专门外贸管理机构、制定的外贸政策、与外贸相关的诸如海关等包含外贸业务管理的相关机构、条约中与外贸相关的条款、关税及其他税收政策、外贸主体的华洋外贸商及其关系，以及航运、金融、保险等与外贸直接相关的要素，特别值得关注的是这些要素之间的互动关系以及相互影响演变并决定外贸运行的规律。①

所谓外贸体制的转型，实际上是一种旧体制向新体制演变的过程，近代中国外贸体制的转型就其实质而言，是从以自给自足小农经济为基础的、维护闭关保守的封建制度的外贸体制向适应开放态势、认同西方条约契约理念和制度、逐步融入资本主义全球化的市场经济体制的变化过程。

清初继承明代的朝贡贸易体制，继而由于闭关政策的需要，清政府逐步收缩对外贸易口岸，由多口通商限制为广州一口通商，清政府的朝贡贸易体制也随之改变为广州贸易体制。这种贸易体制限制诸多且极其保守，同时存在体制的内在缺陷，不断与西方的所谓全球自由贸易体制发生激烈冲撞。1840年爆发的鸦片战争即是这种矛盾激化的外在表现形式，清政府的战败以及《南京条约》等一系列不平等条约的被迫签订，导致广州贸易体制顷刻全盘瓦解，取而代之的是在上海形成一种适应不平等条约制约的新体制，我们把这种新的贸易体制与广州贸易体制相对应，称之为上海贸易体制，中外学者偏好称之为条约体制。

广州贸易体制已不是朝贡贸易体制

美国著名学者费正清与美籍华裔学者邓嗣禹在1941年合作发表《论清代朝贡体制》②一文，比较早地提出了东亚的朝贡体系(tribute system)与西方的“条约体系(treaty system)”的概念，并把它阐释为一种东西方相对应的“国际体系”；日本学者滨下武志从经济贸易角度出发，甚至称朝贡制度为“朝贡贸易体系”，将其与近代西方的自由贸易体系相提并论。这种阐释尽管

---

① 夏斯云等：《上海近现代对外贸易史纲》，上海人民出版社2015年版。

② J. K. Fairbank and S. Y. Teng, “On the Ch’ing Tributary System”, *Harvard Journal of Asiatic Studies*, Vol. 6(2), 1941.

也遭到许多质疑，但其学术观点长期左右欧美、日、韩学界的相关研究，并对中国学界产生重大影响，基本成为一种较为主流的叙事模式。①

朝贡体制是自古以来中国处理与周边国家和民族关系的一种外交模式，以后逐步延伸到西洋各国。朝贡体制起源于中国远古时期的五服制，它以礼作为一种秩序，反映了中国是天下中心，中国的君主是“天下共主”的世界观。在这种“天下观”的指导下，朝贡体制逐渐成为中国外交的严密而完整的体系，朝贡贸易体制是朝贡体制的一个重要内容。朝贡体制是古代中国中央王朝与国内未开化民族和国外藩属国之间基于“朝贡—封赏”，涵盖政治、经济、军事等内容的制度体系。② 朝贡贸易体制只是朝贡体制的一个内容，而在清初，朝贡关系的实质是政治，而非贸易。在朝贡关系中，贸易仅仅是政治的附属品。

晚清朝贡体制实际上已经走向衰败。有清一代，与中国有朝贡关系的藩属国只有 7 个，而长期与中国保持稳定朝贡关系的只有朝鲜、安南、琉球等国。③ 尤其是清朝晚期，实际来中国朝贡的藩属国越来越少。其衰败的原因一是晚清对周边藩属国影响力的衰减萎缩；二是先设置四口通商，继而限定在广州一口通商，加上民间的贸易活动，有了替代朝贡贸易的管道。

广州贸易体制脱胎于朝贡贸易体制，它由朝贡贸易体制的

---

①　日本学者廖敏淑认为，“不管是费正清等人主张的‘朝贡体系’还是滨下武志提倡的‘朝贡贸易体制’，两者都无法成立，其理由在于中国或清朝的传统通商制度并非朝贡贸易”。参见《近代中国、东亚与世界》（下册），社会科学文献出版社 2008 年版，第 444 页。

②　李云泉：《朝贡制度史论——中国古代对外关系体制研究〈绪论〉》，新华出版社 2004 年版。

③　祁美琴：《对清代朝贡体制地位的再认识》，《中国边疆史地研究》2006 年第 1 期。

互市制度发展而来。但是，自清康熙开放广州通商以后，在与西洋人，尤其是与英国东印度公司的长期贸易过程中，逐步形成了一种不同于朝贡贸易的体制，学界称之为广州体制或广州贸易体制。其实，仔细辨析，两者还是有所差别。一如朝贡体制和朝贡贸易体制，两者许多内容重叠，但毕竟前者是一套外交政治制度，后者是派生出的贸易制度。广州体制应该说是清政府在广州处理包含外贸在内的一种外交制度，而广州贸易制度则是在广州形成的一种处理中外贸易的制度或模式。

我们认为广州贸易体制相比朝贡贸易体制在实质上已发生了变化，已不是完全意义上的朝贡贸易体制。尽管清政府还死抱着朝贡体制的理念，但在实际的运作中已完全是两回事了，最起码从以下几个方面可以看出：

第一，从贸易的目的看，朝贡贸易是朝贡体制的重要组成部分，它体现中国是“天下共主，要求四方宾服”，所以其政治因素是第一位的，贸易附属于朝贡，即所谓“贡舶与市舶，一事也。凡外夷贡者，有贡舶即有互市……非入贡，即不许其互市矣”。[①]它崇尚天朝体制、强调怀柔远人、谨守夷夏大防、讲求防范控驭、不计经济利益。[②]尽管晚清政府仍然恪守着朝贡体制的思维，带有浓重的怀柔远人的外交意味，但是中外贸易的情势悄然发生了巨大变化，与传统的外贸已然不同。从16世纪起，西方开始不断来敲击古老中国的大门。广州贸易体制也正是适应日益增多的西洋人贸易、为加强管理而逐渐形成的有别于传统朝贡体制的外贸管理制度。它毕竟突破了明代以来的“非入贡，即不

① 王圻：《续文献通考》卷26，《市舶互市》。转引自严中平主编：《中国近代经济史（1840—1894）》上册，经济管理出版社2007年版，第3页。

② 郭小东：《打开“自由贸易”之路》，广东人民出版社1999年版，第34—40页。

许其互市”的朝贡贸易格局，允许西洋商人来华进行纯商业性质的贸易。清政府能够容忍广州贸易的存在，更多的可能是看重可观的贸易税收收入。

第二，从交易的对象看，朝贡贸易的对象是朝贡团组中的一些人。清政府一般为了体恤藩属国，允许朝贡国团组成员在规定的区域将随带的货物进行交易。“凡外国贡使来京，颁赏后，在会同馆开市，或三日或五日”，“非正贡时无故私来贸易者，该督抚即行阻逐”，“不许交易”。① 后来发生变化，随贡船而来的“其余私来贸易者，准其贸易，听所差部员，照例收税”。② 但这种贸易还是与朝贡有密切关系。而广州体制下，清朝与西洋各国基本上是贸易通商关系，清政府称之为“互市之群番”。其贸易对象已不是朝贡团组人员或关系人员，显然已是一些纯粹的商人。先是主要与西方各国的东印度公司进行贸易，后来主要与英国东印度公司进行贸易。尽管英国东印度公司带有浓重的官方特许的色彩，但它毕竟是一个商业公司。散商又后来居上，直至东印度公司垄断权被废止，散商成为对华的主要贸易商。这些散商已不是朝贡团组成员或关系人员，而已是追逐商业利益的纯粹商人。

第三，从贸易管理机构来看，朝贡贸易主要由清政府外交机构直接管理，不仅要在清政府指定的场所中进行交易，还要在外交机构的监管之下，“差官监视，令公平交易”。③ 在广州贸易体制下，清朝官府并不直接与西洋商人打交道，“天朝制度，从不与外夷通达书信。贸易事件应由商人转禀”，④通过行商处理与外

---

① 《清会典事例》卷510，《礼部·朝贡·市易》。

② 同上。

③ 同上。

④ 《史料旬刊》第21期，第767页。转引自李兆祥：《近代中国的外交转型研究》，中国社会科学出版社2008年版，第35页。

商的各种关系，行商是外商的贸易伙伴与对手。尽管行商亦官亦商，负有管理外商的责任，但它从根本上来说还是商人。因此，“粤海关和十三行是清朝外交体制针对非朝贡国家的一种独特外交体制设计”。① 它们成为管理“互市”国家贸易事务的专门机构，这是以前所不曾有的。

第四，从心态上来看，朝贡体制下的清政府尽管自傲自大，具有天朝上国的优越感，在闭关锁国体制下心态日趋保守封闭，以防范为主要考虑，但在广州体制下相对来说心态比较开放。

第五，从贸易格局来看，由于清政府认为，纯粹的商业贸易乃是“细事”，非如朝贡大事，一般不直接与闻，这样就无形中放弃了广州贸易管理权。广州贸易体制形成初期，行商还承担得起管理外商的职责，后来在广州的外商凭借雄厚实力日渐坐大，相继成立如特选委员会等管理机构，直接参与制定贸易规则，直接影响和控制广州的贸易活动，逐渐形成中外共管的格局。所以，日本学者冈本隆司著《近代中国和海关》，认为广州体制是清朝政府与西方重商主义接触后的产物是有一定道理的。

广州贸易体制的结构和运行机制

广州贸易体制主要由东印度公司，从事港脚贸易的西洋散商，广州行商，粤海关、广州地方政府官员等形成的贸易运行链条，他们的互动关系构成了广州贸易体制的核心内容。

在通往印度的航路被打通之后，葡萄牙、荷兰、英国和法国殖民者都相继入侵印度。为了达到垄断贸易的目的，都相继成立了由政府参与的东印度公司。英国东印度公司由一批伦敦富商于1600年组成并获得了英国女王颁授的垄断好望角及东印

① 《近代中国的外交转型研究》，第28页。

度等东方国家的贸易特权。随着英国殖民势力的不断强大，英国的东印度公司后来居上，势力最大。清朝两广总督吉庆曾奏称："查英吉利船只，公司生意最大。"①英国驻华商务监督马儒翰也说："在所有与中国交往的国家中，英国无论是在政治上，还是在商业上，都占有首要位置。"②英国东印度公司对华贸易的管理主要由其商务代理人大班负责。大班一般指船货管理员、商船押运员或船长。起初，即17世纪，英国东印度公司在每条或若干条货船设有公司大班，有时由若干大班组成大班委员会，随贸易季来华管理贸易，随来随还。1756年，开始出现大班在贸易季结束后仍住广州越冬的情况。1758年，大班委员会开始管理所有英商在广州的贸易事务。1762年，随着对华贸易量的不断增长，东印度公司在广州设立常设贸易机构，"大班常驻中国（广州）"，"在粤办理贸易事务"。③ 后来东印度公司在广州设有特选委员会专门管理对华贸易。

由于东印度公司获得英国女王的特许状，"特许状虽未经议会确认，但当时被认为具有真正的专营特权，所以经营许多年，该公司从未受其他商人的侵扰"。④ 当时，东印度公司一方面要维护东方贸易特别是对华贸易的垄断权，极力压制英国散商插手对华贸易，另一方面又要突破广州的行商体制，获取对华的自由贸易。随着英国对华贸易的不断发展，散商不断突破东印度

① 台北故宫博物院编：《清代外交史料（嘉庆 道光朝）》第一册，台北成文出版社1968年版，第6页。

② J. R. Morrison, "Relations of England toward China", *Tchinese Repository*, Vol. 6, pp. 244—246，转引自吴义雄：《条约口岸体制的酝酿——19世纪30年代中英关系研究》，中华书局2009年版，第6页。

③ ［美］马士：《东印度公司对华贸易编年史》第1—2合卷，区宗华译，中山大学出版社1991年版，第324、303页。

④ ［英］亚当·斯密：《国民财富的性质与原因的研究》下卷，郭大力、王雅楠译，商务印书馆1972年版，第307—308页。

公司的贸易垄断，东印度公司的贸易垄断权也不断受到挑战。

从18世纪70年代开始，就有英国散商到广州进行贸易。据载1796年有3名散商到广州贸易，以后逐年增加，1833年达35人，1836年更是增加到158人之多。除此，还有一些英属印度商人。① 由于英国散商的对华贸易与东印度公司的垄断权相抵触，不断受到东印度公司的压制和驱赶。但在巨大利益的驱使下，散商使尽各种招数到广州贸易。一些散商打着欧洲其他小国领事的身份，一些散商直接突破东印度公司的垄断体制，与其周旋。

英国散商除受到东印度公司的驱赶压制外，也受到清政府和行商的种种限制。清政府不准他们在广州过冬，不准携带女眷外出等等。粤海关还总是以各种借口刁难，迫使他们行贿才能给予方便。但是，在重重阻挠之下，英国散商还是得以迅速发展。一方面，散商对华贸易量持续增长，1830—1831年，进出口贸易量为27 710 483两，1833—1834年达31 473 247两，从英国对华贸易总量的66%发展到72%。1833年，东印度公司垄断权被终止后，散商在广州独大。另一方面，英国散商贸易行号实力显著增强，查顿-马地臣和颠地两个英国散商行号是其主要的英商集团，在散商贸易中占据绝对优势，“几乎控制了全部贸易的三分之二”②。

英国散商的经商理念和贸易规则与清政府和行商格格不入，不时发生冲突。散商既不满意东印度公司的垄断体制，更不满意清政府垄断广州贸易的行商体制。东印度公司的贸易垄断

① 《东印度公司对华贸易编年史》第1—4卷。另见《条约口岸体制的酝酿——19世纪30年代中英关系研究》，第8—9页。

② [英]格林堡：《鸦片战争前中英通商史》，康成译，商务印书馆1961年版，第27页。

地位被取消后，散商与清政府的矛盾日渐突出。

清政府在广州一口通商时期推行的广州贸易体制实在是无奈之举。以自给自足自然经济为基础的封建社会对发展贸易的内在动力是不足的。尽管广州的对外贸易有着可观的关税收入，但是清政府防范文化习俗迥异的西洋人的动力远远大于贸易利益的驱动。所以，在清政府的眼中，贸易只是“细事”，官府是不屑过问的。官府的主要着眼点就是防控西洋商人。18 世纪以来，特别是进入 19 世纪，随着英国工业革命的完成，英国等西洋商人对华贸易的攻势不断加强，清政府防范西洋人的措施也随之强化。正如有学者指出，乾隆中期前后清政府“对中外贸易的限制尚少，态度比较宽容”，以后“限制措施逐渐严格，趋于严密”。① 东印度公司垄断权被取消后，与行商对应的贸易垄断机构东印度公司不复存在，散商更趋活跃，英国即派来商务监督管理对华贸易，并要求与清政府进行官方的对等接触，以处理在广州发生的贸易纠纷等事宜，但一再遭到清政府的严厉拒绝，要求一切商务事宜仍须由行商代转表达，且须用以下对上的方式“呈禀”英方及洋商的要求，使得英国无法接受。散商对清政府以行商体制垄断贸易极为不满，对广州官府和粤海关的贿赂公行尤为深恶痛绝。

1684 年，康熙皇帝开始陆续创设东南沿海闽、粤、浙、江四海关，开海贸易。后来收窄为广州一口通商。广州的粤海关负责对外贸易的税收征缴，当然是清朝国家主权的体现。清代海关比起前代的市舶司显然有巨大进步，它适应了对外经济交往日趋频繁的需要，管理着与对外贸易相关的一切事务，一定程度上推进了外贸发展。但是时至晚清，粤海关的弊端日益凸显，逐渐

① 戴逸：《清代乾隆期的中英关系》，《清史研究》1993 年第 3 期。

增加了贸易运行的阻力。首先，它在华商的造船、拓展海外贸易、在海外的发展、利用本国资源等方面设置种种限制，实行阻碍出口的外贸政策。其次，它实施许多阻止外商与内地商民进行直接交易的措施。再次，它设置许多不利于外贸发展的关税及陋规，税种繁多，税率繁重，极大增加了外贸的交易成本。还有，越到后来，粤海关腐败丛生，贿赂公行，受到中外商人的普遍诟病。

广州贸易体制的核心内容是行商制度。自 1720 年公行成立，至 1842 年废止，前后绵延存续 120 多年。为了加强广州贸易的管理，清政府挑选一些殷实商户赋予特权组成外贸行号，称为洋行或十三行。行商主要具有以下几方面职能：一是代表清政府管理广州外商，落实官府对外商的限制措施。二是负责收税，承保输纳。三是专门从事对外贸易。清代的行商承袭了历代官商的传统，取得了垄断广州贸易的特权，“行商是得到官府正式承认的惟一机构”。① 行商利用垄断权压制民商与外商交易，只有行商自己才能是中外贸易的交易一方。同时，行商还承担了广州贸易的管理职能。清政府实行的行商制度是外贸与外交、官员与商人高度合一的制度，从而间接控制广州的西洋贸易。行商一方面受清政府指派管理外商，一方面又受到清政府多方掣肘，动辄被要求捐纳报效，时时又被地方政府和海关官员敲诈勒索，以致有些行商常有退出之意。一方面是外商的管理者，一方面又是外商的生意伙伴和贸易对手。这种错位的角色常常发生矛盾和冲突。但是，在贸易利益的驱动下，行商与洋商的联系越来越紧密，试图突破广州贸易体制，甚至依附外商资金

① ［美］亨特：《广州“番鬼”录》，冯树铁译，广东人民出版社 1993 年版，第 26 页。

支持以致屈从外商。

在广州贸易体制之外，还存在着不同于行商的华商群体即民商。起初粤闽开海贸易，清政府主张“轸念濒海居民，尽俾遂生乐业”，政策相对宽松。① 后来，清政府出于对民商的戒惧，管制日多。对出海民商诸多限制，如不准建造大的商船，不准海外造船带回，出海贸易须领取执照，不准逗留外洋等，严重削弱华商对西方商人的竞争能力。另外，民商出海贸易须缴纳繁重的税收。广州行商垄断体制形成后，国内民商一律不得与外商进行直接交易，否则将受到严厉处罚。同时，民商不但受到行商排斥，还时时受到粤海关的敲诈勒索。由于交易成本不断增加，民商从事外贸的积极性受到严重压制，因而阻碍了对外贸易的顺畅进行。所以，本该与外贸并行发展的民间私商未能够同步发展。

广州贸易体制形成之后，在相当长的时间里确实起到了推进对外贸易的有效运行，保证了清政府外贸税收的稳定，维护了清朝的统治秩序。但是，随着时间的推移和形势的变化，这种体制设计的内在缺陷和弊端日益突出。广州“形成了一个包括行商、粤海关监督、广东地方官员吏役在内的庞大的利益集团，他们垄断了对外贸易，得利甚多，不愿使贸易转向浙江”。②

在广州贸易体制中，清政府为了加强对行商的管控，设置了许多限制措施，如保商制度，一方面垄断进出口，另一方面负责缴纳进出口饷税，乾隆年间，不但洋商拖欠的钱款行商负有连带责任，即使行商中有一家倒闭，其他各行商也要负责清偿欠款，

① 《康熙二十三年户部开洋设关原案》，《明清史料》丁编，第8本，第746页。转引自黄国盛：《鸦片战争前的东南四省海关》，福建人民出版社2000年版，第302页。

② 戴逸：《清代乾隆朝的中英关系》，《清史研究》1993年第3期。

如果一家发生资金链断裂，其他行商都会受到牵连。1777 年，丰进行商倪宏文因欠款被乾隆下诏抄没其财产流放伊犁；1795 年行商石中和亦因欠债流放伊犁；1796 年十三行商总蔡世文因欠债自杀。上述行商欠债均由其他行商承担。① 而且一旦成了行商，不能进退自如，即使以年迈体弱请辞也很难办到，特别是殷实的行商更难。如嘉庆时的总商潘致祥曾靠贿赂巨款得以辞去行商，但没过几年，嘉庆十九年（1814 年）两广总督上奏：潘致祥"身家素称殷实，洋务最为熟练，为夷人及内地商民所信服。从前退商，本属取巧，现当洋行疲敝之时，何得其置身事外，私享厚利，应饬仍充洋商"。② 上述种种严重制约了行商的竞争力，使得中国方面的行商相对于外商始终处于劣势地位，时时处于一种难以预测的风险之中，双方的贸易进程时时处于危机之中。就连东印度公司商人都提出要求清政府废除这种欠款连坐制度，后来又因部分外商担忧欠款回收难以保证并坚决反对而作罢。

从政治上来说，广州贸易体制对外商的严加管束体现了清政府的国家主权，抵御了西方国家急于打开中国大门的企图。但是出于一种防控的需要，对外商的诸多限制显然有悖时代趋向。当然，有些规定如不准外商男女在大庭广众过于亲昵则主要是因为这些行为不合中国的文化习俗。

从以上各个贸易主体的相互关系可以看到，广州贸易体制的内在缺陷十分明显。

广州贸易体制只准行商从事中外贸易的垄断性质，排斥了民商的介入，抑制了市场竞争的活力，行商垄断的低效率必然使

---

① 谭元亨：《国门十三行：从开放到限关的逆转》，华南理工大学出版社 2011 年版，第 191 页。

② 《清代外交史料（嘉庆朝）》四，第 6 页。

得贸易结构简单化和交易成本的扩大化。它极大地阻碍了对外贸易的有效进行，限制了中外市场的有效融通，很难应付西方日益发展的海外贸易大潮和日益激烈的贸易攻势。

行商的双重角色是难以统一的，两者恰恰互相削弱。广州体制赋予行商官商合一的角色，使得行商始终处于一种政治与经济、维稳与逐利的矛盾之中，显然难以持续。不管是在封建社会还是在现代社会，只要进行经济活动，商人很难摆脱经济利益的追求，行商一身两兼的角色是很难统一的。为了追逐商业利益，与外商必然是合作伙伴关系，利益的共同体又必然使得行商的管理职能很难到位。为了履行管理职能，与外商必然又是管理与被管理关系。垄断利益的追逐，必然阻滞市场的竞争活力和贸易的有效运行，与外商的矛盾日益积累。因此，行商在广州贸易的过程中，一方面与官府、粤海关连成一气刁难压制外商，利用管理外商的特权不讲贸易规则，使得贸易处在一种无规则状态之中；另一方面，为了追逐利益，不断突破清政府的限制，私自向外商借款，在外商强大的资本压力下而受制于外商。

清政府虽然赋予行商双重角色、垄断地位，但是没有对国内行商起到有效保护。为了达到有效牵掣行商的目的，清政府设置了种种妨碍行商发展的制约措施，行商如同戴着脚镣跳舞，处处受制。互保制度制约行商的发展，使得行商时时面临集体危机。同时，清政府对行商不断施行经济盘剥，捐纳不断，官府和海关还时时敲诈勒索，这些显然不利于行商作为贸易商人的发展，严重削弱了行商的竞争力。后来，行商日益屈服于外商的资金压力，不断向外商贷款，商欠成为行商的沉重负担，与外商竞争能力日益削弱，当外商不断突破广州贸易体制，日益扩大贸易规则制定权和话语权时，行商也越来越无能为力。

广州地方官府和粤海关的腐败日益妨碍广州贸易体制的有

效运行。广州地方官员囿于清朝外交体制，拒绝与外商的直接接触。在东印度公司存在期间，一边是东印度公司，一边是十三行行商组织，两边的贸易垄断机构比较对等，广州体制的运转还算顺畅。到了散商兴起，特别是东印度公司垄断权废止后，英国派来了代表官方的商务监督，清政府还是拒绝接触就极大地损害了这个贸易体制的有效运行。后期的散商也好，英国商务监督也好，已不能认可行商的对等地位。事实上，行商也越来越难承担起代表清政府管理广州中外贸易的重任。粤海关是因应多口通商设置的一个管理外贸的机构，广州一口通商后，粤海关管理清政府外贸的作用日渐重要，特别是管理西洋外商的贸易活动。随着时间的推移，粤海关的弊端日益严重，税收设置不合理、办事效率低下、贸易政策不透明等，特别是刁难中外商人，贿赂公行，受到中外商人的普遍诟病。清政府的制夷防控措施，虽然有抵御西方入侵的一面，但还是十分消极的措施。

外商凭借雄厚的资金实力参与广州贸易规则的制定，不断渗透和侵蚀广州体制。随着时间推移和中外贸易主体实力发展失衡，广州的贸易秩序越来越难以维持，越来越不适应中外贸易情势的变化，受到的冲击也越来越大，不断受到来自外商的挑战。所以，即便鸦片战争没有发生，广州贸易体制也是难以为继的，其崩溃只是时间问题。

上海贸易体制的产生及其运行特征

英国等西方列强为了能够扩大对华贸易，认为广州贸易体制越来越成为扩大贸易的障碍。英国为了解决这个问题不惜诉诸武力，发动了对华侵略的鸦片战争，而林则徐的广州禁烟只不过是一个导火索。1842 年，清政府被迫与英国签订《南京条约》，彻底结束了延续 120 多年的广州贸易体制。

根据《南京条约》，清政府同意开放广州、上海、厦门、福州、宁波五口通商口岸。广州贸易体制瓦解后，在上海逐渐孕育产生了一种全新的贸易体制，中外不少学者称之为条约体制或条约口岸体制。其实，与广州贸易体制相对应，似乎可以称之为上海贸易体制。我们认为，与广州贸易体制不同，上海贸易体制并非只在上海，而是在上海孕育产生并发展，以后逐渐扩展到中国其他地方。

上海贸易体制主要由外商或外国洋行、外国金融机构、外国驻上海领事、华商或贸易行号、买办、江海关、上海地方官府等因素构成的贸易链条，它们相互作用，推动了上海对外贸易的运行。

洋行外商是推动上海贸易体制运行的最主要因素。《南京条约》签订后，清政府被迫开放五口通商，上海是外商最为青睐的地方，他们挟着雄厚的资本纷纷登陆上海滩。当然也包括了许多极具冒险精神但资本短绌来上海寻找发财商机的人。据记载，外商在上海设立的洋行在1847年为24家，1850年为32家，1852年为41家，1859年达62家，呈直线上升。① 开埠后的上海外商一是资本雄厚，像怡和、宝顺、旗昌、沙逊、琼记等洋行都是老牌的英美洋行，在广州贸易时大都靠从事鸦片贸易起家，积聚了相当雄厚的资财；二是装备精良，拥有自己的水上仓库，甚至船队；三是配套齐备，在进行贸易的同时，还经营汇兑、贷款、保险、轮运等外贸相关业务；四是熟悉海外市场，上海的外国洋行有定期的邮船传递商业情报系统，知悉最新的商情变化，实际上也掌握了商品定价权；五是熟知贸易规则，许多洋行经营经年，在贸易流程上非常熟悉，重视合同定约，在贸易纠纷和规避风险

① 上海通志编纂委员会：《上海通志》第4册第21卷，《对外贸易与经济合作》，上海人民出版社2005年版，第2916页。

上处于主动地位。还有外国洋行得到了上海领事的支持甚至庇护。洋行洋商受巨大利益驱动，推动了贸易体制的转型。在上海贸易体制中，洋行外商享受着比广州贸易体制更大更多的市场行为的自由。

五口通商后，根据《南京条约》等规定，英美等国在上海等地都设有领事，“专理商贾事宜”①。在开埠初期，上海除了英国派驻领事外，其他各国主要由商人兼任领事。这些领事不管是专职领事还是其他亦官亦商的领事，对于保护洋行商人的利益，按照西方的理念建立新的上海贸易体制，维护商业秩序是不遗余力，谨守职责的。在沪外国领事对于新的上海贸易体制的形成和成功运行起到了积极作用。一是既竭力保护本国商人，为在华商民创设种种便利条件。在沪领事为本国商人积极主张权利，特别是维护商人免于广州贸易体制中官府和粤海关的勒索。他们凭借领事裁判权，按照自己本国的法律处置触犯中国法律的商人，甚至袒护和包庇，损害了中国的主权。二是约束本国商人的违法行为。如果在沪外国领事一味偏袒外国在沪人员，上海贸易体制也是很难持久运转的。为了使新产生的贸易体制能够正常运转，上海的外国领事也确实约束他们的商人，对于违反中国法律的商人和其他人员按照其本国法律进行处置，使之能够遵守带有浓重西方色彩的贸易制度。在历史文献中，有许多在沪领事处理包括商人在内的外国人与中国人之间冲突的案例。尽管有些领事处理案件并没有适用中国法律，侵害了中国司法主权，甚至也有庇护和纵容一些不法商人偷逃税收和非法走私的事情，但毕竟约束了在沪外国人那些无法无天的行为。

① 王铁崖编：《中外旧约章汇编》第1册，生活·读书·新知三联书店1957年版，第31页。

英国外交大臣巴麦尊就指示在华官员说："英国臣民以他们在国内决不敢加诸最低贱的人的那种蛮横轻侮的行为，妄施诸中国人，这是不能容许的。"①三是督促本国商人正常纳税，例如在小刀会起义期间，上海陷入无政府状态，英法美驻沪领事暂时承担起收税责任，尽管小刀会起义被镇压后并未能向清政府如数归还税款，但由于他们维持了商业秩序并部分归还了税款，还是受到上海地方官员的欢迎。当然，值得指明的是，上海外国领事要求建立的是在西方理念之下的贸易体制，但他们的维护作用也是存在的，这符合当时中外双方的利益。四是与上海地方官员基本能够保持良好沟通，监督条约执行。开埠初期，因朝廷不想在通商口岸"横生枝节"，以曾与洋人打交道的商人或曾与洋人交涉的官员充任上海地方官，因而上海出现了商人道台的现象，领事与这些商人道台的沟通大多较为顺畅，对于维持上海的贸易秩序和执行条约颇为有利。

五口通商后的江海关是代表清政府收缴关税和管理外贸的专门机构。特别是在小刀会起义以后，由英法美等有约国领事选派的外籍代表组成的外籍税务管理委员会专门管理江海关的外籍轮船进出口业务，由于仿照英国海关的运作机制，其与广州贸易时代的粤海关不同，它比较遵守在上海形成的新的贸易体制，相对来说比较清廉，不像粤海关任意增加税收，办事相对比较透明，索要贿赂、刻意刁难的情况相对较少。对经历过广州贸易的粤海关情形的洋行商人来说，江海关比较令人满意，这对上海贸易体制的运行顺达起到了积极作用。

开埠后的上海地方官员相较于广州地方官员有很大的不

① ［美］马士等：《远东国际关系史》上册，姚曾廙译，上海书店出版社1998年版，第146页。

同。一是大多出身于商人或者与商业有相当联系。吴健彰开埠前曾任行商，开埠后携巨资至上海成为著名买办，后纳钱捐官，授候补道，被清廷认为是“通夷之才”，授苏松太道兼江海关监督。第二次鸦片战争期间充任道台和江海关监督的吴煦也是因为在上海与洋人打交道较多，参与在上海与英法间的通商税则谈判而得到朝廷青睐。二是因为他们与商业贸易有相当关联，有较强的商业利益驱动，上海贸易体制的正常运转与他们利益攸关。三是他们比较愿意与西方打交道。与当时大多数官员或鄙视洋人或畏敌如虎不同，他们与洋人接触较多，有更多感性认识，愿意与他们沟通。四是由于在通商口岸经商或为官多年，比较了解西方的贸易规则。过去我们更多地认为他们出让了许多国家权益，对外国侵略者步步退让，使得中国越陷越深于半殖民地半封建的境地，当然这点也是值得诟病。但是，在当时的大背景下，上海地方官员能够直接面对西方列强，在无可逆转的情况下，他们不像广州地方官员回避矛盾，消极应对，而是选择了直接面对，逐步熟悉西方的贸易规则，在可能的情况下据理力争，维护中国商人的权益，应该说也是一种不错的选择。

五口通商后的上海，根据《南京条约》的规定，“凡有英商等赴各该口贸易者，勿论与何商交易，均听其便”。① 废止了行商垄断的贸易制度，中国商人无须通过任何中介，可以直接与洋行外商做生意。开埠初期的上海商人大多从广州等地尾随洋行外商来沪，以后宁波等地商人逐渐加入。上海商人相对比较开放，善于学习，很快适应了外商的贸易规则和习惯。上海商人起初靠依附洋行外商组织洋行需要的货源，代理销售洋行的外国商品。以后随着上海商人越来越熟悉和适应上海贸易体制，逐渐

---

① 《中外旧约章汇编》第1册，第31页。

发展壮大，不仅成为外商的贸易伙伴，更是商业竞争对手。

外商来到上海，尽管打破了行商垄断体制，被允许直接寻找合作伙伴进行贸易活动，但还是遇到难以克服的贸易障碍。首先，不通中文，无法与上海商人沟通。其次，上海市面上流通的货币非常复杂，外商并不通习。因此，上海贸易体制的运转受到阻碍。为了使得贸易活动能够顺利进行，外商采用了起着中介作用的买办，形成了买办制度。买办起先大多来自广东的商人，后来宁波、苏州等地的商人逐渐挤入买办行列。过去我们指责买办帮助洋行外商打开了中国市场，使得外商通过买办深入中国内地，掠夺中国资源，倾销外国机器制品，加速瓦解了中国传统经济，起到了西方列强的帮凶作用，使得中国的殖民地半殖民地危机不断加深。这从政治上来看，具有一定道理。但是，买办不仅大多懂得外语，通晓中国市场情况，也熟悉洋行外商在鸦片战争后推行到中国的贸易规则，了解外商的生活习性，正如郝延平所说，在本来受到阻隔的中外贸易两端架起了桥梁。① 如果没有买办制度的形成和买办的桥梁作用，上海贸易体制的顺利运行是难以想象的。随着中外商人的沟通能力和互信的加强、贸易市场逐步发育正常和货币制度的改良，买办在贸易过程中的作用逐渐消失，甚至成为中外商人交易中难以容忍的包袱，所以后来买办制度逐渐退出上海贸易体制成为情理中事。

从以上分析可以看出，如同广州贸易体制的衰亡一样，上海贸易体制的建立和发展同样具有必然的因素。当然，上海优良的贸易环境也是新的贸易体制在这里产生并辐射全国的重要原因。

---

① ［美］郝延平：《十九世纪的中国买办：东西间的桥梁》，李荣昌等译，上海社会科学院出版社 1988 年版。

上海贸易体制的历史作用

从广州贸易体制向上海贸易体制的转型是一种整体性的变革，包括贸易的理念、政策导向、机构管理、中外贸易主体等结构要素及其互动关系发生了变迁，其实质是从封闭、封建的传统体制向开放的现代体制的转型，尽管这种体制的转型是在中国遭受西方列强侵略的屈辱过程中进行的，但它意味着中国融入西方资本主义体系，在转型过程中获取了现代功能。从广州贸易体制到上海贸易体制转型的实质内涵是自给自足的封建经济体系转入资本主义的体系，是一种封闭的系统开始进入一种开放的系统，当然也是一种主权独立的状态被打破的过程，被迫进入一种主权受损的半殖民地半封建的社会状态。

上海贸易体制与广州贸易体制相比具有根本性的差别。

广州贸易体制是清政府占主导地位。广州一口通商是清政府应对西洋贸易，改变朝贡贸易做法的主动而为，所有制度设计都是清政府占据主导，尽管在广州体制后期，西洋商人的话语权越来越大，但总的格局没有改变。上海贸易体制则是在鸦片战争枪炮威胁下签订了一系列不平等条约的情况下被迫接受的贸易体制。所有或者说主要的制度设计都由西方列强占据主导地位。

广州贸易体制的目的是维护封建制度免受冲击，是闭关政策的结果，具有极度的封闭性；上海贸易体制是在不平等条约框架下，封建的大门被冲破，小农经济逐渐瓦解，中国经济被卷入全球化后资本主义体系逐渐生成的带有自由贸易特征的制度，具有相当的开放性。

广州贸易体制是建立在自给自足自然经济条件下的封建对外贸易制度，上海贸易体制是资本主义市场经济背景下的产物。尽管就全国而言，中国还是封建的自然经济，但是在对外贸易的强力冲击和牵导下，以上海为核心的东南沿海的自然经济逐步瓦解，形成与世界市场相连接的市场经济。

广州贸易体制的贸易主体先是英国东印度公司和十三行两个对等的垄断贸易主体，后来散商逐步发展并推动了东印度公司垄断制度废止。但是，中国方面始终是具有垄断地位的行商，他们排斥体制外的自由贸易的民间商人。上海贸易体制的贸易主体已彻底放开，中外贸易主体不设限制，都是自由商人。这种自由商人具有较强的冒险和创新精神，是上海体制的活力所在。

广州贸易体制的行商制度，是外交与外贸、官员与商人高度合一的制度，行商同时承担部分外交管理的职能。上海贸易体制与外交虽有一定关系，但已是比较纯粹的对外贸易运行制度。

广州贸易体制具有垄断性，上海贸易体制具有竞争性。广州贸易体制核心是行商制度，行商是清政府特许的垄断商人，他们排斥民间商人与洋商的直接交易，使得本来的供需交易双方人为地出现阻隔，中断了贸易信息，无形中增加了贸易成本。上海开埠后，外商可以在上海等口岸自由贸易，广州贸易体制的封建性外贸垄断被打破，上海等沿海口岸成为自由竞争的市场。清政府及地方官员、海关等已不能如在广州那样任意干涉，外贸商人、商品、价格以及贸易方式等一切由市场决定和调节。“没有任何事物防阻一个外国人”，他们可以把商品“总而言之到任何地方，同时沿途兜售”。① 在上海体制下，华、洋商人在不平等条约的制约下尽管不可能平等相处，但其走向是市场经济条件下的竞争关系。

广州贸易体制中的行商、粤海关、官员等结成庞大利益集

---

① ［美］泰勒·丹涅特：《美国人在东亚》，姚曾廙译，商务印书馆 1959 年版，第 272—273 页。

团，贿赂公行，使交易费用不断增加，交易流程很不顺畅，阻碍了中外贸易。上海贸易体制形成了各个体制要素之间的制衡关系。相对来说，清政府官员受到较大制约，没有可能像广州体制时那样为所欲为，贸易管理、海关管理越来越透明，其政策制定也越来越考虑中外商人的诉求，与贸易运行越来越对接和匹配。

上海贸易体制的形成既有外力的作用，也有内在的原因。首先，动力的外在性。上海贸易体制形成的主要动力是西方列强的强行推动。西方列强通过枪炮和不平等条约强行把中国拖入西方体系，从这个角度来说确实是冲击的结果。其次，关系的平衡性。如前所述，在新产生的上海贸易体制中，清政府地方官员、上海领事、海关以及各项制度之间总体出现了一种新的制约，达到了一定的平衡。再次，利益的一致性。在新的体制中，尽管在不平等条约制度下，华洋之间的中国始终处于弱势地位，贸易主体的华洋商人的地位是不平等的。但是，各个贸易主体还是有诸多的利益重合，能够在新体制中找到各自的位置，找到各自的利益。华洋商人在总体竞争的态势下，从依附共生逐渐达到竞争共生。还有，地域的开放性。新开埠的上海相比较广州来说，不仅地理位置优越，而且具有比较悠久的外贸传统，特别是比较开放，华洋之间的贸易关系维持相对比较顺畅。这些都十分有利于新体制的顺利产生和持续运行。

由于上海贸易体制是西方列强通过枪炮强行推行的结果，因此，它具有自身的特点。首先，被迫性。近代中国的开放是被强制的，列强以炮舰开道，以不平等条约强化外商特权，规范口岸贸易秩序，开拓中国市场。因而无论口岸地方官、华商还是士绅阶层对于新兴的贸易体制是不由自主地屈从和适应，因而可能普遍带有屈辱感。其次，现代性。上海贸易体制是列强试图复制自己的一套自由贸易规则，其现代性是不容置疑的，为中国融入现代化潮流提供了契机。但近代中国的现代化是由外部强制启动的，而非内生的，其在世界资本主义体系中的附庸地位以及被掠夺和剥削的特征伴随着半殖民地半封建社会的始终。再次，开放性。上海贸易体制容纳了华洋商人、地方官、领事、海关等贸易要素，规划了各要素的互动关系，体现其包容、多元、开放的特点。由于得襟江带海的地利之便，上海贸易体制推动了上海贸易的快速发展，第二次鸦片战争后被复制到各通商口岸，成为条约体制的重要样板。

因此，上海贸易体制既有积极意义又有消极作用。

上海贸易体制开启了中国外贸体制的转型，使得中国卷入了西方资本主义的贸易体系，给古老的中国注入了现代性的内涵。在贸易的牵引和推动下，中国的旧体制瓦解同时，也引起了中国的连锁反应，发生了一系列新变化。但是，中国在迈向新时代的同时，又套上了许多不平等条约的锁链，损害了中国的国家主权，中国坠入了半殖民地半封建社会的深渊。

上海外贸新体制的形成在一定程度上使对外贸易焕发了活力和生机。世界资本主义市场机制的引入，打破了广州旧体制的贸易垄断。在新体制下，中国外贸获得了长足发展。在新体制下，中国的新式外贸企业和外贸商人群体迅速形成。在与外商的竞争中，从依附关系逐步走向博弈的竞争关系而共生共存。但是，在不平等条约的束缚下，中国的外贸始终处于弱势地位，中国的外贸商人很难与实力强大的外商处于平等地位。外商拥有强大的资本实力，掌握世界外贸市场的信息和贸易渠道，熟悉资本主义的市场规律和贸易规则，并操控外贸的定价权。外商利用上述优势，压迫中国的外贸企业和商人，这又极大地阻碍了中国外贸的健康发展。

上海外贸新体制带来了中国外贸的大发展，先进的资本主义工厂的机制产品通过各种渠道纷纷涌入，中国的农民通过外贸享受到了机制产品的价廉物美。但是，机制产品很快冲垮了中国自给自足的小农经济的基础，中国农民的生活方式受到冲击，原有的生计遭到破坏。在市场机制的作用下，中国的农民开始适应外贸产品的需求。由于外商的强势，西方商人拥有进出口商品的绝对定价权，“凡各大埠，皆西商为主，而华商听其调度，凡市面行情、银价，一皆听命于西人”，①进口商品价格被抬高到价值之上，出口商品价格被压到价值之下，形成进出口商品的“剪刀差”，并呈逐步扩大趋势。② 西方商人凭借不平等条约特权，突破口岸贸易的国际贸易常例，特别是利用2.5%的子口低税，深入腹地、内河贸易，逐步形成了适应洋货内侵的从口岸到内地的市场体系。中国农民并没有享受到外贸发展的红利，外贸成了外国资本主义掠夺中国资源的利器，中国农民依然生活在贫困之中。

由于五口通商主要在东南沿海，上海外贸新机制的作用发挥也基本在东南沿海，由此东南沿海得到了迅速发展，上海迅速成为中国外贸中心。在外贸的带动下，金融、航运等外贸配套的行业也迅速发展，工业在上海等沿海城市迅速集聚，城市功能迅速齐备。但是，中国外贸的发展不是内生性的，而是适应西方资本主义的入侵而发展起来的。而且，中国外贸进出口商品结构长期以农副产品等低端初级原料产品为主，进口产品以西方国家的机制产品为大宗。这就使得中国的西部和广大农村一直处于适应这样的外贸格局的状况之中，造成了中国西部的长期落后和中国农村的长期贫困，形成阻碍中国经济均衡发展的二元

---

① 汪康年：《论华民宜速筹自相保护之法》，《汪康年文集》上册，浙江书画出版社2011年版，第41页。

② 吴承明：《中国资本主义与国内市场》，中国科学出版社1985年版，第274—280页。

格局，造成中国长期难解的社会问题。

（夏斯云撰稿）

二、权力及利益的博弈与近代中国海关的转型

早在20世纪30年代，美国汉学家费正清就曾从外交史的角度对近代中国海关的转型进行了研究，他注意到英美的外交协调推动了1854年上海外籍税务管理委员会的建立。① 后来又在其名著《中国沿海的商业与外交：条约口岸的开放（1842—1854）》中，将外籍税务管理委员会的建立置于“挑战—反应”的理论框架下，侧重分析了一些中外人物在该项制度产生过程中的重要作用。② 国内治海关史的名家陈诗启认为外籍税务管理委员会接管江海关的夷税征收权是英国等列强逐步侵夺海关行政权的一个步骤，也是将海关作为对华关系基石的实践。③ 以我们今天的眼光来看，近代中国海关的转型实际上是清朝独立的封建海关转变为受列强控制并与西方贸易体系接轨的近代海关。其间外籍税务管理委员会的建立是重要的转折点，从此列强插手海关并直接改造海关，至1858年《天津条约》签订后，遂

---

① J. K. Fairbank, The Creation of The Foreign Inspectorate of Customs at Shanghai I: February-April 1854, *The Chinese Social and Political Science Review*, 1936. 1, Vol XIX, No. 4, pp. 469 - 514; The Creation of The Foreign Inspectorate of Customs at Shanghai II: May-July 1854, *The Chinese Social and Political Science Review*, 1936. 1, Vol XIX, No. 5, pp. 42 - 100.

② J. K. Fairbank, *Trade and Diplomacy on the China Coast: the Opening of the Treaty Ports (1842 - 1854)*, Harvard University Press, 1964.

③ 陈诗启：《中国近代海关史（晚清部分）》，人民出版社1993年版。

将上海的海关模式向各口推广，外籍税务司制度在全国范围确立，从而进一步将中国纳入到西方主导的世界贸易体系。

以下试图从英国为首的列强、清廷、管辖条约口岸的地方官三者之间的权力和利益的博弈关系来分析近代海关的转型。就清廷和列强来说，清廷传统的朝贡贸易体系与开埠后以不平等条约为基础的国际贸易有诸多抵触，导致了海关机制转型的开启；就朝廷与地方官来看，由于清廷在鸦片战争后不愿直面与列强的交涉，使得条约口岸的地方官员在处理贸易与外交事务中有了相当的操作空间，为海关转型创造了契机；此外，就列强与地方官的关系而言，条约口岸中外共治的局面造成了列强与口岸地方官有诸多的利益重合，最终促成了江海关新关外籍税务管理委员会的建立，推动近代上海的海关机制实现转型；而在其后几年的实践中，列强力图在其他各口推行此模式，而清廷则体验到了海关税收增加以及"以夷制夷"的便利。最终《天津条约》后的商约订立，通商各口"划一管理"，清廷与列强利益的结合导致外籍税务司制度建立起来。以下就从三方的权力及利益博弈来分析外籍税务司制度的发轫及其推广。

海关转型的开启：清廷的朝贡贸易体系与列强条约体制的不相容

随着《南京条约》的签订及五口通商，清政府处理对外商贸、政治关系的机制开始从朝贡体系进入条约体制的时代。开埠之初两种外交体制并行，中西方关系被纳入不平等条约构建的框架中，而中国与传统朝贡国，如朝鲜、越南、琉球等依然保持朝贡关系。① 两种体制并存对于清政府的外交理念及实际运作均是

① 梁伯华：《近代中国外交的巨变——外交制度与中外关系变化的研究》，香港商务印书馆有限公司 1990 年版，第 37 页。

极大考验。由于历史文化的惯性，在处理对西方关系时，清政府仍停留在朝贡体系的观念中，忽视经济利益而关注政治秩序，不能主动变革以适应新的外交和贸易关系，而以英国为首的列强则试图将中国纳入世界资本主义贸易体系，从而造成了两种体制的矛盾冲突。其冲突主要表现在以下几个方面。

首先是清政府的华夷之辨与列强主权平等观念的冲突。华夷之辨为朝贡体系的基本意识形态，它将华夏置于各文明的顶端，俯视周边蛮夷。对此，列强洞若观火，因而在条约中特别要求清廷平等待己，如《南京条约》第十一条："议定英国驻中国之总管大员与中国大臣，无论京内、京外有文书往来，用'照会'字样"；《望厦条约》第四条规定美领事与清地方官："遇有交涉事件，或公文往来，或会晤面商，务须两得其平"；《黄埔条约》也有相同要求，第四条："中国地方官与该法国领事等官。均应以礼相待，往来俱用平行"。但开埠之初，清政府上下基本还是以夷夏之辨的话语来讨论和处理对外关系。英人仍称"英夷"，美人被称"米夷"，法人被称"佛夷"，各国公使被称"夷酋"。大臣的奏折、朝廷上谕仍不出"抚驭""羁縻"等语。① 苏松太道麟桂向朝廷奏报："查英吉利夷人，桀骜不驯，与山林野兽无异，虽通人性，惟重货财。礼义不知，贸易为务。"②以麟桂执掌上海五年的阅历也没能跳出外人是"犬羊之性"的旧话，可见观念的改变确是个长期的过程。至1858年中英《天津条约》签订，该问题终于有了一个了断。条约第五十一条规定"嗣后各式公文，无论京内外叙大英官民，自不得提书夷字"。萧一山说："南京条约是外国人和

---

① 《近代中国外交的巨变——外交制度与中外关系变化的研究》，第47页。

② "中央研究院"近代史研究所编：《道光咸丰两朝筹办夷务始末补遗》，台北"中央研究院"近代史研究所1966年，第261页。

我们争平等的结果……及天津条约订立，外国人才有意把已得的特权，变为条约的义务。”①可见在双方实力较量的过程中始终伴随着观念的交锋，清政府虽然不可能在短期内转变观念，但在武力胁迫之下不得不在形式上按照西方主导的国际惯例行事。

其次是清政府一贯的外交策略与条约体制的冲突。在鸦片战争后，清廷的外交策略依旧是“设法羁縻”与“以夷制夷”等朝贡体系下的老办法。费正清评论：“尽管西方最终摧毁了这个古老的政治和文化架构，但中国第一阶段的回应无所作为，也无革新，仅仅在重复既定的行为模式。”②从清政府这方面来说，“设法羁縻”一是在通商口岸给予一定商业便利，安抚列强；二是采取“不理睬”对策，有官员认为“咸以不理为羁縻之术，其技自穷”。③官员们大多照此办理，以一个“拖”字诀对付外人；三是利用民众的排外情绪，给外人施加压力。清廷尤对“以夷制夷”寄予厚望，认为可以利用美、法与英国的矛盾，牵制英国。如 1854 年江苏巡抚许乃钊奏称英夷在上海势大，“吴健彰遂阴结米、弗两夷酋，以孤英夷之势”。④ 但无论“设法羁縻”还是“以夷制夷”，如以强大国家实力为后盾或可奏效，但在力量悬殊，并有不平等条约束缚的情况下，上述策略基本流于空谈和自我安慰，有时还须承受冲突的后果。

因为在条约体制下清政府已“无法羁縻”。列强以恪守条约为名，强索租界等，往往以最后通牒迫使地方官妥协了事；“以不

---

① 萧一山：《清史大纲》，上海古籍出版社 2005 年版，第 128 页。

② J. K. Fairbank, *Trade and Diplomacy on the China Coast: the Opening of the Treaty Ports*(*1842 -1854*), Harvard University Press, 1964, p. 7.

③ 中国科学院上海历史研究所筹备委员会编：《小刀会起义史料汇编》，上海人民出版社 1958 年版，第 256 页。

④ 同上书，第 241 页。

理为羁縻之术”则是典型的鸵鸟政策，奉此为圭臬的两广总督叶名琛被英军俘获客死印度即是明证；政府虚弱而妄图以民气制列强终成画饼，亦会被列强视为破坏合约，使其有所借口。在条约体制下“以夷制夷”亦不可能。1844 年中美《望厦条约》载有片面最惠国待遇条款，普遍适用于各有约国，从而破坏了清政府一向以为得心应手的“以夷制夷”的策略。因为根据片面的最惠国待遇条款，一国获取特权，其他列强一体均沾，使得他们在向清政府索取通商特权方面有了共同利益，从而能够互相协调，共同进退，朝贡体系下的外交策略已无法解决清政府处于弱势的外交商务问题。①

最后是通商口岸海关行政与对外贸易发展的不适应。此类不适应主要表现在两个方面：一是通商各口海关的各自为政与协定关税、统筹债赔发生矛盾。鸦片战争前后的海关除粤海关因系肥缺，由皇帝从内府钦派海关监督并由两广总督协同办理外，其他都是由将军、总督、巡抚委派兵备道管理或自行兼管，缺乏统一的管理和协调。在执行不平等条约方面各行其是，尤其不利于执行协定关税和统筹赔款，列强因而迫切要求改革海关行政。② 二是海关的腐败及低效率引发洋商普遍不满。海关实行包税制，定额之外，尽入私囊，贪污勒索成风，枉法徇私司空见惯。有大臣弹劾江海关监督吴健彰徇私免除朋友关税四万多两。③ 外人评价“吴道台昔在广东被称为 Samqua(吴三官)特许商人，染广东贸易之恶风与官界之弊习，开关后未几，即与商人

① J. K. Fairbank, *Trade and Diplomacy on the China Coast: the Opening of the Treaty Ports(1842 -1854)*, Harvard University Press, 1964, p. 198.

② 《中国近代海关史(晚清部分)》,第 97 页。

③ 《小刀会起义史料汇编》,第 252 页。

结托，大行其收贿主义”。[①] 尤其是旧海关在制止走私方面无能为力。上海的英领事开始还依据条约协助江海关监督约束英国商人的走私行为，但因非缔约国商人走私泛滥，江海关无力查禁，英国商人不满，英领事遂于1851年照会吴健彰，放弃对本国商人走私的干预。正常的贸易秩序业已无法维持。在此情形下，英商呼吁英领事介入江海关的管理，而英领事也认为不可能指望清政府自主调整海关行政以适应条约体制，他们就有了按照自己的方式去改造和控制中国海关的意图。而当时清政府向地方官下放了外交商务方面的一些权力则为列强介入中国的海关行政提供了契机。

转型的契机：清廷下放外交商务权力

清廷下放贸易、外交权力的原因主要有二：一是时势使然，鸦片战争爆发及其后一系列对外交涉将地方督抚推到了外交的前台。在朝贡体系中，地方督抚、将军对外交事务的参与非常有限，仅涉及贡使的出入境管理、接待、护送及外国文书翻译等。此外对在沿海口岸来华通商的外国商民行使管辖权。[②] 但自鸦片战争爆发，战争波及的沿海地方官开始直面与列强的交涉，朝廷指示地方官员一面组织抵抗，一面对英夷相机“羁縻”、“开导”。而地方官与列强打交道的效果往往好于朝廷派遣的重臣。“粤难纠纷，首相督师，屡偾厥事。朝廷间用督抚董戎，多不辱命，犹复不制以文法，故能霈施魄力，自是权又移于督抚。”[③]1842年8月，英军兵临南京，道光帝命令两江总督耆英偕伊里布与英

---

① ［日］高桥柳松一郎：《中国关税制度论》，李达译，商务印书馆1929年第4版，第29页。

② 《近代中国外交的巨变——外交制度与中外关系变化的研究》，第31—34页。

③ 赵尔巽等：《清史稿》卷114，中华书局1976年版，第3264页。

国代表签订《南京条约》。其后，先后签订中美《望厦条约》和中法《黄埔条约》，开创了地方官员参与对外交涉的先例。① 二是朝廷阈于朝贡体系下处理对外关系的积习，不愿与列强直接交涉，索性因势利导，将商务外交推给地方督抚办理。鸦片战争后至天津条约以前，与洋人交涉的主要地方官是两广总督兼钦差大臣。1844 年上谕："各省通商善后事宜，均交该督办理，著仍颁给钦差大臣关防，遇有办理各省海口通商文移事件，均著准其钤用，以昭慎重。"②钦差大臣已由临时派遣变为权宜设置，兼办通商与外交，各国叩关求市，必须以广东为门路，以两广总督为总汇，其将各口办理的对外交涉总揽其成。③

但在专制制度下，以地方官办商务外交势必造成种种窒碍：一、地方官并无最终决策权，他们只是"清廷使外人远离北京的缓冲器和防波堤"。④ 不过靠拖延、推诿、不理睬等"羁縻"之策不可能使处于强势的列强放弃其索求，他们最终会以战争手段达到目的。二、地方督抚办外交，各口岸不能协调统一，最终形成各自为政办外交的局面。耆英任两广总督时尚能直接与列强交涉，继任之徐广缙、叶名琛对列强采取不理睬对策，更不可能对其他各口的外交商务"总揽其成"。于是各口岸地方官基本自主处理商务外交事宜，特别是有关条约内容的具体实施，主要由各口岸领事与地方官直接交涉。三、地方官对朝廷虚言搪塞。地方官肩负"羁縻"之责，却无实力与列强周旋，列强予取予求，地

---

① 谢俊美：《政治制度与近代中国》，上海人民出版社 1995 年版，第 77—78 页。

② 《筹办夷务始末》（道光朝）卷 71，台北文海出版社 1966 年版，第 18—19 页。

③ 《近代中国外交的巨变——外交制度与中外关系变化的研究》，第 44 页。

④ 同上书，第 45 页。

方官往往以妥协告终，为了避免无能的指责或通夷的罪名，他们向朝廷奏报夷情时往往轻描淡写、避重就轻。

地方官办外交的上述特点导致中国的对外交涉没有系统的方略，得过且过，各口岸不协调，且上下阻隔，不能形成合力积极主动与列强交涉。有评论说“向来中国政府对外政策，凡与外国有关系之事，务限于狭隘之贸易范围以内，仅委任僻远各商埠地方官吏办理之，中央政府力求避免与外国发生直接关系。然而地方官吏又各自以地方的利害为念，不顾全国大局，仅以保全个人地位生命安全为能事”。① 故地方官往往通过在自己可以操作的范围内给予列强特权以避免引发事端。对朝廷则敷衍搪塞，避免承担责任。因而列强得以在各口岸因地制宜，各个击破，蚕食利权。就上海而言，开埠之初，按照朝廷指派，两江总督璧昌、江苏巡抚孙善宝对上海通商事务负有专责，但上任伊始便向朝廷奏称如英领事“知有大员驻节，事无巨细，辄向臣等干求，转多窒碍”，因此“此时一切事宜，自应由该道等禀商覆办”。② 将上海的对外交涉全推给了苏松太道，后来的租界谈判也都由道台一手操办，以致朝廷对上海的情形满头雾水。1859 年钦差大臣桂良奏称：“上海地方，城外东、北两面江岸，全系夷人房屋。……不知当日，何以令其占踞地面如许之多，又兼处处扼要，实不可解。”咸丰帝朱批：“何不详细绘具图说，朕始了然于胸。”③正因为下放了对外交涉的权力，上海的具体情形如租界划定、江海关引入外人，朝廷都不甚了了。

至于将外人引入海关管理，应是英美列强要求修约中的一

① 《中国关税制度论》，第 34 页。

② 《筹办夷务始末》(道光朝)卷 70，文海出版社 1966 年版，第 9—10 页。

③ 《筹办夷务始末》(咸丰朝)卷 34，第 6 页，见《续修四库全书》史部第 417 册，上海古籍出版社 2002 年版，第 257 页。

个小插曲。1854 年 4 月英美公使在香港会晤，结成修约的联盟，美公使麦莲遂北上至上海，此时的上海县城还在小刀会起义军之手，而在城外清军与列强军队则在 4 月初发生了“泥城之战”，租界几乎成为兵营，贸易停顿。麦莲意识到需缓和与清政府的关系，并敦促清政府重整海关，恢复贸易秩序，而英领事阿礼国认为此为插手中国海关的好时机，遂向麦莲提出改革江海关的建议，于是美领事马辉通过苏松太道吴健彰，要求两江总督怡良能与麦莲会晤，怡良答应了麦莲的提议，即引入外人管理海关，然后由吴健彰与英法美三国领事具体商谈操作事宜。从整个过程看，是上海的英领事提议推动，吴健彰牵线搭桥，麦莲与怡良定调，最后吴健彰与英领事等具体操作，朝廷自始至终并未与闻此事，只是怡良在尘埃落定之后，于 7 月底的一份奏折中轻描淡写一笔带过。两江总督、江苏巡抚与朝廷反复探讨最多的是小刀会起义期间外商欠税的讨还，而这个对晚清中国内政外交产生深远影响的海关行政改革并未引起朝野的重视。可见朝廷下放外交商务权力的举措确是海关转型的契机。而外人之所以能够介入海关行政，则是由于英领事卖力地向英公使包令、美公使麦莲兜售他的海关改造计划，吴健彰亦不遗余力地促成麦莲与怡良的会晤，实际上阿礼国等与吴健彰有利益重合之处，这也是促成外籍税务管理委员会建立的重要因素。

转型的促成：列强与口岸地方官利益的契合

口岸地方官主要的职责是“抚夷”，而“抚夷不外通商”。事实上，外国领事几乎全程参与对外贸易，如外轮入口，需要到领事处报备，结关手续办妥，再去领事处领取船牌等。开埠之初，英领事按条约规定还负有向海关监督提供走私情报等责任。此外，由于领事裁判权，涉及外轮外商的诸多事务都需领事介入。实际上已经形成了领事与朝廷地方官共同管理通商口岸，共同管理对外贸易的格局。这也造成二者之间既有矛盾冲突、利益博弈，也存在利益重合的复杂关系。

双方利益的重合之处主要在于共同维护条约体制下的口岸贸易秩序。就上海而言，英领事阿礼国需要推动英国货物的倾销，维护英商利益，监督条约执行；而吴健彰一方面需要列强不"另生枝节"，另一方面须保证江海关的税收能够完成上缴的定额。在小刀会起义之前虽然没有大的波澜，但如第一部分所提及，从朝贡体制沿袭下来的贸易体制已经与条约体制格格不入，尤其是太平天国运动席卷至江南，极大影响了长江中下游的对外贸易，对税收和秩序贸易都造成了严重损害。太平军占领南京、镇江后，外国商品的滞销，百货堆积于上海，英国洋行于是向领事要求停缴关税，以资贴补。英领事阿礼国答应了这个要求。时未三月，而英商所欠关税，为数已达十六万八千两之巨。而此时清军与太平军战事正紧，需款甚急。于是清政府直接向英公使文翰提出交涉。英公使命令英商继续缴付关税。[①] 共同的利益要求双方在条约的框架内行事，斗而不破，而小刀会起义为双方博弈带来转折。

1853 年 9 月 7 日小刀会占领上海县城，江海关亦被捣毁。英美领事于 1853 年 9 月 9 日发布"在海关行政停顿期间船舶结关临时规则"。英国领事、美国副领事要求英美进口商、航运商、货运承办人向领事馆缴纳应缴的关税，可缴纳现银，或见票四十日在上海付款且其收款人户名为中国海关监督的远期支票。当年 10 月 10 日吴健彰发布通告，"所有该道管辖及关税征收事宜仍按旧例办理"。并在两条旧兵船上重建海关。[②] 而

① 蒯世勋：《上海英美租界在太平天国时代》，《小刀会起义史料汇编》，第 996 页。

② 《小刀会起义史料汇编》，第 306 页。

英美领事不予承认，仍按“临时规则”代行征收关税的职责，声称等官军收复上海县城，吴健彰到江海关复职视事之日再行商谈。其后法、美等国领事先后发布通告，视上海为自由港，本国商人无须缴纳关税。1854年2月9日吴健彰在虹口承租民房设立临时海关，英法美领事予以承认，但逃税严重，吴健彰遂于3月25日照会阿礼国要在白鹤渚、闵行镇设立两处关卡征收丝茶的出口税，实际上是向中国商人征收丝茶的出口税。英法美领事认为“中国当局这种措施显系违反条约”。英美领事显然不愿江海关回复到小刀会起义前的状况，想借机逼吴健彰就范，按照他们的意愿改造海关。而当时列强的对华政策及上海地方官与领事的共同利益最终促成了外籍税务管理委员会的建立。

与清政府合作是当时英美列强的对华主导策略。美公使马沙利(Humphrey Marshall)1853年7月致函美国务卿：“我认为美国的最高利益所寄，是在于支持中国——维持此间秩序，在这衰朽的躯干上，逐渐嫁接出健全的原则，给政府以生命和健康，而不是坐视中国变成为无政府状态蔓延的场所，并最终成为欧洲野心的牺牲品。”①1854年2月13日英国外交大臣给英使包令的训令提出修约的具体要求，此时太平天国被列强视为虚假的“解放者”，他们认为还是应该与清政府打交道。② 包令在香港先后与美、法公使会晤，并就江海关的问题达成履行条约义务的共识。美国公使麦莲于4月26日到达上海。他认为如果上

① Tyler Dennett, *Americans in Eastern Asia: A Critical Study of the Policy of the United States with reference to China, Japan and Korea in the 19th Century*, Barnes & Noble, Inc. 1941, p. 227.

② J. K. Fairbank, The Creation of The Foreign Inspectorate of Customs at Shanghai I: February-April 1854, *The Chinese Social and Political Science Review*, 1936. 1, Vol XIX, No. 4, p. 500.

海这样长期处于战争状态，在上海的中外利益都会被摧毁殆尽。①

而此时吴健彰为保障税收，在闵行镇、白鹤渚两地设置税卡从中国商人那里扣除出口税，这未尝不是吴健彰逼列强与其谈判的一个办法。因为此前怡良、许乃钊的奏折中提及吴健彰的建议：密令上海周边的闽、浙、赣等省停止向上海销售丝茶，给洋商施加压力，并称已经密咨浙江、江西巡抚照此办理。② 上述做法很有可能使上海贸易陷入停顿或将商人推到其他口岸，损害洋商在上海的利益。这也的确造成了列强要解决此事的紧迫感。麦莲与在沪英美领事商谈，并达成共识，认为应该尊重中国的关税征收及征税模式，避免中国方面任何会导致贸易停顿或致使贸易转移到其他口岸的措施。③ 基于此，美驻上海领事马辉函邀吴健彰、吉尔杭阿与麦莲会晤，美公使遂向上海地方官提出要与两江总督怡良会谈的要求，并请他们代为转达。

而清政府此时也急需与英美达成妥协。连年的战乱，需饷孔亟，海关税收可解燃眉之急。而且在内乱频仍之际，更不想再惹外患。而列强也需重建上海的贸易秩序，维护在华商务。双方都有协商的需要。1854 年 6 月 21 日，在与怡良的会晤中，麦莲提出一个方案，根据该方案，“上海海关监督应赋有全权，俾会同三个有约国领事，为今后本口海关奠立在永久性基础上的行政，进行商谈和缔结一个协定”。主张在一个外国税务管理

① Jules Davids, *American Diplomatic and Public Papers: The United States and China*, Series I, Vol. 5, Scholarly Resources, Inc. 1973, Doc. No. 14, pp. 33.

② 《小刀会起义史料汇编》，第 238 页。

③ Jules Davids, *American Diplomatic and Public Papers: The United States and China*, Series I, Vol. 5, Scholarly Resources, Inc. 1973, Doc. No. 14, pp. 33 - 34.

委员会的直接管辖下在苏州河重建海关。总督同意了这个计划。①

6月29日，根据麦莲与怡良达成的共识，吴健彰与英、法、美领事商谈，达成协议。根据协议，有约国领事各提出税务监督一名，并由道台委派，组成税务管理委员会，并委托他们遴选华洋属员，管理夷税的征收。这样，江海关就被划分为两个互不统属的部门：一个是上海道管辖下的老关或大关，管理华商民船贸易的华税征收事宜；另一个是税务管理委员会管理下的新关或洋关，管理夷税征收事宜，就是对外贸易关税。列强通过税务管理委员会控制了江海关新关的行政权。②

吴健彰于7月4日给三国领事写信“从本月12日起，所有进入或结关船只，都必须遵照新的章程”。③ 三国领事于6日布告三国商民“自本月12日起所有进口出口船舶的货运承办人，必须向苏州河岸海关办理进出口报关手续，一切关税统由该处海关严格遵照条约规定予以征收”。④ 外籍税务管理委员会的建立一方面实现了阿礼国等以外人介入海关管理的初衷，以便切实执行不平等条约，维护贸易秩序。另一方面，吴健彰等地方官也可以借此“羁縻”外夷，“以夷制夷”，“免生事端”，最为重要的是获得稳定的关税，因为税收对于维持地方运作，协调军饷，且与个人收益直接相关。所以尽管吴健彰不愿洋人插手夷税征收，“但拒不接受将只意味着贸易和船舶的管理处于无政府状态

① Tyler Dennett, *Americans in Eastern Asia: A Critical Study of the Policy of the United States with reference to China, Japan and Korea in the 19th Century*, Barnes & Noble, Inc. 1941, p. 227.

② 《中国近代海关史(晚清部分)》，第30页。

③ 《北华捷报》，1854年7月8日。

④ 《北华捷报》，1854年7月6日。

和税收的全部损失；他还受着英、美官员偿还因实行《暂行章程》外商期票欠税的诱饵，于是屈服了”。① 总之，列强与地方官之间尽管存在权力和利益的博弈，但要看到双方的实力远不在一个等量级上，地方官也得不到朝廷的切实支持，没有多少讨价还价的本钱，所以往往以屈服收场。但也应当注意到，列强要在通商口岸确立条约体制没有中国地方官的合作亦不可能，所以需要找到与地方官的利益的契合点，适当许之以利。

新机制的推广：列强与清廷利益的结合

列强与清廷的博弈基本上也秉承其对付口岸地方官的模式，以武力迫使朝廷屈服，以适当利益诱使其合作。外籍税务管理委员会模式的推广很大程度上得益于其在上海的成功实施，使得列强与清廷都能从中各取所需。

首先，外籍税务管理委员会的模式之所以能够在全国范围内推行主要是列强确立条约制度的需要。仅在上海一口实施外人管理关税虽然确保了上海的贸易秩序，但也招致洋商的不满，因为上海的新关行政规范、稽查严格，而其他各口仍然违规严重。因而列强认为如果要切实执行不平等条约，就需要由外人统一管理的海关行政，所以在《天津条约》之后的《中英通商章程》第十款载明：关于关税“各口划一办理”、“任凭总理大臣邀请英人帮办税务”。从而使外籍税务管理委员会制度在通商各口统一推广，形成了外籍税务司制度。

其次，上海的外籍税务管理委员会制度得到了清廷和地方大员的认可。新关人员精简，管理严格，将西方的管理制度引入了江海关，而且外人在中国基本没有社会关系，很大程度上限制了海关内部的腐败。最重要的是税收增加，缓解了清廷的燃眉

① 《中国近代海关史(晚清部分)》，第29页。

之急。尽管在谈判时，英美在华的公使及驻沪领事归还1853年9月至1854年2月期间关税的承诺没有完全兑现，英国政府以小刀会起义期间清政府未能履行保护对外贸易秩序为借口免除了英商关税，美国仅归还了三分之一。但外籍人员管理下的海关，税收成本较低，尽征尽解，对于财政窘迫的清政府不啻雪中送炭。有学者估算外籍税务司管理下的海关行政费大体占到海关税收的十分之一，高于英国，而低于法、美，与国内其他征税机构大约消耗其税收的五分之四相比，效率有天壤之别。① 1855年关税征收176万两，比外籍税务管理委员会成立前的1853年54.5万、1854年59.1万增加了很多(但这两年由于小刀会起义和英美领事刁难，征税较少)，即使与太平天国战乱之前的1851年的102万和1852年的124万相比亦有显著增加，②考虑到1853年后长三角战乱，商务受创尤剧，1855年的税务增长还是极为可观的。地方大员也受到江海关示范的鼓舞，1859年两广总督劳崇光奏称："惟有仿照上海办法，用外国人治外国人，语言通晓，底蕴周知，内地奸民无从煽惑勾串，于税务必有裨益。"并称按照"上海办法"试办一个月后"税务已觉渐有转机"。③ 不过，在清政府的眼中，以外人管理海关终究还是他们"以夷制夷"的思路。

再次，随着外籍税务司制度成为英国对华关系的基石，对英国为首的列强而言，其意义已超出维护条约体制的范畴。1859年，清廷指派英国人李泰国为总税务司，7月23日李泰国指派英人德都德(H. T. Davies)为江海关司税(27日改为税务司)，洋关税务司制度形成。法美两司税离去，外籍关税管理委员会消

① 《中国关税制度论》，第23—24页。
② 《中国近代海关史(晚清部分)》，第38—39页。
③ 《筹办夷务始末》(咸丰朝)卷45，第37页，见《续修四库全书》史部第417册，上海古籍出版社2002年版，第499页。

亡。至1943年，170名江海关税务司都由外人任职。而1859—1949年先后担任全国总税务司的五人中前四任均为英国人。外籍总税务司根据《募用外国人帮助税务章程》，在海关大量引用洋员。江海关的高级及重要职位完全由洋员占据。由洋员控制下的海关，还包揽了港口、航务、检疫、邮政等近代事业，并插手中国的政治、外交。

英国驻华官员利用第一任总税务司李泰国搜集中国情报，将之作为与清政府官员沟通的渠道，而上海的清朝官员也将其视为可以利用的英国人，由于缺乏专门的情报机构和对外交涉人物，于是利用李泰国对外交涉及了解英国意图。吴煦认为："当此夷方吃紧之时，该夷(李泰国)尚有可用，不得不仍事羁縻。"[①]继任者赫德是个典型的中国通，而当时中国缺乏外交人才，不得不借重李泰国、赫德之类在中国任职的外国人，如赫德一方面成为总理衙门的顾问，一方面成为沟通中外的媒介人物。在赫德统治中国海关时，海关职能之广、权力之大至于极点。在列强争夺中国权益的复杂斗争中，英国能在中国长期维持优势地位，海关总税务司的作用极为关键。[②]

最后，清廷决策者对外籍税务司制度严重损害海关主权没有足够认识，且在财政方面严重依赖海关税收。在朝廷看来，外人管理海关只要是纳入中国的官僚体制，成为清政府的雇员，他们只是起到功能性的作用，并无多大的妨害。[③] 而且关税大幅增加，解决燃眉之急是实实在在的。关税在第二次鸦片战争及后来

① 1859年5月1日《吴煦禀与李泰国商议江海关各事》，《吴煦档案选编》第6辑，江苏人民出版社1983年版，第298页。

② 《中国近代海关史(晚清部分)》，第49—50页。

③ [日]滨下武志：《中国近代经济史研究——清末海关财政与通商口岸市场圈》，高淑娟等译，江苏人民出版社2008年版，第6页。

的历次债赔中都扮演了重要角色。此外，由于海关标榜的“中立性”和“国际性”，能够在历次战争中得以保全甚至继续运作，使得它成为清廷最主要和稳定的财税来源，也是清廷的命脉所系。

可见列强和清廷在外籍税务司制度中能够各取所需，使得该项制度得以确立和推广，在此过程中，我们可以看到列强、清廷、地方官三者之间的权力和利益的博弈。作为博弈局中的三个角色，列强虽处于绝对强势，但清廷上下敷衍塞责，列强也不可能动辄使用武力，如要建立条约体制，亦须清政府的合作，需要找到双方利益的契合点。地方官虽然对于清廷处于绝对服从的地位，但由于清廷力图避免与列强有任何接触，使得地方官有了办外交的机会，这也成为列强可以突破的一点。三方最终在外籍税务司制度中找到了各自的利益，促成了近代中国海关的转型。而近代中国海关的转型也折射出中国近代化的一些特点，即在中国近代化的过程中，我们可以看到列强、中央、地方三者之间权力和利益的博弈，使得中国近代化整体呈现出外力强行启动的半殖民地特点，此外也有中央须协调与地方的利益分配及地方各自为政等特点。所以我们不仅可以从这一视角分析近代海关的转型，或许也可对中国近代化过程中的其他方面作类似的分析，因为这种三方博弈的政治架构贯穿于近代中国的始终，并从总体上制约了中国近代化的方向和进程。

（张国义撰稿）

三、近代中国对外贸易中华商与洋商的关系辨析

在近代中国外贸史上，华商与洋商各自起到了什么作用，他

们之间的关系如何？是如国内前辈学者所说的华商对洋商的“依附关系”，还是如一些国外学者所说的“共生关系”？以下试图就华、洋商人在近代中国对外贸易中所起的作用，以及他们之间的商业关系作些探讨。因在《马关条约》签订后，特别是进入20世纪，中国的对外贸易性质和状况都发生了重大变化，所以本部分讨论问题的时间段是1843年至1900年。

持“依附关系”的论据是华商较少直接参与对外贸易，对外贸易基本上被洋商垄断，而且还有许多华商托庇于洋商，将生意假托洋商名下，享受领事保护，或购买子口税单，使自己的货物享受洋货的待遇。持“共生关系”的学者认为华、洋商人在商业活动中是一个互相依存的利益共同体，彼此是“谋求共同利益中的共生关系”。①

我们认为“依附关系”多从经济主权的角度认识两者关系，“共生关系”则主要从商业活动的角度看待两者关系。两种关系都确实存在，但在不同历史阶段，随着双方实力消长，以及国内外经济、政治、技术条件变化而不断演变。19世纪四五十年代，条约体制尚未完全确立，中国的对外贸易处于转型和摸索阶段，洋商活动范围基本局限于五个通商口岸，加之他们对中国市场和社会均不甚了解，只能依靠买办和华商从事进口货物的销售、出口货物的收购，华商和买办也因而得以从中分一杯羹，完成了早期的资金和国际贸易经验的积累，他们与洋商之间大体上是“依附共生关系”。第二次鸦片战争后，一方面由于交通和通信的便捷及融资的便利降低了交易成本，中小资本大量加入外贸行业，市场竞争愈加激烈，洋行开始将资金转向航运、金融、保险

① ［美］郝延平著：《中国近代商业革命》，陈潮、陈任译，上海人民出版社1991年版，第250页。

等外贸周边的辅助行业，并竭力招揽华商参股，因而华、洋商人依然有诸多利益重合。另一方面，华商经过开埠近二十年的商业历练与资金积累，已经具备了一定的贸易经验和条件，开始介入一向由洋商把持的进出口贸易，双方逐渐形成合作中有竞争的局面，笔者称之为“合作竞争关系”。19 世纪八九十年代，一些华商更趋成熟壮大，部分华商倡导“商战”，而订货制度的推广和“寄蕃”等贸易方式的出现使得华商能够更多地参与进出口贸易，虽然华商占直接贸易的比重依旧很小，但他们在严酷的竞争中还是顽强地占得了一席之地，华商、洋商之间基本上是“市场竞争关系”。

19 世纪四五十年代华、洋商人之间的“依附共生关系”

如果仅从商业的角度看，开埠之初的华商、洋商之间基本上是互补的关系，相互之间的竞争较少，如果说“依附”，也应该是互为依附，因为洋商所具备的国外客户关系、资金、轮船及国际贸易经验是华商所欠缺的；而洋商则缺少华商所拥有的国内销售渠道和收购出口货物的商业关系。所以双方的优势体现在对外贸易的不同环节上，因而他们不大可能在同一层面竞争，只有合作才能推动贸易的顺利进行，并皆可从中获益，从这个意义上讲，双方确实是“共生关系”。

开埠之初，洋商需要依赖华商打开销售市场，组织出口货源。上海开埠还不到一个月，浙商及上海本地商人开设的敦利商行、通亿丝栈就开业了，前者主要出口丝茶，后者主要出口生丝，他们并非全是间接参与外贸，其中敦利行就曾直接与英国商船贸易。① 不过在上海做外贸生意的主力还是广东商人。费正

① 王庆成：《上海开埠初期的华商外贸业——英国收藏的敦利商栈等簿册文书并考释(上)》，《近代史研究》1997 年第 1 期。

清说："新口岸的开辟成为广东人向北扩张的信号，能够在中华帝国与洋人之间充当纽带的只能是会说洋泾浜英语，并通晓对外贸易和外国人行为方式的广东人。"①所以"当巴富尔领事到上海时，他发现广东商人已到了那儿。他们随着英国远征军而沿海北上。英国在上海的贸易是在一名广东经纪人阿林(Alum)的帮助下开展起来的"。阿林与内地的丝茶商人有长期联系，因而"很快打破了(华商)排外的障碍，教会中国人以货易货的规则，并将英国的产品推向农村，将丝茶供应商的产品吸引到上海"。② 在1845年由他经手的买卖至少占上海进出口贸易的三分之二。滨下武志也指出在1840—1850年间，与洋商打过交道的广东商人首先参与了华、洋商人之间的合作，并与洋商形成了相互依存的关系。③

华、洋商人之间的"共生关系"在"苏州制度"中体现得尤为明显。为了应对开埠初期鸦片走私引起的白银外流和贸易激增而造成的通货不足，华洋商人共同创立了以货易货的"苏州制度"。操作方式有两种：一是在上海就地交换。华商可用丝茶从鸦片商手中换取鸦片提货单，然后持单到趸船提货，或直接以丝茶去趸船换取鸦片提货单，再售予鸦片商获取现银。另一种是将鸦片、洋货运至苏州交换丝茶。

1846年英国驻宁波领事在报告中称："我们在上海的大量交易中，市场上有两种价格，即现款交易价格与物物交易价格。当上海最初开港通商时，我们的制造品有时售得现银，但嗣后一切

① J. K. Fairbank, *Trade and Diplomacy on the China Coast: the Opening of the Treaty Ports (1842 - 1854)*, Harvard University Press, 1964, p. 219.

② J. K. Fairbank, *Trade and Diplomacy on the China Coast: the Opening of the Treaty Ports (1842 - 1854)*, p. 220.

③ 《中国近代经济史研究——清末海关财政与通商口岸市场圈》，第133页。

都成了物物交易。英国商人，拿他的棉毛织品以物易物，可以比他按时价售取现银，能获得更高的名义价格。另一方面，中国茶商与丝商只在其丝茶价格上附加相当款额，即可成交。”[①]这是双方都乐意接受的交易，正如费正清所说：物物交换会同时抬高洋货和丝茶价格，进口的一匹布高出五分钱就会使伦敦、利物浦的出口商们眉开眼笑了，但远在英国的商人们并不确知中国市场的丝茶价格，不会介意换入的丝茶价格稍高。而华商则会将他们换得的英国商品送到苏州，即使是打折卖掉，也可能会获得更多利润。[②] 而且以货易货还可以节省货币兑换费用和其他杂费。正是由于“苏州制度”，洋商得以卖出更多鸦片和棉毛制品，换回大量生丝，有学者指出 1850 年后中国生丝出口持续增长，“苏州制度”是一个重要原因。[③]

此外，钱庄被纳入对外贸易亦为“共生关系”的重要表现。显然，“苏州制度”是开埠初期不得已的“应急”机制，属于比较原始的贸易方式，不可避免会带来许多问题，如贸易周期比较长，交易双方也可能没有正好换取自己所需的货物。为解决物物交换的弊端，中国钱庄开始介入了对外贸易，并起到了至关重要的作用。有学者指出“日益增加的对外贸易额，钱庄的悠久历史，以及合伙人对其庄票负有无限责任，所有这一切都造成了庄票在十九世纪普遍受到欢迎”。[④] 早在 1846 年洋商就开始使用庄票，至 50 年代，太平天国战事推进到江南，大量银元被囤积，市面通货紧缩，交易普遍采用庄票，但因战乱的影响商人很难获得

---

① 姚贤镐编：《中国近代对外贸易史资料（1840—1895）》第一册，中华书局 1962 年版，第 402 页。

② J. K. Fairbank, *Trade and Diplomacy on the China Coast: the Opening of the Treaty Ports*(*1842 -1854*), p. 298.

③ 《中国近代商业革命》，第 147 页。

④ 同上书，第 92 页。

庄票，遂造成贸易停滞。如1853年3月，洋商向英国领事抱怨："由于钱庄主拒绝给予这种通常的便利，已经完全不可能从中国商人那里获得缴纳进出口税的货款，或者实现货物销售，以应付外国商人更为直接的欠款，于是导致几艘已离港准备出海的船只被扣留。"[①]可见，庄票流通已成为当时对外贸易的关键环节。

华、洋商人的"共生关系"还体现在洋商为获取稳定出口货源向与他们有业务往来的华商提供低利率的贷款。美国学者郝延平在怡和档案中发现大量此类记录。如1851年与怡和有密切业务往来的丝商泰记向怡和要求10万元贷款，上海怡和洋行的负责人在向香港方面汇报时说"此地大多数洋行都有这样的放款，确实，没有这些放款，就不可能尽早得到茶叶或生丝"。为了能够得到更多的生丝，这位负责人在信中写道："除已向（泰记）放出或允诺放10万元外，我正准备再逐步给他5万元资金。"在怡和洋行的放款中，常有业务往来的商人所获贷款的年利率一般为10%，而不常与该行做生意的商人所获贷款年利率则高达20%。[②] 可见洋行贷款与一般银行贷款明显不同，它的目的主要不在利息收入，而在于优先获得可供出口的丝茶。此外在直接的贸易进出口中双方亦有合作，在上海开埠不久，怡和洋行便向华商提供一种将茶叶运往英国出售的低廉信贷。中国商人则以在伦敦出售茶叶的收益向洋行订购布匹。[③] 总之，在19世纪四五十年代，华商缺乏资金和合适的融资渠道以及国际贸易经验，洋商则提供了相关的支持；而洋商缺乏中国的客户资源，华商则利用血缘、地缘形成的客户网络为洋商的进出口贸易

① J. K. Fairbank, *Trade and Diplomacy on the China Coast: the Opening of the Treaty Ports*(*1842 -1854*), p. 403.

② 《中国近代商业革命》，第108页。

③ 同上书，第111页。

提供帮助，从而使双方在对外贸易的链条中结成了利益共同体。

正因为此时华商基本不具备国外客户资源、远洋轮船及国际贸易经验，而洋商也不愿冒险深入内地，去抢华商的饭碗，所以双方不存在多少竞争关系。但应注意到开埠之初来华经营的洋行多数要从事自营贩运的贸易，须具备雄厚资金，所以实力强大，加之有不平等条约的庇护，处于绝对强势地位，华商只能通过合作稍沾余润，其在资金借贷以及寻求洋商庇护方面，表现出相当明显的依附性。如一些从事沿海贸易的华商为了减少官员勒索、海盗骚扰，将船只所有权转让给洋商，而洋商则按船只的全部价值以一纸抵押单，连同经营该船的权利还给华商，华商因而获得了在船上悬挂外国旗帜的权利，并得到领事保护；还有些中国商人假借外国商行的名义经营，即所谓“假洋行”，可以避免缴纳厘金和一些捐税，他们会将一半的“结余”交给他们借用名号的洋商①。虽说上述情况基本也是通过商业方面的互利关系实现，但由于此类交易中洋商主要是利用特权获取利益，华商与洋商关系整体呈现出依附性的特点。不过华商与洋商的“依附共生关系”在第二次鸦片战争后开始发生变化，双方除了延续开埠之初的合作关系之外，实力和经验有所增强的华商开始插手洋商的生意，出现了一定的竞争关系，所以笔者认为19世纪六七十年代华、洋商人之间总体呈现为“合作竞争关系”。

19世纪六七十年代华、洋商人之间的“合作竞争关系”

第二次鸦片战争后，随着《天津条约》《北京条约》签订，对外贸易完全进入条约体制时代。开埠初期的动荡与摸索告一段落。一些外国银行落户上海等口岸，苏伊士运河通航和19世纪70年代初电报在上海等地的使用，改变了中国的对外贸易方式，

---

① 《中国近代商业革命》，第292—298页。

华、洋商人之间的关系也发生了微妙变化。

进入60年代，通商口岸的一些大洋行逐渐将投资和主要业务转向外贸的辅助行业，即轮船、码头、银行、保险等，通过向富有资财的华商募集股份、招揽生意，将华、洋商人利益紧密结合。但另一方面因为银行的普遍设立为资金融通提供了便利，而且70年代订货制度的出现也为中小资本介入外贸业务提供了条件，上述情况加剧了洋行之间的竞争，也为华商直接介入外贸竞争提供了可能。因而六七十年代的华、洋商人之间的关系总体上表现为合作中有竞争的态势。

对于六七十年代在华洋行发生的新动向，一位旗昌洋行大股东1872年总结道："大部分具有资本和信誉的较大企业，无疑将从产品交易转入工业和金融业，并且在事实上将变成私人银行。"同年，一位怡和洋行股东写道："我认为，下述发展方向是合理的：以收取佣金作为持久性的收入，避免以我们独家的资金去经营大量的产品交易。"①这里面交代了洋商业务的两个重大转向：一是从贸易流通领域转向工业生产和金融领域；一是从开埠之初自营贩运的贸易商转向只拿佣金的代理商。洋商业务的转向为华、洋商人的合作开创了新领域，也为华、洋商人之间的竞争提供了可能。

华、洋商人的合作除了从开埠初期延续下来的洋商为有业务往来的华商提供小额信贷之外，主要表现为60年代兴起的华商在洋商创办的轮船公司中的附股活动。有学者指出华商附股是早期民族资产阶级托庇洋商的最普遍形式②。但我们认为

---

① ［英］勒费窝：《怡和洋行——1842—1895年在华活动概述》，陈曾年、乐嘉书译，上海社会科学院出版社1986年版，第43页。

② 章开沅、马敏、朱英主编：《中国近代民族资产阶级研究（1860—1919）》，华中师范大学出版社2000年版，第137页。

“附股”主要还是商人逐利的正常市场投资行为，洋商从中获得了华商的资金支持，同时也可利用华商的社会关系招揽生意，华商则可以得到股息分红。旗昌轮船公司的创办人金能亨于1868年9月向股东致辞时说：“公司从一开始便寻求公众支持……这种支持，始终能从中国人那里争取得到，即使处于逆境的那些日子里，无法获得西方人士的有力支持，基本上还是从中国人那里取得了一些很好的照顾。”①正像金能亨说的那样，在其创办旗昌轮船公司的时候，没能得到其在旗昌洋行合伙人的支持，“他的成功在于他能劝说他的‘中国朋友和委托人’增加投资”，②而且其在长江航运的货运生意也得益于华商的支持。其对手“怡和洋行唯独在长江航运上不得手，主要是由于它不善于兜揽华商的生意”③。有统计显示，在1862年旗昌轮船公司创业的资本中，华商占了50%以上，至1872年，顾丰盛、陈竹坪等华商占其资本的26.7%；华商在北清轮船公司的资本约占33%，在华海轮船公司中占20.3%，在怡和轮船公司中占33%。④ 可以说华商资本在新兴的轮船航运业中举足轻重。华、洋商人的利益结合得非常紧密。当然也应注意到，除资金与人脉，华商在轮船公司的管理及技术方面都是外行，但经过在外资航运业的历练，一批华商积累了从事现代企业的管理经验，并积聚了相当的资本，为中国自身的航运业发展提供了人才及资金储备，如唐景星和郑观应后来都参与了轮船招商局的创办，轮船招商局中的另一位重要管理者徐润亦任过宝顺洋行的买办。他们利用自己的经

① ［美］刘广京：《英美航运势力在华的竞争（1862—1874）》，邱锡荣、曹铁珊译，上海社会科学院出版社1988年版，第67页。

② 同上书，第21页。

③ 同上书，第60页。

④ 丁日初主编：《上海近代经济史第一卷（1843—1894）》，上海人民出版社1994年版，第209页。

验、人脉与外资轮船公司竞争，展开“商战”，确实有些“师夷长技以制夷”的味道。

经过开埠通商二十年的历练，积累了资金和经验的华商一方面继续巩固内贸，另一方面也开始插手洋商控制的外贸。有研究者指出：“太平天国失败后，国家开始恢复经济，这时，这些人（华商）转到过去由外国人控制的许多岗位上去。他们从事棉布匹头的进口和出口贸易的组织工作；在各条约口岸，他们是钱庄和当铺的业主。”①在与外贸息息相关的沿江贸易中，华商占据了上风，据海关统计 1866 年由外轮装运的长江口岸贸易中，华商占四分之三的份额。② 根据滨下武志的研究，19 世纪 60 年代后期，华商开始介入一向被洋商把持的国内外贸易，以天津为中心的华北棉布市场不经由上海而直接与英国贸易，厦门的华商不再让洋商和掮客经手自己的生意，“买卖佣金和服务手续都转到了中国商人的手中”。他认为天津、厦门等周边商埠绕开上海洋行直接与西方贸易，是迫使上海的洋行转向航运、保险、金融等外贸辅助行业的一个重要原因。③

美国记者托马斯·诺克斯在其 1879 年出版的书中写道：“在中国所有的开放口岸都有中国的银行、保险公司、同业公会、轮船公司，而且都由中国人管理，并得到了中国人的资金支持。中国的进出口商，在伦敦、马赛、旧金山和纽约都有自己的代理商，因而无须中间商就可完成任何交易。即使在没有任何代理机构的地方，顶级的中国公司也会与英国及其他国家的生产商建立信用关系，使得他们能与其外国竞争对手一样，无须冒着受

① 《怡和洋行——1842—1895 年在华活动概述》，第 14—15 页。

② 《关册，1866 年》（上海，1867 年），第 66 页。

③ 《中国近代经济史研究——清末海关财政与通商口岸市场圈》，第 130—132 页。

勒索的风险而直接将货物卖给批发商或零售商。”①记者走马观花，所言难免夸大其辞，但从中可见华商参与直接对外贸易已是比较普遍的现象。诺克斯还特别提到本由洋行经营的大米和糖的贸易几乎都转移到了华商的手中。他道出了华商之所以能够插手这些生意的主要原因，即“华商对于那些对洋商并不具吸引力的微利也很满意”。他还举了例子，“就我所知道的一桩交易，从旧金山出口至香港的一船面粉，一袋面粉的净利只有 5 厘钱，商人（指华商）已经很满意了”。② 可见，华商能够参与的进口贸易主要是些利润较薄的产品，而他们主要的优势还是在利用国内的客户网络控制进口货物的经销。根据 1867 年英国驻广州领事罗伯逊的说法，出口贸易没有落到华商手中主要原因是“外国人之间对于丝茶的竞争，使中国人得到比他们自己出口这些产品更多的收益，而且也更没有风险”。③ 笔者认为除了华商是否有自主出口丝茶的意愿之外，更重要的是他们此时是否具备了这样的能力。有研究者指出，19 世纪 60 年代“在上海，至少大部分贸易还不至于转到中国商行手中，因为那里的外商与西方的市场有着牢固的联系，并有经验、交通运输和通讯联络设备及资本”。④ 事实上，洋商在资本、航运、通信等方面的优势依然不可动摇，对外贸易方面的竞争主要还是洋行之间的竞争，华商还只是小角色，华、洋商人在钱庄、航运、子口税单等方面的合作使得双方的利益结合度依旧很高。进入八九十年代，洋务运动从

① Thomas W. Knox, *John or Our Relations: A Study of Our Emigration and Commercial intercourse with the Celestial Empire*, New York, Harper and Brothers, Publishers Pranelin Square, 1879. p. 53 – 54.

② *John or Our Relations: A Study of Our Emigration and Commercial intercourse with the Celestial Empire*, p. 55.

③ 《中国近代商业革命》，第 191 页。

④ 《怡和洋行——1842—1895 年在华活动概述》，第 46 页。

"求强"向"求富"拓展，华商力量亦进一步增强，并与官方利益结合，一些爱国华商、洋务官员在与洋商的竞争中形成了"商战"思想，以民族情感作为商业竞争的手段，进一步提升了华商的竞争力。

19 世纪八九十年代"商战"思想影响下的"市场竞争关系"

王韬在其 1880 年代出版的书中说："今日英人之所忌者，盖在华商耳。昔之华商多仰西人之鼻息，即有资本，每苦于门径未稔，无从可入，往往观望不前，苟且自域，惟有听西商之指挥而已……今则不然，自轮船招商局启江海运载，渐与西商争衡，而又自设保险公司，使利不至于外溢，近十年以来，华商之利日赢，而西商之利有所旁分矣。"①其中透露出两个信息：一是当时士人已经有意识地将华、洋商人视为两个竞争群体，客观上激发了华商的民族意识；二是华商地位上升，已成为洋商的竞争对手，"商战"初露端倪。

早在 19 世纪 60 年代，曾国藩就提出了"商战"的概念。至 70 年代，随着洋务运动开展，一些开明官员如薛福成等亦对"商战"概念有所应和、发挥。但他们只是将"商战"视为与商鞅的"耕战"相对应的概念。系统阐述"商战"理念的还是那些身处"商战"的华商。

在与洋商打交道的过程中，华商逐渐认识到自己在竞争中的弱势地位及合作中的低端位置与国家的半殖民地命运直接相关。尽管洋商多秉持放任主义的自由贸易观念，但客观上他们受着不平等条约的保护，在华商眼里，洋商在商业竞争中的优势地位是他们背后的国家力量赋予的，华商自然视其为"非我族类"的另一阵营。一些民族意识强烈的华商开始总结商战思想，

---

① 王韬：《弢园文录外编》，上海书店出版社 2002 年版，第 75—76 页。

并身体力行。买办出身的郑观应称“初则学商战于外人，继则与外人商战”，[①]这也是他的经验之谈。他做过英商宝顺洋行、太古洋行的买办，后以商股加入洋务企业，并做过上海机器织布局的总办。从为洋商服务，与洋商合作，到与洋商“商战”，郑观应的路也是当时很多华商走过的路。郑观应认为商战要从贸易入手，他在1880年所著的《易言·论商务》中提出：“举凡外洋之货，我华人自营运之；中土之货，我华人自经理之。扩其远途，擅其利薮，则洋人进口日见其衰，而华人出洋日征其盛，将富国裕民之效，可操券而得焉！”[②]在其1894年出版的《盛世危言》中有《商战》上下篇，进一步阐述了其“商战”思想，“学西洋之制造，以抵御来源”；“仿中国之土货，以畅销各国”。[③] 学习西方制造实现进口替代，推动出口，扩大贸易顺差。总之，华商要在商战中取胜，必须在进出口贸易方面占得上风。而八九十年代华商在进出口贸易方面与洋商竞争主要表现在进口方面的“订货制度”与出口方面“寄蓄”的贸易方式。

订货制度初兴于70年代，大行于八九十年代，成为当时外国领事和海关税务司关注的重心。英驻沪领事哲美森在1892年的领事报告中指出订货制度是进口贸易的重大改变。在订货制度下英国商人根据结算的白银价格和汇价用电报向曼彻斯特订货，进口商只要把货物移交给中国人时收取佣金就可以了，华商承担一切风险及获取行情上涨时的所有利益。外国进口商则成了只取佣金的代理商。[④] 在1882—1891年的《海关十年报告》

① 夏东元编：《郑观应集》下册，上海人民出版社1988年版，第620页。

② 《郑观应集》上册，第74页。

③ 同上书，第616页。

④ 李必樟译编、张仲礼校订：《上海近代贸易经济发展概况：1854—1898年英国驻上海领事贸易报告汇编》，上海社会科学院出版社1993年版，第777页。

中，税务司裴式楷(R. E. Bredon)将早期自营贩运的贸易方式与订货制度作了比较，指出“现在大量的、愈来愈多的外国产品是通过支付佣金购买的，订货单用电报发至国外，银两价格和汇率在订单发出前就已确定。同样，目前大量进行的蚕丝贸易是来自欧洲的订货”。贸易方式改变的直接影响是“它便于小资本或者几乎无资本的人进行贸易”。① 因为参与外贸的门槛降低，直接导致贸易竞争日趋激烈，华商利用自己在国内商业网络方面的优势参与角逐。而很多洋行则转向投资大、见效慢的行业，在外贸方面，洋商更乐意做只取佣金、收入稳定的代理商。“在上海，趋势也是由华商自己经营进口，但交易仍须依赖驻上海的外商代理人，这些外国代理商在他们的上海的办事处与华商签订合同，代华商订购仍在曼彻斯特或其他欧洲贸易中心的货物。驻在上海的外商已逐渐不再是真正所谓商人了；他们宁愿在货物离开欧洲以前即讲妥交易条件，而不愿看中国市场行情而自行贩售了。”②如 19 世纪 80 年代著名华商叶澄衷就曾委托英人向英国厂商订购船用油漆等自行销售。相对于订货制度使得华商在进口贸易中举足轻重不同，70 年代出现的“寄蕃”始终没有成为华商参与出口贸易的主要方式。“寄蕃”是华商将出口货物委托洋行在海外代售，自己承担风险，洋行只取垫款的利息和佣金。因为华商担心无法监督出口货物，不放心将货物交由外商在外国市场销售。所以 1898 年的《中国条约口岸的商业报告》称“自中国输出至欧美的出口贸易，与入口贸易不同，尚无落入华商之手的趋势”。③

---

① 徐雪筠等编译：《上海近代社会经济发展概况(1882—1931)——〈海关十年报告〉译编》，上海社会科学院出版社 1985 年版，第 9 页。

② 《中国近代对外贸易史资料(1840—1895)》第一册，第 962 页。

③ 同上书，第 971 页。

不过，华商已在进出口贸易中占据了一席之地，从华商船只参与外贸的情况也可见一斑。从 80 年代至 90 年代初，除中法战争这样的特殊时期，华商船只载送进出口货物的货值占进出口总额超过 1/4。① 更何况“某些挂外国旗的江海轮船，几乎全系华商所有”。②

总之，在条约体制下，尽管洋商具有特权、资金、海外客户、国际贸易经验、远洋航运等诸多优势，但华商也有自己的强项，其中最重要的是“中国固有的社会经济制度仍然在起作用。以贸易、血缘和地缘关系为基础的组织，有助于中国商人投资和经销他们的货物。排他主义和关系网是中国商人成功地同外国商人竞争的强大法宝”。③

但在半殖民的政治、社会环境中，完全规范的市场竞争是不可能的，华商需勾通官府，亦要托庇洋商，“尽管一批中国商人集团具有经济力量，他们在对外贸易方面又有重要作用，但是，显然这种地位最后必须依仗官员的庇护，或者至少要得到官员的默许；并且中国经济中心任何长期开发或改革，一定要纳入为数不多的几位高级官员的权限之内”。④ 像郑观应等具“商战”思想的华商多被纳入洋务运动的体系中。另一方面，华商对于洋商的依附并没有随着华商实力增强完全消除，如本来只有洋商享有的子口税单的特权尽管在 70 年代已经惠及华商，但在 1882 年汉口的商务报告中提到“子口税单的买卖仍然很多。华商乐

---

① *Decennial Reports*, *1882 -1891*, Shanghai: The statistical department of the Inspectorate General of Customs, 1893, p. 722.

② 《上海近代社会经济发展概况(1882—1931)——〈海关十年报告〉译编》，第 324 页。

③ 《中国近代商业革命》，第 386 页。

④ 《怡和洋行——1842—1895 年在华活动概述》，第 50 页。

于付出代价，借用外商的名义直接从海关请领子口税单”。[①] 因为华商认为以洋商名义贩货会有更多便利并得到领事的保护。可见，自第二次鸦片战争后，随着对外贸易的巨大发展，华商竞争力有所增强，开始全方位参与对外贸易，但限于条约体制，华商对洋商的“依附性”与中国的半殖民地状态始终相随。不过也要看到双方关系还是存在着相当明显的变动，即由“依附共生关系”向“市场竞争关系”过渡。华商的成长史是中国近代化的缩影，条约体制下的中国一方面依附于西方，另一方面在依附之中求摆脱，在发展中强调与西方竞争，调整传统资源以适应近代化的需要，虽步履蹒跚，但始终向前。

（张国义撰稿）

四、19 世纪 50 年代上海在美国对华商务、外交中的地位变迁

19 世纪 50 年代是美国对华政策的探索时期，同时中国在对外贸易方面也在从传统行商体制向条约体制过渡，其间，上海成为美国对华政策形成及中国步入条约体制的重要平台，分析这一时期的上海在美对华关系中的地位、作用有助于我们了解上海在近代中西方关系中的角色转换，以及上海在中国近代化进程中的地位变迁。虽然有许多著述对早期的中美关系进行了深入研究，但对于上海在早期中美关系中的地位和作用尚缺乏专

---

① 《中国近代对外贸易史资料(1840—1895)》第一册，第 840 页。

门的研究，①以下稍作论述。

上海逐渐成为美国在华贸易的中心

近代前夜，上海已经成为中外人士眼中的黄金口岸。1832年东印度公司派人在中国沿海调查，就认识到："上海地位的重要，仅次于广州。它的商业十分活跃。如果欧洲人准许来上海贸易，它的地位更能大为增进。"②《南京条约》签订后，五口通商开始，在华美商及驻扎于广东附近海面的美海军将领建议美国跟进，争取在五口享受与英国同等的待遇。不过未劳美国人费心，清政府本着一贯的"怀柔远人"的做法，将赋予英国的特权主动给予了其他国家。1843年耆英通知美国驻广州的代理领事，五口也向除英国外的其他国家开放，建议美国在开放口岸派驻领事。后与清政府签署《望厦条约》的美国全权代表顾盛说"五口开放是英国成功使用武力的结果，而五口对其他国家开放则是清政府的自发行为"。③ 此时清朝官员也看好上海，耆英在1843年奏称"统计五口，应以广州为首，上海为尾，将来贸易，似亦惟该二口为最旺"。④

---

① 有些著述对19世纪50年代中美关系史有细致研究，如[美] 泰勒·丹涅特著、姚曾廙译的《美国人在东亚》(商务印书馆1959年版)、[美] 韩德著、项立岭等译：《中美特殊关系的形成：1914年前的美国与中国》(复旦大学出版社1992年版)、Te-Kong Tong, United States Diplomacy in China, 1844 - 1860, Seattle: University of Washington Press, 1964；另外还有一些文章研究了第二次鸦片战争期间中美关系，对于早期中美关系中的裨治文、伯驾、列卫廉等传教士、驻华外交官也有专著或专文研究。

② 南木：《鸦片战争以前英船阿美士德号在中国沿海的侦查活动》，列岛编：《鸦片战争史论文专集》，生活·读书·新知三联书店1958年，第110页。

③ Jukes Davids, *American Diplomatic and Public Papers: The United States and China, Series I, Volume 2*, Wilmington, Delaware: Scholarly Resources, Inc, 1973, pp. 269 - 271.

④ 《筹办夷务始末》，道光朝，第70卷，第5页，转引自《中国近代贸易史料：1840—1895》第一册，第560页。

19世纪50年代，上海在进出口贸易方面已渐渐超越广州，1852年就中国最主要的贸易国英国看，上海当年对英出口额为2 141 845英镑，广州对英出口额只有1 566 614英镑。[①] 上海的出口额已明显超过广州。至1853年上海的对英进出口总额就全面超越了广州。当时美国是仅次于英国的对华贸易国。就当时出口的大宗茶叶来说，1850—1851年的商业季出口美国的茶叶占上海出口茶叶总量的30.14%，仅次于英国的59.06%。[②] 1853年，美国驻华专员称“上海已成为美国制造品在中国的主要集中地和中国绿茶的主要出口港”。[③] 当上海成为中国最主要的对外贸易港口时，自然也成了中国对美贸易的最重要港口。

上海之所以后来居上，主要在于它与广州相比具有多种优势：“这个新口岸，比起广州旧口岸，一方面距太平洋岸和旧金山较近，另一方面距中国真正产丝区和产茶区也较近。而且上海，作为一个外国社会来说，是一切从新作起，没有广州那些根深蒂固的传统。”[④]因而外国侨民蜂拥而至，随着英、美、法等主要有约国在上海划定租界，逐步形成了在五口之中最大的外国人社区。

此外，对列强而言，上海地方官也易于沟通。由于广州有两广总督兼钦差大臣驻扎，对外交涉朝野瞩目，地方大员对列强外交人员多采取回避、拖延、抵制的态度。而在上海，列强只需与道台打交道即可。且上海人民无排外传统，因而上海逐渐成为列强利益的汇聚之地，也吸引了一些美国商人到上海做生意。1846年旗昌洋行在上海开设，其首任大班吴利国（H. G.

---

① 《北华捷报》，1854年3月4日。

② 《北华捷报》，1851年8月9日。

③ 转引自王垂芳编著：《洋商史：上海1843—1956》，上海社会科学院出版社2007年版，第110页。

④ 《美国人在东亚》，第158—159页。

Wolcott)兼任美驻沪领事,旗昌洋行成为当时上海的三大洋行(怡和、宝顺、旗昌)之一,至1850年,美商在上海设立了5家洋行,数量不多,但占上海的进出口贸易份额不低,当年进入上海的218艘外国商船,属于美商洋行的就有64艘,占进港船只总数的29.36%。1858年美国输沪的货值为106.42万镑,比10年前增长了4.59倍,上海已是美国对华贸易的中心。①

由于上海对外贸易的迅速增长及上海在美国对华贸易中首屈一指的地位,美国驻华专员希望能够将常驻地由澳门迁到上海,以便就近照看在华商务。不过,就50年代列强与清廷交涉修约的大背景看,美国驻华专员向政府提议常驻上海的另一个重要原因是,上海比澳门离北京更近,便于联系清廷。② 此外,上海离南京不远,且航运便捷,可以就近观察太平天国和搜集相关情报,这对于制定美国对华政策有重要的参考价值。50年代,美国历任驻华专员或公使都曾频繁光顾上海,上海已成为美国观察中国的窗口,沟通清廷的中转站。

上海是美国观察中国的窗口、沟通清廷的中转站

如前所述,美国驻华专员将注意力从广东移向上海,除了上海在中美贸易中分量增加的因素之外,还在于此时太平天国运动爆发,中国局势动荡,如何确定对华政策成为美国驻华外交官的重要使命,上海则是了解太平天国和清政府的便捷通道。此外,广东主管外交的钦差大臣拒绝、排斥与列强公使或专员们沟通,使得他们在广东的"修约"努力毫无进展,只得将上海视为他们能够将"修约"要求上达"天听"的一条捷径。

自《南京条约》签订后,两广总督兼钦差大臣主管外交事务,

---

① 《洋商史:上海1843—1956》,第109页。

② *American Diplomatic and Public Papers: The United States and China*, *Series I*, *Volume 4*, p. 90.

成为使洋人远离朝廷的防波堤。开埠之初，由耆英担任此职，他委曲求全，尚能与列强进行交涉。至1848年叶名琛执掌两广，对列强采取回避、拖延的态度。1850年咸丰皇帝即位，将对外妥协的穆彰阿罢黜、耆英降职，更加倚重对外强硬、缺乏外交经验的叶名琛等，而叶名琛、徐广缙利用民气阻止了英国人入城更增强了他们对外采取不理睬政策的底气。叶名琛初到广东时，前来中国的美国专员德威士(John W. Davis)尚能在多次书信往返之后得到叶名琛的应允，在广州城郊会晤。此后的几任美国公使就没那么好的运气了。要么叶名琛以“军务繁忙”、要么以没有合适的会见场所为由推脱，以至于后来几任专员放弃与两广总督的接触，往往由香港或澳门直接去上海，与两江总督协商解决上海地方问题，或请两江总督向朝廷转呈国书、转达“修约”要求等，并通过上海了解清政府及太平天国政权的基本情况，以调整其对华政策。

打探太平天国的实力及其对列强的态度是美国驻华专员逗留上海的重要意图之一。虽然早在1844年中美就签订了《望厦条约》，但此后数年美国一直未形成具体的对华政策，驻华专员拥有便宜行事之权，他们基本上是依据自己的判断处理对华关系。由于太平天国运动被一些美国公众视为基督教革命，普遍对其抱有同情态度，因而美国专员希望通过实地考察获得第一手信息，以确定其对华政策。1853年1月马沙利(Humphrey Marshall)专员到达中国，试图会见叶名琛未果，遂于3月份到达上海，打算去南京与太平天国接触，但由于没有获得美国海军的支持，未能成行。但透过上海，马沙利认识到清政府腐朽不堪，而太平天国也无法统治中国，主张美国应与英、俄等国合作帮助清政府恢复统治，因为“使中国保持安定符合美国的长远利益”。而且长江流域和密西西比河流域的产品有极强互补性，中美有广阔的贸易前景。① 虽然他希望列强之间能够合作尽快结束中国的内乱，恢复正常的贸易秩序，但在列强联合干涉没有达成共识之前，他建议美国政府应维持“绝对的中立”，严格按照已有的条约行事。

1854 年 4 月，马沙利的继任者麦莲(Robert Milligan McLane)到达香港，在与英法公使会晤后，由香港直趋上海，次月由上海溯江而上，经过南京逗留，但未能获准与太平天国方面会晤，遂至芜湖返回。此行所见所闻使得他对太平天国极为反感。通过实地观察，麦莲认为清廷与太平天国都极为软弱，列强实施条约不会有任何障碍。如果“修约”成功，列强能够从清廷获得额外的特权，即使将来太平天国推翻清政府，也无力废除这些条约。通过在上海搜集到的太平天国相关信息及进入太平天国控制区的实地考查，麦莲基本否定了太平天国的进步性，他更倾向于与清政府合作，并遏制英国独霸上海乃至中国的野心，建议美国政府利用中国内乱压迫清政府进一步对外开放市场，使美国商人可以进入长江腹地，自由经商。

由于叶名琛推脱、回避与美、英公使的交涉，为其北上提供了借口。正如 1856 年 4 月，美驻华专员伯驾(Peter Parker)给国务卿的信中所说，叶名琛拒绝与外国代表会面的“疯狂政策”，为其名正言顺地北上寻求与朝廷直接交涉提供了机会。② 在 1853—1858 年间，马沙利、麦莲、伯驾、列卫廉等美国驻华专员或公使都曾光顾上海，力图打开与北京联系的通道，而朝廷给两江总督的上谕多是“著即派员谕令回粤商办”或“谕令回粤听候查

① *American Diplomatic and Public Papers: The United States and China*, *Series I*, *Volume 4*, pp. 73 - 74.

② *American Diplomatic and Public Papers: The United States and China*, *Series I*, *Volume 6*, pp. 65 - 68.

办”等语。但美国专员或公使们已经谙熟清朝官员的套路，经过多次交手，已不相信与主管外交的两广总督能有任何实质性的沟通。马沙利初到中国时曾尝试会见叶名琛被其以“军务繁忙”为由拒绝，马沙利从上海回到广东后又去信欲以商谈上海关税为由约见叶名琛再被拒绝，在其任职驻华专员期间始终未能见到办理外交的钦差大臣。从1857年11月至12月间叶名琛与列卫廉的往返通信亦能看出叶名琛对付列强公使的不理睬策略。初到中国上任的首任美国驻华公使列卫廉请求会晤呈递国书，叶回信称因英法攻击广州城“无地相晤，国书请用文封送”，列卫廉回复“请至本国战船会晤”，叶回应“相交不必相见，国书仍请封寄，和约毋庸更改”。① 可见，叶名琛深知与美国外交人员会晤，他们必谈修约之事，不碰面，他们即无机会开口。而美外交官多次碰壁后意识到广州无机可乘，只得转往上海，希望能通过两江总督将“修约”意图上达朝廷。对于清政府而言，上海已成为阻挡英、法、美外交官的第二道防线，如果两江总督及上海地方官将叶名琛的做法如法炮制，则美国和其他列强外交官则会直趋天津，朝廷就只能直面与列强的交涉，这是朝廷所要竭力避免的。所以两江总督及上海地方官的策略就是对美国专员或公使以礼相待，对于自己职权范围内的事情积极配合，对于涉及“修约”事宜则要说明非其权限，并劝他们回广东与叶名琛交涉。美驻华专员马沙利与其继任者麦莲分别于1853年7月、次年6月与两江总督怡良会晤，他们建议中国尽可能对外开放，并商谈美驻华专员进京等问题，怡良均表示会将他们的要求上奏朝廷。并按照上谕的命令设法“羁縻开导”，劝其回广东“听候查办”。

① “中央研究院”近代史研究所编：《中美关系史料（嘉庆、道光、咸丰朝）》，“中央研究院”近代史研究所1968年版，第274—277页。

虽没有在"修约"方面取得任何进展,但也没有激化矛盾。并且由于列强与上海地方官的各取所需,上海成为英美等列强构建条约体制的试验区。

上海是美国与各方合作构建条约体制的试验区

《南京条约》签订后,中外商贸、外交关系进入了从传统朝贡体制向条约体制过渡的时期,朝廷及地方官员行事做派还受制于惯性思维,对外交往保留了大量朝贡体制的特征,无法适应开埠之后的中外交往,如传统的海关制度既无法有效阻止鸦片走私,也无法应付正常贸易,因而引起洋商的普遍不满。而太平天国进军江南,上海的贸易停顿,构建新的贸易秩序成为当务之急。对列强来说,扫除朝贡体制的残余,构建条约体制的机会到来了。其间,美国驻华专员起到了至关重要的作用。

19 世纪 50 年代,美国对华外交的"门户开放"政策已经渐露端倪,马沙利、麦莲等驻华专员总体上支持维护中国的领土完整,对英国独占中国怀有强烈的警惕,与英国对华政策保持适当的距离。其后的伯驾虽提倡与英法合作,主张对华采取强硬措施,但其动机在于如果任由英国单独行动,则英国只会对华采取单方面的军事侵略,而列强联合行动,列强间互相牵制,则有可能通过和平谈判的方式迫使中国扩大开放。这是 1851 年 4 月伯驾任驻华代理专员时给国务院报告中的建议。在其正式担任专员后,鉴于马沙利和麦莲的对华外交成果有限,伯驾逐渐失去耐心,欲与英法联合向清政府施压,但未能得到将主要力量投入日本的美国远东海军舰队的支持,况且此时美国政府主要的关注点是国内事务,无意卷入与中国的战争。所以综观 19 世纪 50 年代的美国对华外交,美国一方面与英法列强保持距离,反对它们独霸或瓜分中国;另一方面,搭英国的"顺风车""利益均沾",与英法一道逼迫清政府增加开放口岸,允许公使驻京,发展在条约体制下的对华经贸关系。在第二次鸦片战争前，美国的几任驻华专员或公使在上海尝试了上述的对华政策。

首先是美国公使力图维持既定条约约束下的上海贸易秩序。在上海考察商务的马沙利指出，英国在利用太平天国和小刀会起义造成的危机破坏条约体制，如支持鸦片走私。他认为英国大肆走私鸦片是拉开其与美国对华贸易差距的主要因素。他估计仅1852年英商输入中国的鸦片价值就超过3 000万美元，榨干了中国人的购买力。马沙利认为如果中国停止输入英国鸦片，英国在东方贸易中的优势地位不久就会消失。“马沙利确信中国的稳定不仅有利于世界力量的平衡，而且也会促进美国在远东的贸易。”①马沙利在给美国国务院的报告中称，在小刀会的起义者进入江海关之前，一家英国洋行的雇员指挥一批苦力洗劫了海关。显然马沙利认为英国人在趁火打劫，破坏现有秩序。所以有论者指出“一个多世纪以来，马沙利的说法被忽视了”。②显然马沙利认为应该阻止英国独霸上海，他在给美国政府的公函中说：“我相信英国如果确知美国决不会为中国而进行干涉，它就会夺取这个城市，并且永远把握不放，从而控制这或许是世界上最富庶地区的扬子江流域。”③所以马沙利倡导与英法及清政府合作维持既有条约体制，阻止英国独霸上海乃至中国的势头。

在江海关被捣毁后，英法美领事颁布临时规则，英领事要求英国商人以期票或本票缴付关税，而马沙利则指示上海的美国副领事金能亨根据《望厦条约》第二款以现银缴纳关税。不过，他维持条约体制的努力基本失败，金能亨没有执行他关于以现

① Te-Kong Tong, *United States Diplomacy in China, 1844 - 1860*, Seattle: University of Washington Press, 1964, p. 130.

② *United States Diplomacy in China, 1844 -1860*, pp. 137 - 138.

③ 《美国人在东亚》，第191页。

银缴付关税的命令，而是跟英国一样缴付期票。而且上海的美商强烈抗议美驻华专员在英法等有约国没有承认清政府海关的情况下而率先承认。1853年11月马沙利指示金能亨与上海的美国洋行沟通，并通知美商必须履行条约义务，缴付关税。[①] 后来有美商给美副领事金能亨写信，告知有外国商船未付关税即离港。得到消息的马沙利写信给叶名琛抱怨美国商船受到歧视，违反了条约第二条款。因而请求会晤以寻求快速解决办法。[②] 叶名琛拒绝会面，称将会通知上海的地方官调查。马沙利遂于12月13日指示金能亨保留自10月4日征收的美国船只关税等待进一步的指示，称将在调查英国的政策后再采取措施。[③] 并于1854年1月4日给金能亨写信，指示他效仿法、英，以上海为自由港，美商亦无须缴纳关税。[④] 马沙利终究未能有效维护在上海的条约体制。

马沙利的继任者麦莲试图重建上海的条约体制。麦莲于1854年4月29日到达上海，对于上海的贸易状况极为忧虑，因为上海除小刀会起义军与清军对峙，清军还与英美军队在4月初发生冲突，贸易秩序破坏殆尽，上海已成为自由港。英国领事乘机推行它的海关改造计划，向麦莲介绍其方案。麦莲急于恢复条约体制，而守土有责的上海地方官和急需关税充饷的朝廷也迫切需要重建江海关。[⑤] 在此情形下，麦莲通过上海道要求与怡良会晤，双方约定6月21日在昆山会晤，会晤前，麦莲与刚

---

① *American Diplomatic and Public Papers: The United States and China*, *Series I*, *Volume 4*, p. 291.

② Ibid., p. 297.

③ Ibid., pp. 333 - 334.

④ Ibid., p. 353.

⑤ 张国义：《近代中国海关转型中的权力、利益博弈及其启示》，《上海财经大学学报》2012年第5期。

到达上海的英国公使包令会谈，两人就向清官员提出“修约”及江海关改造问题达成一致。会谈时，麦莲向怡良建议采纳英驻沪领事阿礼国草拟的江海关改造方案，得到怡良首肯，指示具体事宜交付上海道与有约国领事商谈。会晤的气氛和谐，麦莲认为怡良友好而得体，而怡良对朝廷奏称麦莲恭顺。关于“修约”问题，麦莲提出美国船只应有在长江航行的自由、美国公民应有在中国因商务活动迁徙的自由，及美国公使进驻北京等要求。怡良称未得到讨论修约问题的授权，修约问题只能待麦莲回广东跟叶名琛谈判。尽管修约未有进展，但怡良态度友好，列强还得以插手海关，麦莲认为“会谈在各方面都是满意的”。

美国驻上海的专职领事墨菲(R. C. Murphy)于1854年4月到达上海，参加了6月29日与英法领事及吴健彰商谈海关改造的会议。会议商定“外籍税务管理委员会”由英法美各派一名代表组成，并由江海关的监督予以任命，外国代表们主管江海关新关的关税征收，并自7月12日开始运作。此后清政府与英美交涉归还江海关因小刀会起义期间停顿而代收的关税问题。当时应允归还所欠税款只是包令和麦莲等为外人插手海关管理谈判而设置的诱饵，并未获得国内授权。1854年9月上海的英国商人接到英国政府的命令，从上海县城陷落至1854年6月9日之间因欠缴纳的关税而收到的甘结作废。而美国公使麦莲于1854年11月23日裁决美国商人应缴纳期票总额354 149两的三分之一，即118 050两，尽管美国国务院指示期票作废，退还商人，但最终还是维持了麦莲的裁决，1856年4月13日归还了这部分税款。① 为维护条约体制，美国政府在竭力维护其驻华专员的

① ［美］马士：《中华帝国对外关系史》第2卷，张汇文译，上海书店2000年版，第21页。

信誉。当然这也是因为当时美国在全力处理国内问题，其在远东的海军力量又专注于打开日本门户，无法为驻华专员的在华活动提供武力支持，因而只能通过向清政府示好，与英法协调，利用条约体制维持其对华贸易，使其利益最大化。

美驻华专员或公使还利用《天津条约》签订后在上海举行的商约谈判进一步强化了条约体制。首先是推动外籍税务司制度向全国推广。江海关新关由外人管理后，贸易秩序恢复，很大程度上杜绝了徇私枉法的门路，但其他各口依然透漏严重，损害了上海洋商的利益。1856 年，上海的美商写信给美驻华专员伯驾，认为外籍税务司制度导致了商业衰落，而且上海地方政府已经重新运作，要求取消该项制度。① 于是伯驾一面安抚美商，指出贸易衰落有内战、货币问题等多重因素，不能仅归咎于海关制度。另一方面向英公使包令提出重新审视外籍税务司制度，并建议要么终止该项制度，要么在各口岸统一实行。② 英国人接受了这个二选一建议，在上海所签的《中英通商章程》第十款载明：关于关税"各口划一办理""任凭总理大臣邀请英人帮办税务"。③ 外籍税务司制度遂在各口统一推广。由于不认可在海关中的美国外籍税务司的法律地位，伯驾的继任者列卫廉(William Bradford Reed)反对这个制度，他倾向于将美国人撤出外籍税务司管理下的海关。列卫廉的继任者华若翰(John E. Ward)则坚持美国人应参与海关管理，经与英国公使交涉，一批美国人进入了海关。

美驻华公使还推动了鸦片贸易合法化。太平天国起义后，

---

① *American Diplomatic and Public Papers: The United States and China, Series I, Volume 6*, pp. 357 - 359.

② Ibid., p. 380.

③ 《中外旧约章汇编》(第 1 册)，第 118 页。

贸易衰败，唯独鸦片贸易兴盛，上海成为最大鸦片贸易口岸。19世纪50年代后期，鸦片走私占了上海进口商品价值的一半。鸦片走私吸纳了中国的购买力，破坏了合法贸易，损害了诚信商人。在列卫廉公使行前，国务卿已指示他帮助中国阻止鸦片的进口和消费。但天津条约谈判时清政府并未提及此问题，当公使回到上海时，发现鸦片走私猖獗，美国商人亦参与其间，并且英国公使对鸦片走私问题熟视无睹，但列卫廉认为："尽管英国外交官对待鸦片问题漠不关心，但还愿意谈及将其合法化，英国的鸦片贩子甚至反对将鸦片贸易合法化的举措。"英国鸦片商人反对鸦片合法化的原因很简单，因为太平天国被镇压之后，清政府控制力减弱，无力阻止鸦片走私。列卫廉1858年9月13日写信给英公使额尔金，抱怨英国忽视了该问题，并建议英国二选其一：要么帮助清政府打击鸦片走私，要么将鸦片贸易合法化。额尔金直到10月19日才回信，称他将指示英国的谈判代表考虑这个问题，他强调："我毫不怀疑将其合法化是补救引起阁下注意的（鸦片走私带来的）丑陋现象的唯一办法。"在美国的支持下，有关鸦片贸易合法的条款被列入1858年11月8日签署的中英商业协定。①

此外，美国得到了能够推动其对华贸易的税率。由于咸丰皇帝试图以关税全免来换取对《天津条约》的废除，尤其想废除公使驻京的条款，所以参加谈判的中国官员对于税率并不关注，列强代表予取予求，在中美协定中，主要进出口产品的税率都有下降，出口的茶叶税收减少了，从7—10两每担降到2.5两每担。② 从美国进口棉花的关税也略有下降，明显低于自《南京条

① *United States Diplomacy in China, 1844 - 1860*, pp. 249 - 252.
② Ibid., p. 248.

约》以来的5%关税，这些税率无疑有利于美国从中国进口茶叶及向中国推销棉花及棉制品。至此，美国所期望的条约体制基本确立起来。其间上海成为美国探索对华政策及确立条约体制的重要平台。

总之，由于19世纪50年代的上海逐渐超越广州成为中国最大贸易口岸、最大外国人自治社区，美国驻华专员或公使频频以上海为外交通道，打探太平天国情形，了解清政府实力，分析英国对华政策，逐步确立维护清政府统治，在反对英国独占上海、独霸中国的前提下与英国合作，构建条约体制的外交政策。这一方面符合其以对外贸易取代军事征服的外交理念；另一方面也符合当时美驻华外交官从本国所获得的支持力度，是比较务实的策略选择，亦成为著名的"门户开放"政策的发端。而作为50年代美英等列强对华外交中重要的通道及施展平台，上海除了其经济地位日益提高，其政治地位亦显著提升，在《天津条约》后朝廷以两江总督总管外交，认可上海为对外交涉的门户。虽然《北京条约》后由总理衙门总管涉外事务，但中外关系风波骤起的"青萍之末"往往还在上海。上海在中外关系及中国近代化中的晴雨表地位也由此确立起来。

（张国义撰稿）

第二章　对外贸易与上海城市经济发展

一、对外贸易与近代上海城市经济发展

上海自1843年开埠后，迅速崛起为全国乃至远东的对外贸易中心（或称国际贸易中心）和经济中心，成为世界闻名的国际化大都市。在近代上海城市的迅速崛起中，对外贸易起到了关键作用。上海因商而兴，对外贸易的牵导与推动，是近代上海城市经济发展贯穿始终的主线。上海成为对外贸易中心，经历了起步、形成、巩固三个阶段，形成的主要原因在于其得天独厚的自然条件、悠久的对外贸易传统、专门人才和贸易主体的“集聚效应”、内外贸易的一体运作带来的两个市场资源集中配置、完善健全的服务体系和适于创业的社会环境等。对外贸易推动了近代上海经济和城市的发展，使上海成为全国的商品集散地、金融中心、航运中心、工业中心。由于我国解放初期的“一边倒”外交政策和计划经济等因素，上海对外贸易中心的功能和影响逐渐消失，但仍然是全国的商品批发中转中心。改革开放以后，随着各地经济的迅速开放和发展，上海的商品批发转运中心地位

也逐渐丧失。重建对外贸易中心是上海新一轮经济社会发展的必然路径,也是上海重铸辉煌的必然选择。梳理近代上海成为对外贸易中心的原因、进程以及对外贸易对上海经济社会发展的带动作用,总结其经验教训,对我们今天要把上海建设成为国际贸易中心,以此推进国际大都市目标的实现不无裨益。

近代上海对外贸易中心的形成

近代上海从一个区域性的、并不起眼的城镇发展为全国乃至远东对外贸易中心,经过了从19世纪40年代到60年代中期的起步以及奠定基础,从19世纪60年代中期到90年代中期的快速发展,以及从19世纪90年代中期到20世纪30年代的发展,上海对外贸易中心地位起步、确立、不断稳固,并向全国乃至远东经济中心发展,前后经历了近百年的时间。

从19世纪40年代到60年代中期是上海对外贸易中心形成的起步阶段。

鸦片战争前,由于清政府实行闭关锁国政策,中国几乎全部对外贸易都集中在广州进行①,上海的对外贸易非常有限。"上海的商业贸易,绝大部分还是国内的埠际贸易,真正的国际贸易量是微乎其微的,上海市场上的少量洋货还是转口而来的货物。"②开埠前上海优越的区位优势没有得到充分的认识和发挥,城市规模充其量属于中等,其在全国的地位和影响无法和广州、苏州、杭州等大城市相比。

在中国被迫开放五个口岸之后,厦门、福州、宁波的对外贸易并没有明显的增长,广州的对外贸易额不断下降,而上海的对外贸易发展却比较迅速,大宗出口商品生丝和茶叶逐渐转移到

---

① 《中国近代对外贸易史资料》第一册,第254—260页。

② 张仲礼主编:《近代上海城市研究》,上海人民出版社1990年版,第100页。

上海出口，最主要进口商品鸦片的一半进口量也转移到上海。据海关贸易统计，到1853年，上海在全国的国际贸易地位发生了历史性的变化，上海对外贸易额远超广州63.8%，成为中国最大的贸易口岸。① 考虑到当时中国进出口贸易主要通过上海和广州进行，其时上海对外贸易额要占到全国对外贸易额的60%以上，这种水平一直持续到19世纪70年代初。正如马克思所说："让出五个新口岸来开放，并没有造成五个新的商业中心，而是使贸易逐步由广州转移到上海。"②

这个阶段的最大特征是上海的对外贸易量迅速超过广州，许多外国商行先后由广州移设上海，我国对外贸易的重心逐渐由广州转移至上海，为上海成为对外贸易中心奠定了重要基础。

19世纪60年代中期到90年代中期是上海对外贸易中心正式形成阶段。

第二次鸦片战争后，中国陆续增辟长江和华北各口岸，到甲午战争前达34处，天津和汉口成为除上海外两个较大的新对外贸易口岸，但上海在中国对外贸易中的中心地位没有削弱。到1894年，上海对外贸易仍然要占到全国进出口总值的一半以上，特别在进口方面，要占到全国进口总值的60%以上③。随着更多的区域被迫开放和近代工业在上海的兴起，上海进出口商品日益多元化，这种多元化既反映中国进一步卷入了世界资本主义市场，也反映了上海和内地的市场联系日益密切，上海在中国对外贸易中的地位日益凸显，在上海进出口贸易中，有50%以上都是转运到其他口岸去的，上海成为全国对外贸易转运中心。

---

① 黄逸平：《近代中国经济变迁》，上海人民出版社1992年版，第62页。

② 《马克思恩格斯选集》第二卷，人民出版社1957年版，第33页。

③ 上海社会科学院经济研究所、上海国际贸易学会学术委员会编：《上海对外贸易：1843—1949》(上册)，上海社会科学院出版社1989年版，第28页。

据海关贸易报告,19 世纪 70 年代上海口岸进口商品种类约 180 种,到 1894 年增至 580 多种。单一进口生活资料的结构被打破,机械等生产资料的进口开始增加,到 1893 年占 8.4%,在出口商品中,丝、茶等大宗传统出口商品由于印度、日本等国的竞争日益衰落,一些新的原料性农副产品开始进入国际市场,1870 年代中国出口商品种类 80 多种,到 1894 年增至 200 多种。①

这个阶段的最大特征是进出口贸易量稳定在全国的一半左右,内外贸易融为一体,贸易主体迅速集聚,人才优势显著,服务体系和功能不断完善,制度不断创新,对外贸易对城市经济社会发展的牵导作用十分强劲,对周边地区具有十分强大的集聚和辐射力量。上海已稳步地成为全国的对外贸易中心。

19 世纪 90 年代中期到 20 世纪 30 年代是上海对外贸易中心不断巩固阶段,并向全国乃至远东经济中心发展。

甲午战争以后,中国对外贸易迅速增长,到第一次世界大战前夕的 1913 年已增长到 98 960 万关两,较 1894 年的 29 375 万关两增加了 2.7 倍。由于战争原因,在 1914—1918 年的世界大战期间,贸易额基本停留在战前 1913 年的水平。战后贸易增长的速度加快,到 1931 年,全国对外贸易总值已增长到 235 766 万关两,与 1918 年的 106 353 万关两相比,增长了 1.2 倍。由于其他地区对外贸易的发展,上海在全国对外贸易中的比重虽有所下降,但贸易额一般还占全国进出口贸易总额的 40%左右。从 1933 年起,因日寇侵略等原因,上海对外贸易总额经常占全国 50%以上,以后这种状况持续保持,上海对外贸易中心的地位不仅没有动摇而且不断巩固。正如时人所谓:"盖上海一埠,就中国对外贸易言之,其地位之重要无异心房,其他各埠则与

① 《中国近代对外贸易史资料(1840—1895)》第二册,第 1095 页。

血管相等。”①

这一阶段最大的特征是上海不仅巩固了对外贸易中心的地位，更进一步发展成为全国的金融中心、航运中心和工业中心，成为中国最重要的多功能经济中心，多种功能互相促进，上海成为闻名世界的国际化大都市。

近代上海对外贸易中心形成的原因

上海之所以在近代能成为全国乃至远东对外贸易中心，并进而成为全国的经济中心，是各种因素综合作用的结果。既有自然资源禀赋的条件，也有制度创新的因素；既有硬的物质条件，更有软的社会环境。

第一，得天独厚的自然条件。首先是上海十分优越的地理条件。上海襟江带海，地处中国漫长海岸线中心、长江入海口，连通太湖和运河，拥有四季均可通航的优良港口，水路交通运输便捷，开埠前已开有北洋、南洋、长江、运河四条重要航线。由于对外贸易的推动，19 世纪 50 年代，形成了以上海为中心的东南沿海航运网络，中西交通的远洋航线从上海延伸拓展。② 正如时人所谓：“上海是中国沿海对外贸易上最为重要的商港，因此吸引着国际方面很大的注意。我所熟悉的城市中，没有其他城市具有上海那样的优点。”③其次是上海有着广阔的经济腹地。英国历史学家吉本认为：“一座大城市的最重要、最天然的基础，就是附近农村地带要人口稠密、劳动力充沛，这就为粮食给养、

---

① 聂宝璋：《中国近代航运史资料》(第 1 辑)，上海人民出版社 1983 年版，第 144 页。

② 熊月之主编：《上海通史》(第 4 卷)，上海人民出版社 1999 年版，第 10—14 页。

③ R. Fortune, *Three Years Wanderings in the Northern Provinces of China*, Shanghai. 122(1935). 转引自苏全有、王奎：《晚清经贸重心缘何由广州北移上海》，《北京工商大学学报(社会科学版)》2003 年第 3 期，第 69—72 页。

工业制造和对外贸易提供物质资源。”①美国著名上海研究专家罗兹·墨菲也说：“上海城市，从地形学上讲，位于那从西面和北面向它汇合的华东低地和整个长江流域的焦点。长江及其支流，把中国物产丰饶的核心地带百川注入的水源收容下来，最后都倾泻到黄浦江口，在基本上属于工业发展前的中国经济体系中，超溢当地市场而外运的货物，多半经由水路运送出去。在这个紧要关键的问题上，没有什么地方能够享有上海的有利条件的一小部分。”②上海所处的长江三角洲是近代中国经济最繁荣富庶的地区，它地域深广，拥有众多的城镇和人口，物产丰富。近代中国国际贸易的大宗商品丝、茶等，大都盛产于长江三角洲及周边地区，过去经广州出口，十分不便。上海开埠后，“杭、湖各府”等原先出口海外的丝、茶商品即刻就近向上海“运往售卖”。③ “所有绿茶和大部分红茶运到上海都远较运到广州省钱”。④ 英国乔治·斯密斯(George Smith)报告英国政府“欧洲人能在上海以低于广州10%的代价买到丝、茶和其他土产”。英国驻沪领事阿礼国(R ALcock)估计“从上海直接运生丝出口，比转运广州再出口，至少可以节省35%—40%的运费”。⑤ 深广的长江三角洲经济腹地，为上海成为国际贸易中心奠定了重要的经济基础。鸦片战争期间，就有人估计到：“上海和它相连接的

① 吉本：《罗马帝国的衰落和灭亡》(Edvard Gibbon, The Dceline and Fall of the Roman Empire, London, 1783)，第7、11章，转引自张仲礼：《略论近代上海经济中心地位的形成》，《上海社会科学院学术季刊》1993年第3期，第33—42页。

② [美]罗兹·墨菲：《上海——现代中国的钥匙》，上海社会科学院历史研究所编译，上海人民出版社1986年版，第56页。

③ 《筹办夷务始末(道光朝)》，上海古籍出版社影印本，2008年，第2725页。

④ 《中国近代对外贸易史资料(1840—1895)》第一册，第559页。

⑤ 《上海通志》第二十一卷，《对外贸易、经济合作》。

物产富饶的省内各主要的城市，依靠精密的内河航运系统，互相交流联系……上海必然成为大宗进出口贸易的集散地。”①“上海这个沿海对外贸易上最为重要的商港，一次吸引着国际方面很大的注意。我所熟悉的城市中，没有其他城市具备上海那样的优点。上海已成为通往中华帝国的大门，实际上就是主要的入海口。溯黄浦江而上，驶向上海县城时，但见帆樯林立，即刻就显示出它是一个巨大的国内贸易中心。”②

第二，悠久的对外贸易传统。过去有一种观点认为，开埠之前上海只是一个小渔村，其实是一种误解。早在唐宋之际，中国的经济重心逐渐南移。安史之乱后，与中原地区民生凋敝相比较，南方经济发展速度加快。唐宋时期，由于吴淞江是太湖的主要泄水通道，下游近海处一段称“沪渎”，当时上海的前身青龙镇则据沪渎之口，既可沿长江、吴淞江沟通内陆，也可沿海岸线通航南北，航运条件得天独厚。唐天宝十年(751)置华亭县，青龙镇有顾会浦可与华亭县交通，成为华亭县对外贸易的重镇。两宋以来，对外贸易有了长足的发展，贸易港的数量、繁荣程度和管理制度都超过前代。青龙镇正是顺应了海上贸易的时代潮流而兴起。

上海对外贸易兴盛于12世纪的北宋末年。宋朝时上海的青龙镇非常有名，是个很繁华的贸易港口。南宋《绍熙云间志》就记载：“青龙镇去县五十里，居松江之阴，海商辐辏之所。”青龙镇贸易航线远达东北亚东南亚海域。③ 在南宋时代，上海同国

---

① 汤志钧、吴乾兑：《鸦片战争末期英军在长江中下游的侵略罪行》，上海人民出版社1958年版，第185—186页。

② 《中国近代对外贸易史资料(1840—1895)》第一册，第561页。

③ 张晓东：《古代上海如何参与海上丝绸之路》，《解放日报》2017年1月10日。

内外的商业联系逐渐展开，前来贸易的国内外商人络绎不绝，管理内外贸易的机构先后建立，并顺应商业发展和人口的聚多而设立了镇。元、明时代进一步发展，甚至出现了一批为对外贸易服务的专业舶商人员。元丰五年(1082 年)陈林《隆平寺经藏记》云："青龙镇瞰松江上，据沪渎之口，岛夷、闽、粤、交广之途所自出，风樯浪舶，朝夕上下，富商巨贾，豪宗右姓之所会。"明末清初，由于封建朝廷的海禁政策，上海的对外贸易一度衰落。康熙、雍正年间，清政府复开海禁，上海的对外贸易得以恢复，渐趋活跃，并设立海关管理海外贸易。"往来海舶俱入黄浦编号，海外百货俱集"。乾隆年间清政府实行广州一口通商制度，上海对外贸易又趋停滞，但仍然"人口稠密，商贾辐辏"，[①]开埠前夕已有商帮机构达 30 家之多。[②] 悠久的对外贸易传统为开埠后的上海国际贸易中心形成打下了较好基础。

第三，专门人才和贸易主体的"集聚效应"。首先是国际贸易人才的集聚。上海开埠后，原在广州从事对华贸易的洋行大班挟巨资踏上黄浦滩头。据记载，1854 年，上海已有 243 名外国人，其中至少有 200 人左右从事商业活动。到 19 世纪 60 年代中期，"住在租界范围内有 2 750 个外国人"，其中至少有 2 500 人左右参与中西贸易活动，许多是实力雄厚的"商业大王"。[③] 原先为对外贸易服务的"通事"、"买办"也尾随而至，在新开埠的上海寻找发财机会。这些人资金雄厚，经验丰富，熟知中外贸易通行规则，了解中国情况，商业信息敏感，善于与各类商人打交道，更

① 叶梦珠：《阅世编》卷 3；范廷杰：《乾隆上海县志・序》，转引自黄苇：《上海开埠初期对外贸易研究》，上海人民出版社 1979 版，第 4 页。

② 《近代上海城市研究》，第 512—513 页。

③ 《上海近代经济史(第一卷)(1843—1894)》，第 71 页。

具有企业家的冒险创业精神，起到了东西间的桥梁作用。① 上海成为国际贸易中心的众多商机也吸引了全国各地商人到上海来发展。特别是江南地区的许多富商殷户，为躲避太平天国运动，携带巨额资金纷纷聚集上海租界。这些传统的商人富户逐渐在上海定居，在洋商买办的影响之下，这一群体逐渐演变为新一代从事内外贸易的商人群体。各类国际贸易人才的汇聚，为上海形成国际贸易中心起到了重要的支撑作用。其次是作为贸易主体的总部聚集。随着对外贸易重心逐渐由广州向上海转移，上海充满了无限商机，"转手间，巨富可致"。② 巨大的商业利益吸引了外国洋行纷纷移设上海，并随着上海进出口贸易的增长而增长，以致在外滩形成了"洋行街"。上海开埠的当年，就有广州的5家洋行移设上海。第二年，在上海营业的洋行就有11家之多。1847年，"上海租界内已经开设起24家进出口洋行(包括3家美国洋行)，5家洋商店铺，1家旅馆和俱乐部了"。随着上海对外贸易的日益扩大，洋行迅速增多，到1850年，不仅增加了许多为适应进出口贸易而设立的仓库、拍卖行、海船用品商店、伙食店，而且还创办了英文报纸《北华捷报》、药房、银行等，并专门成立了英商商会。以后，洋行的开设数不断上升，1936年达到675家，其中，欧美洋行561家，日商洋行114家。③ 这些洋行依恃不平等条约，操纵和垄断中国的对外贸易，在西方资本主义侵略中国的过程中扮演了不光彩的角色。但这些洋行拥有雄

① 《十九世纪的中国买办：东西间桥梁》，第287—290页。

② 中国经济统计研究所编：《吴兴农村经济》，上海图书馆藏，1939年，第122页。

③ 参见王垂芳主编：《洋商史：上海1843～1956》，上海社会科学出版社2007年版，第65页；《中华帝国对外关系史》第1卷，第399页；《上海对外贸易：1843—1949》(上册)，第199—200页。

厚的资金实力，掌握世界贸易行情信息和完善的销售网络，具有先进的企业管理经验，经营着银行、航运、保险、仓储等国际贸易的相关配套企业，确实对推进上海对外贸易的发展起到了历史不自觉的工具的作用。伴随着对外贸易的发展，上海也兴起了一批专门为洋行买卖服务的本地商人和商号。他们从承担洋行与内地商贩的中转批发，到自行贩运，并朝专业发展，开设起自营的丝行和茶行，逐渐形成参与国际贸易的企业主体。20世纪初，华商在南洋贸易和东洋贸易的基础上开始涉足西洋贸易。据统计，1945年，上海有从事进出口国际贸易的企业2 100多家。① 贸易主体的集聚效应，使上海成为国际贸易的头脑和决策中心，成为资金流、信息流、物资流等的交汇地，这无疑对近代上海成为全国乃至远东的国际贸易中心发挥了重大作用。

第四，内外贸易的一体运作，两个市场资源集中配置。近代上海既是全国的对外贸易中心，也是近代中国的埠际贸易中心。内外贸易一体化的强大功能不仅贯通了中西贸易，也强化了上海与其他口岸之间的经济联系，形成了以上海为交汇点的联系世界市场的贸易扇面和融通内地埠际贸易的经济扇面，使得进口商品由上海输送到内地城市和农村，出口商品诸如杭嘉湖地区的丝、闽浙皖的茶、四川的猪鬃和桐油以及内地的各种产品和土产先转运上海，然后出口世界各国。这种内外贸易两个扇面和内外贸易一体化的运作模式，使上海不仅发挥了中西贸易的交汇平台的作用，上海的国际贸易一直占据我国的50%左右，还实现了我国南北货物的集散转运中心的功能，上海的埠际贸易所占我国各通商口岸总值的一半以上，有时几近九成。这种内外贸易的一体化，充分发挥了把国际国内两个市场资源相互

① 《近代上海城市研究》，第163页。

融和、集中配置的功能，凸显了上海商品集散和贸易中心的地位。

第五，完善健全的服务体系，适于创业的社会环境。国际贸易中心的形成突出的是商品、信息、服务等的集聚，所以需要一个围绕内外贸易的配套服务体系。在内外贸易的牵导下，上海逐渐形成了健全完善的国际贸易的服务体系。金融、保险、航运交通等业与国际贸易如影随形般地发展起来，大大便利了对外贸易的进行，降低了交易成本。另外，近代上海国际贸易中心地位的形成离不开优良的社会环境的支撑。近代上海由于商业传统、中西交汇、移民汇聚等因素，逐渐形成了一种适宜于创业的特有文化氛围和社会环境。主要表现在：一是开放包容的观念心态。上海人多半是移民，观念开放，愿意接纳新事物，没有广州和北方那样的激烈排外情绪。二是代表现代市场经济的制度创新。有学者研究，上海在国际贸易中心形成过程中伴随着一系列的制度创新，比如租界制度、买办制度、新式工厂制度、产权制度等，“上海相对较少传统势力的束缚形成了有利于制度创新的环境，有效率的经济组织的不断建立及租界内实施的西方产权制度又使私有权得到相应保障”。[①] 三是自由宽松的社会环境。鸦片战争后，广州传统外贸口岸受传统观念和制度影响，对于外商取得的特权心怀抵触，其“自由居住或经商之权，尤未肯轻允”。[②] 而上海是新开商埠，无旧规约章限制，“洋商贸易，可以纯任己意，力谋发展，较诸从前在粤经商须受‘公行’之支配者，

---

① 孙玉琴：《简述近代上海对外贸易中心地位的形成》，《中国经济史研究》2004 年第 4 期，第 81—85 页。

② 班思德(T. Roger Banister)：《最近百年中国对外贸易史》，海关总税务司署统计科译印，1931 年，第 38 页，转引自《近代上海城市研究》，第 117 页。

不可同日而语”。[1] 租界制度建立后，列强逐步取得行政、司法、警察等权力，洋商可以自由置产居住。上海租界的特殊地位，使得上海相对旧中国其他地域的连年战乱而言，有一个比较稳定的、开放有序的经营环境。

近代上海成为国际贸易中心的原因还可以列举出许多，以上仅仅从几个大的方面分析。由此可见，上海国际贸易中心的形成是多种因素共同作用的结果，是一个系统不断磨合和筛选的结果。

对外贸易推动了近代上海经济和城市的发展

对外贸易在近代上海城市发展过程中占据着极其重要的作用。可以说，正是对外贸易的牵导，上海由商兴市；也正是国际贸易中心在上海的形成，直接推动了相关行业和城市经济的发展，上海才成为全国的经济中心。

第一，对外贸易直接推动了上海埠际贸易和新式商业的形成，上海成为全国商品的集散地。

大量的进出口商品在上海汇集，必然带动了上海对内埠际贸易和相关商业的迅猛发展。上海除了经营本地的进出口商品，还承担了全国各地商品的转口任务。到 1894 年，上海的埠际贸易占了全国一半以上，其中进口商品约占 67%，出口商品约占 50%。“浙江的丝……总是采取方便的水路运往上海这个丝的天然市场。”[2]在对外贸易的作用下，一批专卖洋货的洋布店、五金店、洋广杂货店、西药店、颜料行等开始在上海出现，并且发展迅速。以洋布店为例，1850 年，第一家专营洋布的同春洋货号

---

① 《最近百年中国对外贸易史》，第 39 页，转引自《近代上海城市研究》，第 117—118 页。

② 《中华帝国对外关系史》第 1 卷，第 405 页。

开业，到 1858 年，同样的洋布店增加到十五六家，并成立了同业会所“振华堂洋布公所”；1884 年增加到 62 家；1900 年更增加到 130 多家。① 同样，上海旧有的商业行业随着对外贸易的影响而发生相应的变化，经营资本显著增长，采用新式资本主义经营方式，与外国商号逐步接轨，逐渐形成了与对外贸易日益发展相匹配的新式商业。与对外贸易和新式商业的发展相适应，新式的商业流通体系发展起来，形成了以上海为中心，以上海的外贸商行为主体，延伸连接长江三角洲和长江流域腹地的商业流通网络。进入 20 世纪以后，上海与全国各地交易的城市范围不断扩大，商品的种类早已不止丝、茶等几项出口的大宗商品，包括了上海工业生产和居民日用消费所需的各种原料和农副产品，以及从上海进口的国外产品和上海制造的国货机制产品。1936 年，上海的埠际贸易总值已达 8.91 亿元，几乎等于埠际贸易占全国第 2 至 7 位的汉口、天津、广州、胶州、汕头、重庆六个城市的总和。②

上海成了全国商品的大市场，上海的市场供求信息成了全国商品的晴雨表，对全国各地市场和商品起到了重要影响和调节作用。

第二，国际贸易直接带动了上海金融业的发展，上海成为全国的金融中心。

金融与贸易如影随形。“开埠以后，进出口交易频繁，金融流通之需要日增……金融机关业务亦逐渐发展。”③伴随着上海

① 上海市工商行政管理局、上海市纺织品公司棉布商业史料组：《上海棉布商业》，中华书局 1979 年版，第 1—15 页。

② 《近代上海城市研究》，第 144—148 页。

③ 中国人民银行上海市分行编：《上海钱庄史料》，上海人民出版社 1960 年版，第 56 页。

对外贸易中心地位的形成和确立，上海的金融业迅速发展，逐渐成为近代中国的金融中心。

为了配合对华贸易的进行，早期在华洋行既进行贸易，又经营汇兑、保险、航运等业务。随着上海对外贸易的勃兴，上海的近代金融业应运而生。从1847年英国丽如银行在上海设立分行开始，为外贸服务的外资银行先后设立，到1927年，外资银行(含中外合资银行)达35家。外资银行通过在各口岸设立分支机构，建立起自己的金融网络，通过汇兑业务、存贷款业务、资金拆借业务、发行纸币等金融活动，为对外贸易提供支持。正是由于银行资本的支持，大量中小外贸企业得以参与对外贸易，从而扩大了上海的对外贸易。

中国传统的金融机构钱庄和票号也日益卷入对外贸易。1913—1926年，上海新设钱庄101家。[①] 票号的营业重心逐渐转移到上海，“这些票号多数在上海设有分支机构”。[②] 它们为参与对外贸易的华商提供信用支持和资金融通，[③]并得到外商的认可和支持，对上海对外贸易的发展发挥着重要的推进作用。

大批外国银行进入上海，刺激了华资银行的兴办。1897年，中国通商银行设立于上海。到1925年，已有华资银行158家。由于华资银行和钱庄的发展，虽然外资银行仍然占据着上海金融市场的主宰地位，但三者的比重已经发生重大变化，据估计，到1925年，外国银行、钱庄、华资银行所占比重为36.7%、22.5%、40.8%，华资银行在上海金融市场上的地位逐渐增强。[④]

---

① 《上海钱庄史料》，第193—202页。

② 《上海近代贸易经济发展概况：1854—1898年英国驻上海领事贸易报告汇编》，第384页。

③ 《上海近代经济史第一卷(1843—1894)》，第447—449页。

④ 唐传泗、黄汉民：《试论1927年前的中国银行业》，《中国近代经济史研究资料(第4辑)》，上海社会科学院出版社1986年版，第82页。

南京国民政府成立后，各原总部在北方的大银行如中国、交通、金城、盐业等银行也将总部陆续南迁上海，国民政府的中央银行也设在上海，全国著名银行的总行有81%设在上海，上海银行业的存款占全国的比重在1936年达到47.8%。①

得力于对外贸易的不断发展，上海成为全国最大、最重要的金融中心，不仅为对外贸易，而且为整个中国的经济提供支持。正如时人所说："吾国金融重心，因沪市工商业发达，而又为国际贸易之中心，故向以上海为枢纽，犹如英国伦敦、美国纽约、法国巴黎。"②

第三，对外贸易直接拉动了上海交通运输业的发展，上海成为全国乃至世界的航运中心。

对外贸易与航运业的发展相辅相成，上海襟江带海，具有发展现代航运业的天然优势。航运中心的形成当然离不开天然良港这种自然资源禀赋，但是仅此还不够，航运中心需要强大的物流为内容。随着上海成为中国国际贸易中心，内外贸易的日渐繁荣，推动了交通运输业特别是航运业在上海的迅速发展，上海逐渐成为全国乃至世界的航运中心。

随着上海对外贸易的发展和国际贸易中心的形成和确立，大量的贸易商品在上海集散，上海传统运输业的沙船因无法和外国蒸汽轮船相抗衡而很难适应形势的需要。美好的航运业愿景魔鬼般地吸引着外国航运势力。上海开埠当年，就有17艘英美船驶入贸易，到1857年达492艘。1850年以后，外国轮船公司先后开通上海至香港、加尔各答、欧洲的航线，以后又陆续开通上海至加利福尼亚、温哥华、横滨、神户、海参崴等地的航线，

---

① 洪葭管、张继凤：《上海成为旧中国金融中心的若干原因》，《中国近代经济史研究资料(第3辑)》，上海社会科学院出版社1985年版，第33—35页。

② 叶晓山等：《中国战时经济特辑》，中外出版社1939年版，第188页。

到1871年，上海已成为当时具有国际意义的航运中心。19世纪60年代上海至汉口的长江轮运航线开通，到90年代延伸到重庆，上海至沿海各重要港口的航线也开通起来，以上海为中心的长江和近海轮船运输网初步形成。上海远洋航运初为各大洋行控制，巨大的航运市场和丰厚的商业利润刺激了各国对上海航运的竞争，专业轮船公司纷纷设立。1862年，美国旗昌洋行在上海设立轮船公司，专营上海至长江各口岸和中国沿海的客货运输，随后，英商公正、北清、太古、华海、怡和等轮船公司相继在上海设立，清政府设立的轮船招商局也投入国内外的运输。随后民族资本轮运企业兴起，新的内河航线不断被开辟，上海作为航运枢纽的地位更加突出。出入上海港口的船只与上海内外贸易的发展相适应，呈现出持续的增长态势。1920年进出上海港的船舶吨位超过2 000万吨，从1923年起每年进出上海港的船舶吨位都在3 000万吨以上。1928年，上海港已名列世界港口的第14位，1931年，上海港的吞吐能力超过鹿特丹、香港和蒙特利尔，跃居世界港口的第6位。上海港已成为世界级的贸易大港。①

第四，对外贸易直接推动了上海现代工业的发展，上海成为全国的工业中心。

上海开埠后，为对外贸易服务的工业如船舶修造、出口商品加工等首先在上海发展，到甲午战争后允许外资设厂，上海的工业迅速发展起来。其实，上海的工业发展条件并非得天独厚，它的不足显而易见，尤其不具备原料优势。但是近代上海为什么会成为全国的工业中心呢？除了产业集聚、交通便利等因素外，

---

①　茅伯科主编：《上海港史（古、近代部分）》，人民交通出版社1990年版，第360—363页。

对外贸易的直接和间接牵动是一个十分重要的因素。首先，在外来廉价机制品的冲击下，上海周边农村及长三角地区自然经济首先走向瓦解，为上海工业的兴起和发展提供了廉价劳动力和商品市场。其次，上海最先受到外国商品优厚利润的刺激，不管是外资企业还是民族企业迅速在上海兴办和聚集。再次，上海工业的原料就内地来说是远了，增加了运输成本，但对于外国进口原料来说是近了，节约了运输成本，特别是外国机器等建厂设备对上海来说反而显得十分便利。还有，国内外贸易为上海工业发展提供了巨额资本、管理经验、商业网络，它所推动的上海城市发展也为上海工业的发展提供了巨大空间。正如近代著名企业家刘鸿生在分析上海工业发展原因时，特别把“外来货料，既易进口，内轮行销，又极灵便”作为第一条。①

在对外贸易的驱动下，近代上海聚集了各种有利工业发展的因素，产生了集合效应，上海迅速发展成为中国的工业中心。上海工业的门类、资本规模、生产规模、技术构成、经济效益等始终处于全国领先和主导的地位。仅以 1933 年为例，在全国符合工厂法的 2 435 家工厂中，上海有 1 229 家，占全国总数的 50.47%；资本总额占全国的 40.96%。②

上海工业的发展也进一步促进了对外贸易的发展，贸易量大大增加，对外贸易的商品结构发生变化，原料、燃料、设备的进口大大增加了，棉布、面粉等轻工产品的出口大大增加。“1913 年上海进口的棉织品占上海进口商品总值的 43%，到 1936 年下降到 2.2%”；机器、染料、电器材料、钢铁五金等生产资料进口大

---

① 上海社会科学院经济研究所编：《刘鸿生企业史料》(下册)，上海人民出版社 1981 年版，第 3—4 页。

② 张忠民主编：《近代上海城市发展与城市综合竞争力》，上海社会科学院出版社 2005 年版，第 366—368 页。

大增长，上海1931年的进口量是1913年的5.7倍，而且这些产品大部分从上海进口，要占全国的60％到70％。①

以上仅仅从商业、金融、航运、工业等几个维度阐述对外贸易对上海城市经济的发展作用。对外贸易的发展促进了上海城市经济社会的全面发展，相辅相成地，城市经济社会的发展又有力地促进了国际贸易中心地位的形成和巩固，上海成为全国的经济中心和国际化大都市。

上海国际贸易中心形成的历史特点和规律

上海国际贸易中心的形成有着深厚的历史根源和基础。同样，上海国际贸易中心的形成也有着自身的逻辑和特点。总结近代上海国际贸易中心发展历程中的历史特点，对于我们今天重建上海国际贸易中心地位有着重要的启示意义。

*第一，要内外贸易的共同发展，不能片面发展。*国际贸易中心的核心是物流的汇聚，交易的集中，从而对全国乃至世界产生集聚力和辐射力。近代上海在开埠以后不长的时间内，迅速取代广州成为全国的国际贸易中心，并且长盛不衰，相当大程度上得益于内外贸易一体化的形成。内外贸易融合互动，中外经济密切联系，形成以上海为中心，以外贸为纽带，联通长三角、沿江、沿海腹地的商业网络，强力地驱动上海国际贸易中心地位的形成和稳固。正是内外贸易一体化的作用，全国商品汇聚上海，增强了出口贸易的后劲；外国商品在上海集散，推动了进口贸易在全国的辐射，从而构筑成大流通的市场格局。正如有学者指出："由于外力的巨大作用，晚清上海很快把原来属于广州和苏州的对外对内商业贸易功能都吸引到自己的身上来了。可以说上海地位的上升正是以广州、苏州这两个商业重镇地位的跌落

① 《上海对外贸易：1843—1949》（上册），第193—194页。

为前提和代价的。"①由此可见，没有内外贸易的空间整合和整体运作，要重建上海国际贸易中心地位是相当艰难的。现在有一种偏向，只顾外贸，忽视内贸，显然有失偏颇。

第二，要有广阔的经济腹地，不能一枝独秀，要有与周边城市群共同发展的联动机制。如前所述，近代上海之所以能够取代广州成为全国国际贸易中心，上海具有比广州更加得天独厚的广阔经济腹地是一个至关重要的因素。正如罗兹·墨菲所说："上海的内地贸易区要算是世界上最大的了。如此宽广的地区，或者如此众多的人口，依靠一个主要河流系统和一个首要城市来开展商业往来，那是别的地方所没有的"。② 在上海国际贸易中心形成的过程中，河网交错、运输便利的长江三角洲和长江沿江城市以及南北沿海城市的同步发展对上海内外贸易一体化体制的形成和运作起到了巨大作用。当时，开埠后主要的出口商品生丝、茶叶等都由这些城市源源供给，进口的棉、纱机制品特别是以后的工业品和机器设备都由这些城市逐步消纳。所以，上海与周边、沿江、沿海城市的同步发展和紧密经济联系，是上海国际贸易中心的应有之义。特别是现在的贸易环境、运输条件等与近代上海已有很大差别，我们在重建上海国际贸易中心地位时，要把上海放在区域一体化中来考虑和设计，否则，上海国际贸易中心的集聚和辐射功能就无从发挥。

第三，要有相关行业的均衡发展，不能单兵独进。从近代上海国际贸易中心地位形成的过程来看，它不是简单的进出口贸易量放大和攀升，而是相关行业的相互促进、协调发展的结果。

---

① 乐正：《近代上海人社会心态(1860～1910)》，上海人民出版社 1991 年版，第 27 页。

② 《上海——现代中国的钥匙》，第 65 页。

贸易中心不纯粹是买卖中心，而是商品流通的管理中心，这涉及诸多的配套服务，需要相关行业的同步发展。贸易是动力，进出口贸易的发达必然会带动国际航运业和金融业的发展。金融和航运是基础，没有国际航运业的发展和配套，国际贸易的规模就难以扩大；没有发达的国际金融业，国际贸易中心所需要的巨额资金和国际结算就无法实现，国际贸易中心地位也就无从谈起。没有以先进制造业为核心的现代工业的发展，上海对外贸易中心地位就缺乏可持续发展的有力支撑。因此，国际贸易中心、国际金融中心、国际航运中心和工业中心是互为条件、互为支撑、互相促进的统一体，几个中心的建设必须协同共进、整体发展。现在有一种偏向，一是把几个中心孤立地看，没有把几个中心作为一个系统和整体来研究，从世界经济中心城市和近代上海发展来看，其实这几个中心在某种角度来看是一件事的几个方面，只不过是侧重不同而已。二是把经济中心与其他几个中心在一个层面上混为一谈。其实，经济中心和贸易中心、航运中心、金融中心不是同一层面的概念。经济中心与其他三个中心是涵盖的关系。贸易中心、航运中心、金融中心建成了，其他相关行业必然会有发展，经济中心也就自然水到渠成。

第四，要有开放的促进贸易的社会和制度环境，不能只顾硬件忽视软件。国际贸易中心之所以会在某一地区形成，固然需要有诸如优越的区域位置或天然良港等自然禀赋要求，但仅此还远远不够。国际贸易中心之所以能吸引众多的贸易主体聚集，吸引众多的商品在此集散交易，最主要的还是它的交易成本及风险的最小化和利益的最大化，依靠集聚扩散优势，使全球商品流通集聚于此并扩散出去，这才是问题的关键。近代上海能在不长的时间内取代广州成为全国首屈一指的国际贸易中心，一个较为关键的因素就是它具有良好的社会和制度环境，降低了交易成本，保障了利益的最大化。西方列强在上海建立了实际意义上的自由贸易制度，近代上海的市场开放度在全国最高，市场准入门槛和程序却相对较低和简便，市场秩序良好，贸易要素流通顺畅，交易十分便利。正如著名经济史专家丁日初先生所说："昔日上海外贸总额之扶摇直上，是由许多原因造成的，但归根到底是由于开辟商埠，实行贸易开放政策（不论被迫或自动）的结果。"①同时，上海还汇聚了全国的外贸精英，上海对外语的重视和对西方文化的了解和认同也是其他城市不能比拟的，开放过程中形成的海派文化塑造了开放的社会氛围，这都为上海的对外贸易发展提供了良好的社会文化环境。我们在建设国际贸易中心的过程中，一定要十分重视人才的作用，不能见物不见人；一定要重视文化和制度建设，创造有利于人财物聚集、有利于贸易发展的开放环境。

总之，我们还要借鉴中外历史上国际贸易中心形成的经验教训，特别要充分把握国际贸易中心形成的几个重要逻辑规律：第一，国际贸易中心形成的逻辑起点是这里机会多、效益高，在这里，以同样的成本可以赚取比其他地方更多的利益；第二，国际贸易中心的形成是一个自然的历史过程，并不是我们建造一些功能区域就可以招商引资打造出来的；第三，国际贸易中心的形成是一个多种因素综合作用的复杂系统，我们只能想方设法去认识它、把握它、顺应它，而没有办法建造它、改造它；第四，国际贸易中心的形成是一个内生建构而不是简单人造的产物。国际贸易中心的形成犹如一棵大树的长成，而不是房子的造就。房子可以造，树木只能育，它的形成自有内在的规律。我们所讲

① 丁日初：《再论上海成为近代中国经济中心的条件》，《近代史研究》1994 年第 1 期，第 85—98 页。

的国际贸易中心的建设或重建，只能在这个语义上来理解和把握。在重建国际贸易中心这件事上，我们只能充分认识和把握规律，优化其生长环境，顺应其成长特点，精心培育，促进其茁壮成长。否则，只能是揠苗助长，欲速则不达。

（夏斯云撰稿）

二、对外贸易与近代缫丝工业发展动力研究

谈及制丝业，与之紧密相关者有三，即蚕丝业（养蚕结茧）、缫丝业（由茧缫丝）和丝织业（由丝织绸）。中国的蚕丝业有着约五千年的悠久历史，是最早的发源地，其生产技术领先于世界，先东传朝鲜和日本，后又西传至欧洲。同时，中国也是世界上最主要的丝绸生产国和最基本的供应国，古代丝绸贸易所开辟的"丝绸之路"影响深远。作为蚕茧加工产品和丝织原料的生丝，一方面因欧美市场的大量需求，成为我国重要的出口商品，在对外贸易领域地位显著，据 1912—1931 年海关统计，生丝出口额占我国出口总额的 15.9%，在全部出口商品中居于首位；另一方面，也对国际市场有着比较严重的依赖，因为对外输出是其主要销路，1870 年代我国生丝出口量占总产量的 40%，20 世纪 20 年代达到一半左右①。然而，近代以前，连接着蚕丝业和丝织业的缫丝业完全处于小农经济的家庭手工业阶段，"连独立的小作坊都没有"②，直至鸦片战争后的 19 世纪六七十年代，为了适应国

① ［日］满鉄調査部『支那国際収支論叢』，第 13 页。

② 徐新吾主编：《中国近代缫丝工业史》，上海人民出版社 1990 年版，第 2 页。

际市场要求，保持生丝的出口量，推动对外贸易的发展，中国才有了近代缫丝工厂。

缫丝工业是近代中国的出口产业支柱。国内外学界对于近代缫丝工业发展轨迹的探究已较为成熟，然而从内外因相结合的角度，考察其发展动力的成果尚不多见。本文利用中、外文调查及史料，考察中国近代缫丝工业因外贸需求而兴起、因国际竞争而变革、因经济危机而衰退、因战时统制而破产的过程，从中探索作为出口产业的近代缫丝工业的发展动力及其与对外贸易的关系。

外贸需求与近代缫丝工业的兴起

制丝业是我国的传统产业，相传黄帝的妻子嫘祖教会了百姓养蚕和制丝。自古中国就是世界上的丝绸产出大国，在国内以直接供应宫廷需要为主，获得了一定发展。明清两代，在长期闭关锁国状态下，中国的丝和绸出口十分有限，丝与绸的生产长期处于停滞状态。

（一）中国丝的国际、国内地位

鸦片战争后，中国出口贸易以丝、茶为大宗，生丝出口量在所有出口产品中居于首位。1843—1852 年这 10 年期间，生丝出口稳步增长，1844 年为 5 087 包，1852 年增至 24 200 包，增长 3 倍多，该年生丝出口占全国总出口额的比重首次突破 30％以上。① 1843—1894 年间，出口生丝的价值占全部出口商品总值的比重，在 1843—1851 年间仅为 17％—28％，1852—1858 年间为 31％—45％，②1860—1894 年期间，各年代比重如下表所示：

---

① 《中国近代缫丝工业史》，第 83 页。

② T. R. Banister, A History of the External Trade of China, p. 45. 据《中国对外贸易史》记载。

表 2-1　中国生丝出口值占总出口值比例(1860—1894 年)

年　　代	占总出口值的比例
1860—1869	28.58%
1870—1879	31.91%
1880—1889	23.86%
1890—1894	22.53%

资料来源:《海关报告》,转引自徐新吾主编:《中国近代缫丝工业史》,上海人民出版社 1990 年版,第 100 页。

1843—1852 年间,中国生丝出口量逐年增长,出口生丝已与国际市场发生相当联系,价格已受其支配,贸易中心逐渐由广州移至上海。上海的对外贸易有着优越的自然地理条件。首先,上海有优良的港口和广阔的长江腹地;其次,上海与著名产丝区域相距很近,因而具有生丝出口的便利。据 1847 年上海英领事计算,从产地运丝到广州,比运到上海远 10 倍,利润的损失达 35%—40%。由上海出口的生丝,降低了运费和价格,有利于扩大外销。① 在 1846 年全国对英出口的 20 000 包生丝中,上海以 16 000 包②占 80%的比重。此外,上海是近代第一批对外开放的通商口岸城市之一,对外贸易没有过去官府限制和公行制度的陈规陋习。这些因素共同奠定了上海作为中国生丝外贸市场主要基地的地位。

当时出口的生丝,均为土法缫成,大体分为多产于川鲁等省的黄丝与多产于江浙两省的白丝两种,并各有粗细之分,黄丝次

① XI 1848,Consul Alcook's Report on Shanghai, p. 70.

② B. P. P. Reports of the select Committee of the Commons on the commercial Relations with China, 1847, p. 8,转引自《中国近代对外贸易史资料》第一册,第 625 页。原文中 1846 年对英出口生丝 20 000 包,可能是约计,据实际统计为 18 746 包。

于白丝，细丝优于粗丝。浙江所产的白丝最佳，尤以七里（辑里）丝为特色。在欧洲市场上最著名最行销的中国生丝是七里丝、大蚕丝和园花（袁化）丝，详见下表。

表 2－2　中国各类生丝出口情况(1844—1847 年)

年份	七里丝		大蚕丝		园花丝	
	包数	比 1844 年增长百分比(%)	包数	比 1844 年增长百分比(%)	包数	比 1844 年增长百分比(%)
1844	2 896	100	1 394	100	792	100
1845	7 518	159.6	3 630	160.44	990	250
1846	8 525	194.3	6 321	353.44	508	64.14
1847	13 426	363.6	3 887	282.21	511	64.52

资料来源：《北华捷报》1850 年 11 月 9 日，第 59 页。注：生丝一包＝106.67 磅＝0.8 关担。

从上表可以看出，1844—1847 年生丝出口量逐年增长，其中以七里丝占出口量排序的第一位，大蚕丝次之，园花丝则自 1845 年后因不受用户欢迎，比率下降。[①] 当时土丝市场很发达，“不论其生丝的总产量有多大，它并不是由大农庄或大丝厂，而是由千百万小农户生产出来的。每个生产者……像一个蜂窝的蜜蜂一样，各自贡献一小部分产量，积少成多。……当一批批的小量生丝像这样直接从生产者手中收购以后，当地检验生丝的人和丝商把生丝分类，并把质量相同的包装起来，供给国内消费或出口”。[②] 可见，土丝产生于未具体分工的个体手工业农家生产模式。

（二）中国丝品质与国际需求之间的矛盾

太平天国时期，中国的生丝出口稳步上升。1853 年太平

① 《中国近代缫丝工业史》，第 84 页。

② R. Fortune：A Residence Among the Chinese，p. 339－343，转引自《中国近代对外贸易史资料》第三册，第 1543—1544 页。

天国定都天京后，对外，一面允许英国人“自由出入，随意进退……或照常经营商业”[①]，一面执行独立自主的关税政策，严禁鸦片贸易；对于产地的生丝贸易采取了保护与奖励的政策。如“乱时设官丝行四家：西栅为庄恒庆（古苑），李恒鼎（萍波），北栅为吴晋昌（铁江），南栅为卜同昌（朱兰坡），各丝行必须官丝行保结，然后可开”。[②] “丝船往沪，用枪船护送至盛泽外，过一贼卡而回。……当时业丝之家藉浔晏然出境”。[③] 为了货畅其流，“太平天国境内进行贸易的各村各镇一律只设有一个税卡”[④]，商人只需缴付一次税款，直到目的地不再于他处纳税，而且税率适当。正是由于自由贸易的确保、运输安全的维护和税收制度的完善，促使有价值的生丝贸易增加，并在太平天国据有的产丝区不断发展。班思德在《中国对外贸易史》中、西·甫·里默在《中国对外贸易》中也都坦言太平天国政权促进了生丝的出口。[⑤] 客观方面，此期由于战乱导致南京和其他城市丝织机遭到破坏，普罗大众生活贫困，生丝内销大为缩减，不得不转销国外；另一个重要因素，1853 年起欧洲蚕瘟灾害致使法、意等国生丝减产，对中国生丝的需求突然增长。因此国内促进和国外需求共同构成了此期生丝出口增长的原因。

1864—1871 年，由于国内战争的破坏，生丝出口持续下降，

---

① 英国蓝皮书中之太平天国史料：《革命军首领致濮享书》，转引自中国史学会编《太平天国》六，第 909 页。

② 周庆云：《南浔志》卷四五，大事记四，1928 年版，第 11 页。

③ 同上书，第 6 页。

④ ［英］呤唎：《太平天国革命亲历记》下册，王维周译，中华书局 1961 年版，第 380 页。

⑤ ［美］西·甫·里默：《中国对外贸易》，卿汝辑译，三联书店 1958 年版，第 22—23 页。

出现危机。1863 年开始，中外军队联合围剿太平军，破坏了上海和江浙产丝区，我国生丝出口量大大下降，共计 39 245 包，比 1862 年减少了一半多。① 1864 年，生丝出口继续下降至 1862 年的 42.8%，1865 年有所回升，但仍不及以往。上海方面输出不足，欧美的生丝消费转向广东收购，广东丝出口激增，导致广东的蚕丝业从 1860 年代起有飞速发展。至 1868 年受到战争破坏的江南蚕区生产才得以恢复。1869 年苏伊士运河开放，海运航程缩短了四分之一以上，蚕丝运费随之大幅降低。1871 年 6 月 3 日，上海、香港和伦敦之间接通了海底电缆，上海跟伦敦可以直接通电报，交通和通讯的便利，使中国的对外贸易更深地卷入世界市场，中国生丝贸易也更紧密地与国际商贸网络联系起来。② 到 19 世纪 70 年代前后，中国虽然仍是世界生丝的主要生产国和出口国，出口亦有较多增长，但已逐渐显现出疲态，究其原因主要有如下两方面：

第一，生产模式落后于世界其他国家，导致产品质量不能满足国际生丝市场机器生产的要求。

鸦片战争前，意、法等国已经开始向机器工业生产迈进，而中国仍保持着个体手工业的农家生产或机户生产状态。鸦片战争后，中国扩大了生丝出口，是时，法国丝织业所需生丝原料占世界生丝消费量的半数以上。已迈进工业化机器生产时代的西欧近代织绸业为保证丝绸的品质，对生丝原料的要求较高，中国小农经济体制下生产的土丝，质量及条份不一，不能适合法国丝织工业的要求。

第二，生产技术陈旧，经营模式存在弊端，导致生丝产品品

---

① 《中国近代缫丝工业史》，第 89 页。
② 同上书，第 92 页。

质下滑，信誉受损，引起欧美等主要生丝进口国的不满。

1872—1894年，随着生丝出口增加，江南蚕桑生产进一步恢复，但江南地区仍用原来的鲜茧缫丝法，不能适应日益增加的茧产量，急于缫制势必导致重量轻质，加上中外丝商投机钻营，混淆不同等级的丝以次充好，出口土丝的品质每况愈下。上海商会为此通报中外人士："中国生丝的缺点是缫制粗糙，包装混杂，复摇丝和拈丝中用糖油等杂物增加重量。欧洲以为中国丝条纹太粗，改用棉花代替。美国对复摇丝的品质杂、损耗大颇有意见"，并警告"如果这样下去，丝价将再度下降，并将失去市场上的地位"①。

尽管如此，由于欧洲农业中蚕桑事业发展迟滞，原料供应不足，特别是19世纪五六十年代欧洲蚕瘟流行时期，西欧织绸业生丝原料仍依赖中国市场的供应。不过，中国小农生丝的生产落后性与海外市场对生丝品质需求提升之间不可弥合的矛盾日益凸显，这种局面催生了中国近代缫丝工业的出现和兴起。19世纪六七十年代，近代缫丝工业的初步建立就是在这一历史背景下出现的。②

（三）近代缫丝工业的兴起

近代缫丝工业的起步并非一帆风顺。1874至1894年间，广东创设了民族资本近代蒸汽缫丝厂75家，上海除早期一度出现过外商丝厂，旋即停歇外，在19世纪70年代末至80年代初，外商又建立3个缫丝厂，但经营上遇到困难，直到80年代后期才能立足并有所发展，到1894年，共开工厂5家。1861年，上海英商怡和洋行着手引进西欧缫丝的近代机器设备，建立了"纺丝

① 《北华捷报》，1874年5月2日。

② 徐新吾、韦特孚：《中日两国缫丝手工业资本主义萌芽的比较研究》，《历史研究》1983年第6期。

局”，但由于成本高，经营亏损，无法为继，60 年代末便已停工。从此上海近代缫丝业停顿了约 10 年。1879 年美商旗昌洋行再建丝厂——旗昌丝厂，也难逃经营不利的命运，直至 80 年代初，上海才建成 4 家缫丝厂。此时上海的近代缫丝业起步困难，主要原因并不在于机器设备方面，而是上海周边的蚕茧市场尚未形成，近代缫丝厂在江南一带大量收购蚕茧时，遭到当地土丝商的掣肘，同时，也不具备烘茧设备和交通运输条件。①近代缫丝工业的筹建，除引进生产设备之外，还需其他相关的条件。1882 年，上海有 4 家动力蒸汽丝厂，完全引进较先进的意大利式缫丝设备，但规模尚小，共约 7 000 部丝车。其中旗昌、公平、怡和三家为英美洋行所办，但有相当数量的华商入股；公和永是华商买办黄佐卿投资经营的，属于民族资本性质。②

表 2－3　1894 年上海洋商丝厂基本情况表

开设年份	厂名	地址	资本额（两）	经营性质	负责人	丝车数	年产量（担）	职工人数
1882	怡和丝厂	新闸	360 000	英商	怡和洋行	450	486	1 300
1891	宝昌丝厂	垃圾桥	355 200	法商	卜鲁纳	444	479	1 300
1891	宝昌丝厂	里虹口	324 800	法商	卜鲁纳	406	439	550
1894	瑞纶丝厂	虹口	160 000	德商	李松筠 吴少卿	200	216	600
共计			1 200 000			1 500	1 620	3 750

资料来源：［日］《支那蚕丝业研究》，第 126 页，根据 1897 年松永伍作调查表编制。

① 《中国近代缫丝工业史》，第 92 页。
② 同上书，第 4 页。

截至1894年，上海民族资本机器缫丝厂共有8家，资本总额为206.08万两，每家平均25.76万两，详见下表。创办人一般为洋行买办或买办型商人，大多是丝栈主出身，他们仿照外商丝厂的模式建立工厂，机器设备都从国外进口，直接使用蒸汽机运转缫车，较广东先进，劳动生产率较高，产品质量也好。各外商丝厂的实际负责人大多为中国商人，一般为洋行雇佣的买办。洋行据有营销模式、客户资源、供茧渠道等优势，通过买办获取商业利润。据《海关关册》记载，1894年始有上海厂丝的列入，厂丝产量占全国生丝产量的比重，仍远不及土丝，仅占一成上下，①此后，出口额开始迅速增长。

表2-4　19世纪末上海民族资本机器缫丝厂概况

开设年份	厂名	地址	资本额（两）	负责人	丝车数（部）	年产量（担）	职工人数	备　注
1882	公和永	新闸	304 000	黄佐卿	380	410	1 000	负责人是祥记丝栈主、公和洋行买办
1886	裕成	新闸	168 000	陆纯伯	210	227	400	
1890	延昌恒	垃圾桥北	176 000	杨信之	220	238	300	负责人原是泰康祥丝栈主、延昌洋行买办
1892	纶华	唐家弄	400 000	叶澄衷	500	540	1 300	负责人原是老顺记五金店主
1892	锦华	新闸	120 000	陶吉斋	150	162	400	
1892	新洋	杨树浦	332 800	黄佐卿	416	449	850	
1893	信昌	梵皇渡	360 000	马建忠	450	486	800	负责人是洋务派官僚

① 《中国近代缫丝工业史》，第97页。

（续表）

开设年份	厂名	地址	资本额（两）	负责人	丝车数（部）	年产量（担）	职工人数	备　注
1894	乾康	石子街	200 000	沈志云 吴少圃 拔维晏	250	270	800	负责人原是拔维晏洋行买办
共计	8家		2 060 800		2 576	2 782	5 850	

资料来源：［日］《支那蚕丝业研究》，第126页，根据1897年松永伍作调查表编制。

近代缫丝业是中国近代工业中最早产生和形成的行业之一，早于近代棉纺织业十余年出现。到1894年，上海蒸汽动力丝厂（包括洋商丝厂和民族资本丝厂）共12家，有丝车4 076部，其丝厂设备较为先进，劳动生产率较高。

甲午以前，中国近代缫丝业工厂，无论在数量、资本总额和雇佣工人数上，都是在中国近代工业中占有最大比重的行业。至1913年，上海又增加了一批丝厂，达到49家，丝车13 392部，分别约占全国份额的20%和16%，仅次于广州，列于第二位。近代缫丝工厂生产的厂丝问世之后，出口量逐年递增，土丝出口相应地逐年下降。据海关报告，1913年中国出口生丝7.22万公担，其中厂丝4.2万公担，土丝出口3万公担，①厂丝已逐渐占据了生丝出口的主流。

由于厂丝的外销激增，机械缫丝厂纷纷设立，第一次世界大战前后至世界经济危机发生前夕，我国缫丝工业正值发展期，其中上海发展最快，厂数比1894年时增加了7.5倍，丝车数也增加了近5倍。但上海丝厂的规模越开越小，因市面的变化，丝厂

① 《中国近代缫丝工业史》，第4—5页。

业者时起时伏，家数常有变动，名称也有更改，[①]面临着国际市场新局面和行业改革新机遇。

国际竞争与近代缫丝工业的发展

中国近代缫丝工业，从引进机器设备，到研究自制，到超越改良，走过初创阶段、自然发展阶段和在竞争中求生存的被迫变革阶段。

（一）近代缫丝工业的自然发展轨迹

《马关条约》签订后，西方列强取得了在中国就地投资设厂的特权，洋商又开始投资创办新的丝厂。清政府也开始放宽对民间兴办企业的限制，加上我国生丝在世界市场上遭受日本机器丝排挤的情况越来越严重，民办机器缫丝业就以比甲午战争前更快的速度发展起来。

1895 年 12 月，清政府谕令各省设立商务局。1898 年，光绪帝宣布变法维新，明确指出奖励科学发明和民办工业。戊戌变法虽以失败告终，但是却引发了我国民族资本主义发展的第一次高潮，民间资本设厂增多。1895 年到 1898 年间，上海的丝厂激增。1896 年，丝厂由 1894 年的 12 家骤增至 29 家，丝车由 4 067 部增至 7 986 部。1896 年与 1898 年，虽然丝价暴跌且蚕茧歉收，丝厂获利甚微，但是到 1898 年，上海仍有 24 家丝厂，丝车数为 7 470 部。1900 年，由于丝价大跌，销售不畅，开工丝厂仅剩 18 家，丝车数减为 5 920 部。[②]

辛丑条约签订后，在内外交困的严峻形势下，清政府被迫提出一些新政措施，奖励工商实业。1901—1906 年，上海缫丝业并无显著发展，丝厂数亦无明显增减。1901 年，丝厂数为 23 家，丝

---

① 《中国近代缫丝工业史》，第 168 页。

② 同上书，第 616 页。

车数为7 830台。1906年，丝厂数仍保持在23家，丝车数增为8 026部。1905年，上海掀起抵制美货的运动，美国输华的大宗货物销路大减，从而促进了本国民族工业的发展。此外，1909年，欧洲主要产丝国意大利发生地震，生丝产量锐减，国际市场生丝价格上涨。我国生丝出口大增，刺激了上海缫丝业的发展。1909年，丝厂数骤增为43家，丝车数为12 050部。在第二次设厂热潮之后，1910年，上海有丝厂44家，丝车13 074部，与1900年相比，丝厂数增长1.4倍，丝车数增长1.2倍。

辛亥革命成功后，缫丝业进入稳定发展期。临时政府重视兴办实业，新成立的实业部于1912年3月制定了《商业注册章程》，规定商人呈请开办厂矿，"只要资本实在"、"无有纠葛"①，符合注册条例章程，政府批示皆为"当务之急"、"于国计前途，大有裨益"②，即予照准，并"力为保护"。辛亥革命的成功和奖励实业政策的颁布，带来了缫丝业的进一步发展。上海的丝厂在3年间由46家增加到57家，丝车由13 062部增加到14 964部。新增的11家丝厂，皆为华商投资创办③。从全国来看，从甲午战争后的1895年到第一次世界大战爆发前的1913年，先后创设的民办机器缫丝厂达141家，资本总额1 133万余元。加上甲午战争前原有各厂，1913年共有缫丝厂226家，缫丝车82 088台。④

第一次世界大战爆发后，缫丝业进入黄金时期。大战爆发

① 中国科学院近代史研究所：《辛亥革命资料》，中华书局1961年版，第122页。

② 同上书，第268页。

③ 徐新吾、黄汉民：《上海近代工业史》，上海社会科学院出版社1998年版，第115页。

④ 刘克祥编著：《蚕桑丝绸史话》，社会科学文献出版社2011年版，第157页。

初期,因欧洲交通运输困难,生丝出口受到影响。1914 年和 1915 年,上海缫丝业发展几乎停滞,丝厂数保持在 57 家,丝车数保持在 14 964 部。但其后,由于未参战的美国对生丝的需求大增,生丝出口逐渐转旺,丝价高涨。市场需求的变化和奖励实业政策,共同推动缫丝业进入发展的黄金时期。1916 年后,丝厂数和丝车数又有明显增加。1917 年,丝厂增加到 68 家,丝车增加到 18 800 部。缫丝业的发展,一直持续到 1920 年。1920 年,丝价惨跌,上海许多丝厂宣告破产①,到 1921 年,开工丝厂减少到 58 家,丝车减为 15 770 部。

1922 年,上海白厂丝市价上涨为 1 180 关两,比 1921 年增长 32.1%②。缫丝业又有明显好转,开工丝厂增为 65 家,丝车增至 17 260 部。1923 年,日本发生强烈地震,缫丝业受到破坏,造成国际市场生丝供应短缺,这又刺激了上海缫丝业的新发展。1925 年,五卅运动的爆发,极大地推动了国货产品的销售,缫丝业也得到了较大发展。1925 年,丝厂增为 75 家,丝车增为 18 298 部。1926 年,上海丝厂已达 84 家,丝车为 19 490 部。在随后两年间,缫丝业继续繁荣。到 1928 年,上海已有丝厂 104 家,丝车 24 375 部。与 1915 年相比,丝厂数增长 80%,丝车数增长 60%。这一时期,缫丝工业的发展与国民政府的政策倾向和国内的政治环境有着密切的关系。

(二) 国际市场竞争与缫丝工业技术革新

近代缫丝工业起步时期,设备均进口自国外。1861 年,怡和纺丝局从意大利引进了 100 台丝车。1881 年,公和永丝厂引进丝车 100 台。随后,怡和与公平洋行各建一厂,每厂亦仅有丝车

① 徐雪筠等译编:《上海近代社会经济发展概况(1882—1931)——〈海关十年报告〉译编》,上海社会科学院出版社 1985 年版,第 211 页。

② 乐嗣炳:《中国蚕丝》,世界书局 1935 年版,第 46 页。

104部，各项机械均购自意法等国①。机器完全依靠进口的局面并未持续很久，国内便出现了仿造组装缫丝机械。意大利式缫车以蒸汽为动力，结构简单，易于仿造。1888年，永昌机器厂就已经开始制造意大利式缫丝车及丝厂用小马力水汀引擎，主要销售对象是公和永丝厂。坐缫机的主要部件铸铁件台面，由翻砂厂代铸，铜盆由我国原有的铜锡器手工业协作制造，管子零件是进口的，机器厂仅加装配，机器加工量极少。② 至1913年前后，上海港已停止进口缫丝机，丝厂所用缫丝机全部由国内机器工厂供应。

日俄战争后，中国近代缫丝工业在国际市场上的优势地位随即被后来居上的日本生丝所取代。日本的机器缫丝业兴起于明治初年，在欧美特别是美国的旺盛市场需求和日本国内置产兴业政策的刺激下，官民一体致力于蚕种和养蚕方法的改良以及技术革新，短时间内获得了飞跃的发展，确立了"出口工业大宗"的地位。③ 明治维新后，日本逐渐发展出一批缫丝手工工厂，据1879年的调查，日本10人以上缫丝厂已有665家，雇佣工人近2万人，而当时中国近代缫丝工厂仅有十余家，约三四千工人。④ 同时，日本政府鼓励生丝出口，加强了出口生丝品质的检验，改进了生产工具、经营与贸易方式等措施，1894年日本制丝业生产总量中，厂丝已占56.6%，而中国还仅占14.06%。⑤ 19

① 孙毓棠：《中国近代工业史资料》(第一辑上册)，科学出版社1957年版，第971页。

② 上海市工商行政管理局、中央工商行政管理局资本主义经济改造教研室主编：《上海民族机器工业》，中华书局1966年版，第99页。

③ [日]島一郎『中国民族工業の展開』，ミネルヴァ書房1978年，第119页。

④ 徐新吾、韦特孚：《中日两国缫丝手工业资本主义萌芽的比较研究》，《历史研究》，1983年第6期。

⑤ 野吕荣太郎：《日本资本主义发展史》，吕明译，生活·读书·新知三联书店1955年版，第198页。

世纪七八十年代，日本丝的出口量尚不足中国丝的三分之一，到90年代，竟已达到中国丝出口量的一半以上，及至日俄战争时，日本丝的出口量已经基本与中国丝的出口量持平，1906年日本丝开始反超，此后差距逐渐拉大，详见下表。

表2-5　中日两国的生丝输出量变迁表(1870—1927年)

单位：担

年度	中国生丝输出量	日本生丝输出量	年度	中国生丝输出量	日本生丝输出量
1870	45 824		1913	119 344	200 642
1880	78 100	(22 798)	1914	87 517	107 094
1890	60 322	(44 208)	1915	109 093	176 694
1900	78 267	(76 761)	1916	103 561	215 653
1901	108 696		1917	107 584	256 191
1902	100 515		1918	96 366	241 466
1903	72 695		1919	131 506	283 898
1904	91 885		1920	82 530	173 268
1905	80 335	72 203	1922	113 980	259 899
1906	84 931	103 102	1922	119 737	341 462
1907	92 317	93 180	1923	107 227	261 192
1908	94 942	114 281	1924	108 703	369 609
1909	95 772	133 600	1925	131 802	438 449
1910	110 184	147 255	1926	137 467	442 978
1911	96 094	143 385	1927	135 078	521 773
1912	121 877	169 636			

资料来源：[日]東亜研究所『支那蚕絲業研究』、大阪屋号書店1934年、第50—55页；吴承洛著、藤枝丈夫訳『支那資源および産業総覧』、支那文化協会1940年、第209—210页；[日]上原重美『支那蚕絲業大観』蚕絲業同業組合中央会1929年、第18—20页。

*注：()内表示始于该年份的5年平均值。

如上表所示，1906年中日两国的生丝出口量分别约为8.5万担和10.3万担，第一次世界大战前的1912年分别约12万担和17万担，一战后分别约13万担和28万担，世界经济危机爆发前的1927年分别约13.5万担和52万担，相对于中国生丝的输出停滞，日本生丝出口量在20年间增长近6倍。日本丝在国际市场上成为中国丝的强有力竞争者，竞争者的出现促使我国的缫丝工业纷纷自发地改进机器设备、提升技术、加强管理、拓展市场以保证原有的国际地位和获得更好的生存和发展。

首先，新式缫丝机的发明、使用、引进和制造，为提升行业生产能力和国际竞争力提供了基本保障。1919年，宋镇洋依据留学期间在日本所学，绘制图样、依式造机，发明了双宫茧丝缫丝机。双宫缫丝机可以对双宫茧进行缫丝，其车式极为简单，车身均以木制，水锅置于车之中部，水锅左旁有一丝钩，钩之左旁横设一小丝轴。女工索得锅中茧绪，即投置于丝钩而缠绕丝轴，轴随皮带转动，丝即缠轴不已。等轴上丝满后，移至返丝机上重摇其瘰丝断头，烘干后做绞打包即成。① 有了这种设备，1921年上海开始出现双宫茧丝厂，1927年增至8家。但是在淞沪抗战时，双宫茧丝厂全部被毁。

日本建立第一家缫业厂比中国迟几年，但在日本政府的鼓励、扶植下，厂商不断改进设备，从直缫式到坐缫复摇式，再到20世纪初发明的多绪立缫车，提高了日本生丝质量，增强了日丝在国际生丝市场的竞争能力，几乎侵夺了中国生丝传统市场。面对这一生死攸关的问题，无锡永泰丝厂、瑞纶丝厂等厂主都采取

① 中国近代纺织史编辑委员会编印：《中国近代纺织史资料汇编》(第四辑)，1989年，第51页。

了一系列措施,进行设备更新改造。日本为了垄断先进制丝技术,禁止外人参观及缫丝机出口。面对日本缫丝业的强势,无锡缫丝业决心组织力量自行研制丝车,由永泰牵头,聘请了一批日、美留学生如邹景衡、费达生、王左泉等致力丝车设备的改革。邹景衡、费达生等人根据画报上的图样,于1929年设计完成并由无锡工艺铁工厂制造出了我国第一台多绪(32绪,后改为20绪)立缫式缫丝机。①

1930年,久成集团投资的日新改良丝厂采用日式缫丝机。立缫机实现了煮茧和缫丝的分工,生丝的质量和产量均得到显著提高。1930年,江苏省女子蚕业学校的费达生、上海环球铁工厂的王宛卿等,设计试制成功两台国产立缫机。1930年后,上海环球铁工厂和中国蚕丝公司下属的缫丝机械厂,开始陆续生产环球式、中丝式立缫机,并逐步在国内推广使用。② 国产缫丝机的出现,使设备价格降低,利于厂家购买。这些新设备的制造成功,为缫丝工业的发展提供了基础。

在缫丝设备改革方面,江苏省女子蚕业学校做出了突出贡献。费达生与他人共同研制成功"女蚕"式立缫车两台,计40绪,1933年在省立女子蚕业学校建立实习工厂,装车32台,计640绪,为培养新式缫丝技工服务。无锡的乾性丝厂也从十几年的陈规中摆脱出来,1929年为提高生丝质量,在上海购买了美国钦纳兄弟公司(Chenty Bro Co.)出品的检验生丝质量的黑板机(Seriplant),同年购得日本长工式煮茧机一台,随后又购得日本千叶式煮茧机一台,从此由童工打盆索绪改为煮茧机械化。

① 罗永平:《江苏丝绸史》,南京大学出版社2015年版,第119页。
② 周启澄:《中日两国缫丝机发展简史与差距简析(上)》,《国外丝绸》2005年第5期,第27页。

1932年又将丝车改为复摇缫丝车，改直缫为再缫，以适应欧美市场需要。[①] 这些改革，虽然是在国际市场竞争的环境下开始的，但是民族资本家们在这个过程中主观能动性的发挥也起到了至关重要的作用。

其次，为了更好地应对国际市场的竞争，缫丝工厂对原有经营方式也进行了改良，出现了能够适应季节性的生产方式和小额资本经营的"租厂制"经营方式。1894年后新增的缫丝厂均为实力并不雄厚的民族资本投资建厂，多为合资经营。由于资金有限，丝厂的经营受丝价影响很大。1896年和1898年，因丝价暴跌蚕茧歉收，丝厂亏损严重。此后，为避免各种经营风险，丝厂主就将厂房设备出租给其他人经营，租厂制由此而产生。1912年后，随着丝厂数量的不断增加，原料茧供应不足的情况日益严重，租厂制便成为多数丝厂所采用的经营方式。租厂制的出现，降低了经营成本，有利于小本经营，也能适应原料茧供应的季节性变化。所以，第一次世界大战期间，上海缫丝业中租厂者约占80%—90%。[②] 到二三十年代，租赁制成为上海、无锡等地丝厂经营的主要形式。[③]

由于租厂经营，丝厂的经营者只关注丝厂的利润，而不注重设备的管理。而丝厂的产业主，只关注租金的多少，不注重设备的引进和革新。因此，上海多数丝厂的设备都很陈旧。《1922—1931年海关十年报告》中提到："多数工厂仍在使用三十多年前所置的机器，并未加以改良。目前为止，全部采用新式设备的只

---

① 《江苏丝绸史》，第119页。

② 陈真编：《中国近代工业史资料》(第四辑)，生活·读书·新知三联书店1961年版，第150页。

③ 《蚕桑丝绸史话》，第158页。

有一家”①。可见，租厂制虽然适合缫丝业的实际状况，但导致了缫丝设备更新缓慢和生丝质量降低。

此外，还有其他方面的改良。有着“无锡生丝大王”的永泰丝厂，1926 年从上海迁到无锡，1929 年，曾赴美留学经济、赴日考察先进丝厂的薛寿萱继承父业，他认为中国缫丝工人的工资比日本低一半，如果给予技术培训，改良机械设备，改良蚕品种，改善经营管理，提高产品质量是可以同日本竞争而获取厚利的。于是他进行了全面改革，从生产设备、技术、产品到付款方式和交易方式，都有了变化。永泰的生丝在国外成交后，可立即抛出外汇结进银元；可以直接进入纽约生丝交易所看行情、做买卖，根据行情调节生产供货，保证利润。随着永泰丝厂的发展，在国内的垄断势力也日益成长，逐渐形成了资本集团，后随着日本入侵，集团解体，与遭到官僚资本掠夺的四川大华生丝公司一样，未能持续发展壮大。

在缫丝业发展初期，清政府对近代民族工业的限制和蚕茧供应不足，限制了缫丝工业的进程。1875 年后，政府取消了种种限制，内外因素对缫丝业发展都起到了推动作用。在缫丝业发展繁荣期，奖励实业政策的实施及第一次世界大战的爆发，对缫丝业发展产生了巨大的推动作用。虽然原料茧供应不太充足，但是租厂制能够适应季节性的生产方式和小额资本经营。所以这段时期内，外部因素推动缫丝业的发展，内部因素对其发展稍有制约。在缫丝业衰落期，世界经济危机、抗日战争等一系列社会动荡，使缫丝业逐渐走向衰落。孤岛时期，租界内的缫丝业稍有起色，但在日军的强势打压下，最终无法发展。与此同时，租

① 《上海近代社会经济发展概况（1882—1931）——〈海关十年报告〉译编》，第 279 页。

厂制的弊端逐渐显现，设备的落后制约了缫丝业的发展，原料茧供应不足的情况也日益严重。内外因素共同的负面作用，迫使近代缫丝工业最终走向衰落。①

经济危机与近代缫丝工业的衰退

1929年爆发的生产过剩危机，带给资本主义各国前所未有的冲击和恐慌，从根本上动摇了资本主义体制。随着危机的扩散，中国也被卷入这场漩涡。恐慌在半殖民地半封建的中国社会扩散，资本主义各国的矛盾被集中转嫁，给中国带来了更深一层的经济、社会危机。

（一）危机下的繁荣

中国受到世界经济危机的波及要晚于资本主义各国。危机自爆发到1931年末的2年左右时间里，在中国几乎没有明显的破坏，反而给20年代一直萎靡不振的经济带来了生机。中国宛如处于大萧条之外的"繁荣的孤岛"②，物价升高，工业指数和贸易情况繁荣，资金丰富。

相对于各国物价的下降，唯独中国呈持续上升之态。③ 物价持续上升，给民族工商业以绝好的刺激，各制造业的营业额指数均有所升高，④中国交易情况的变动更好地印证了这一点。证券交易额从1928年的4 200万元到1931年的7 500万元，1931年上海的重要商品交易量指数比1928年增长约2.7倍。⑤

---

① 肖爱丽、杨小明：《上海近代缫丝业兴衰研究》，《科学技术哲学研究》2011年10月，第95页。

② "繁荣的孤岛"这一说法，是Sir. A. Salter在其*China and Depression*一书中首次使用，随后一直被各种文献引用。

③ ［日］馬場明男『支那政治経済年表』，慶応書房1943年，第411页。

④ ［日］島一郎『中国民族工業の展開』，ミネルヴァ書房1978年，第119页。

⑤ 吴大业：《世界经济衰落中之中国》，方显廷编：《中国经济研究》，商务印书馆1938年版，第54页。

同时，资金丰富，银行的贷款利息也从1929年每千两日息2.56钱降至1931年的最高2.00钱。[①]

然而，上述种种"繁荣"绝不是资本主义扩大再生产过程中产业循环的正常现象，而是体现中国后进性的特殊货币制度与世界经济危机相交错之时产生的畸形的虚假"繁荣"，其根本原因是银本位货币制度。从1870年开始，世界各国先后采用了金本位制，到1930年唯中国仍保留银本位制。[②] 曾与黄金保持着1∶15以下比价的银，由于需求减退和产量激增而价格下跌，1928年降到了1∶38。危机爆发后，银价下跌加剧，1931年跌至前所未有的1∶71。[③] 各国对银的需求缩减，大量白银流入我国，致使银价急剧下跌，物价飞涨。

世界经济危机的初期，以上特殊情况使中国成为"繁荣的孤岛"。然而，此"繁荣"是一时的特例，难以维持长久。

（二）"繁荣"背后的危机

民族工业从"繁荣"走向衰败的转折点是金本位制崩溃。1931年起，英、日、美陆续脱离金本位制，银价开始反弹。这给中国带来多重社会影响，农产品、生丝等出口均价相对升高，而进口商品的价格却相对降低，贸易收支失衡恶化。

1932年后，经济危机的影响进一步深化。[④] 在农村，相较于"繁荣"时期，农作物、手工业产品的输出明显减少，1932年减少

---

① 何廉：《银价问题与中国》，方显廷编：《中国经济研究》，商务印书馆1938年版，第707页。

② ［日］慶應義塾大学金融研究会編『恐慌と世界経済』，丸善1932年，第374页。

③ 何廉：《银价问题与中国》，方显廷编：《中国经济研究》，商务印书馆，1938年9月版，第704页。

④ ［日］島一郎『中国民族工業の展開』，ミネルヴァ書房1978年，第124—125页。

到1930年的63%，1934年降到43%以下。[①] 市场需求减少，缫丝业不景气，茧商漠视农民贫困的压价，茧价的形势亦不容乐观。与此同时，物价飞涨，农民面临着农产品销售和生活用品购买的两难局面，加之日渐增长的税赋压力和自然灾害，农业生产和农村生活被严重破坏，无奈下离村流亡的农民越来越多。他们中的大多数流向城市，生计问题难以解决。1934年冬，上海342万人口之中，难民达到100万人。[②]

农村危机的深化，不但给城市带来人口压力，也对民族工业产生消极影响。由于农业生产遭到破坏，无法确保原料供应，同时，农民极度穷困，民族工业的主要销售途径——农村市场萎缩。因白银外流而低迷的工业品价格和销量每况愈下，积压货品增多。至1933年多数行业的营业额都大幅度降低，尤其是棉纺织业，其1933年的营业额已经降到了1930年的30%。此外，民族工业也受到外国资本的冲击，特别是日本的压迫。外资在资本规模、机械性能、生产技术等方面具有先进优势，又享受免税、不受法律约束（如《工厂法》）等特权。此外，通货紧缩和利息升高使垂危的民族工业雪上加霜。[③] 对于民族工业面临的困境，国民政府未提出积极的救济措施，唯一给予的援助是1935年4月拨给民族工业全体2 000万元的工商业贷款。[④] 政府的贷款救助无力挽回民族工业的颓势，资力不足的民族工业逐渐

① ［日］満鉄上海事務所『恐慌の発展過程に於ける支那幣制改革の研究』1936年，第130页。

② ［日］東京商工会議所編『支那経済年報』1937年，「農業問題」（天野元之助執筆），第93—95页。

③ ［日］島一郎『中国民族工業の展開』，ミネルヴァ書房1978年，第126—127页。

④ ［日］東京商工会議所『支那経済恐慌に関する調査』第3卷，商工業1935年，第91—93页。

陷入停业，甚至破产的境地，至 1935 年世界经济危机导致的民族工业衰退达到顶点。①

民族工业衰退强烈波及普通劳动者。据当时记录，“1930年，缫丝女工的工资为每日 0.60 元，每月工作 28 天，包括加班费每月共 19.12 元收入，到 1934 年日薪降为 0.38 元，月收入仅有 10 元左右”。② 由于停业、缩小经营规模等原因被解雇而失业者，仅 1932 年上海就达到 24 万余人。③ 即便幸免于失业，也面临着降薪或劳动量增大的局面。1934 年上海 452 件劳资纠纷中，抗议解雇的事件最多，高达 118 件，其次分别为反抗降薪、停业、拖欠工资等。④

（三）危机下的上海缫丝业及其衰落

1928—1929 年，中国的缫丝业出口持续增长，处于发展顺利期。此间，海外市场需求呈持续增长之势，国际银价下跌，中国的对外汇率下降，有利于出口，因此生丝出口显著增长。然而，出口量的增加并不代表这个时期缫丝业的繁荣，出口量增大也加剧了原料茧供应不足，其背后存在着“丝贱茧贵”的困难。⑤

世界经济危机爆发之时，中国民族工业已面临着多重困难。作为出口产业的缫丝业直接地受到了猛烈冲击，陷入了衰落的境地。危机对于缫丝业最大的打击在于需求锐减及丝价暴跌。在美国，以生丝为原料的绢织物和袜子也出现了滞销和积压。

---

① ［日］小林幾次郎『支那財政経済論』，業文閣 1939 年，第 71 页。

② ［日］満鉄上海事務所『恐慌の発展過程に於ける支那幣制改革の研究』1936 年，第 201—202 页。

③ ［日］パウル・アルント、藤沢久蔵译，『中国労働事情』，生活社 1941 年，第 340 页。

④ ［日］改造社『支那経済年報』1936 年，第 532 页。

⑤ ［日］東亜経済調査局編『1930・31 年支那政治経済年史』，先進社 1932 年，第 198 页。

以 1930 年 1 月为例，绢织物的销售额与去年同比下降 2.9%，库存量增加 5.2%；袜子的销售额下降 9.5%，库存量增加 32.0%①。1929—1934 年间，生丝消费量从 62 万袋降到 45 万袋，减少了 27%。② 1930 年开始生丝出口锐减。

生丝出口锐减的另一原因是国际市场上别国丝的竞争，以日本丝为主。日本丝业在政府的积极补偿和大力支持下，在美国市场倾销抛货，获得成功，至 1932 年将华丝驱逐出美国市场。华丝的市场占有率从 1930 年的 14%降到 1934 年的 2%，而日本丝以 97%的市场占有率独占美国市场。③ 缫丝业的销路大部分依赖于海外需求，在海外市场的失利是对该业的致命打击。

伴随世界经济危机对上海影响的深化，缫丝厂数量骤减。1930 年上海有缫丝厂 102 家，由于出口减退多数陷入经营困难，翌年便减少到 70 家，缫丝设备也从 25 400 减少到 18 000 架。1932 年，除经济危机的摧残，“一·二八事变”的战火直接导致很多工厂受损，相继停业或倒闭，工厂数继而降到 46 家，丝车数也减少到 12 000 架。④ 随着恐慌在 1933—1934 年的进一步深化，持续开工的工厂愈发所剩无几，到 1933 年末只有 10 家，到 1934 年 5 月仅剩不超过 6 家，上海的丝厂以 20%的开工率创该年各行业最低。⑤

综上所述，上海缫丝业衰落的根本原因是世界经济危机导致的中国经济半封建半殖民地性进一步深化。此外，各丝厂资

① ［日］森本宋『生絲恐慌対策史』，横浜貿易新報社 1931 年，第 183 页。

② ［日］馬場啓之助『蚕糸業の経済的分財』，日本評論社刊 1950 年，第 43 页。

③ ［日］満鉄上海事務所『恐慌の発展過程に於ける支那幣制改革の研究』，1936 年，第 250 页。

④ ［日］島一郎『中国民族工業の展開』，ミネルヴァ書房 1978 年，第 153 页。

⑤ ［日］勝谷在登『支那民族資本の特質』，白揚社 1940 年，第 158 页。

本薄弱，以及业界没有采取有效的应对危机的统制措施也催化了缫丝业的衰落。而国民政府未推行有效的救济措施也导致了缫丝业逐步衰落。1929年开始的世界经济恐慌给中国民族工业造成了严重的混乱和疲敝后果，与上海缫丝业的衰落有着必然联系。尽管中国的民族工业并未就此灭亡，但在抗战全面爆发后，以上海缫丝业为代表的中国民族工业因战火打击、军事占领下的强制统制以及日资的大量进入等多重灾难而益发艰难。

统制与近代缫丝工业的破产

抗日战争全面爆发后，被日军侵占的江、浙、皖、鲁、粤等省的主要蚕丝区大部沦陷，给缫丝业带来了巨大灾难。继战火破坏之后，日本又疯狂掠夺我国蚕丝业，以日本蚕丝界名义组织华中蚕丝公司。华中蚕丝公司以向伪政府领取"营业许可证"的手法，垄断把持着除上海孤岛以外的江浙沦陷区的全部残存丝厂，计53厂，1万余部丝车；经过裁并实开22厂，7 000部丝车，在五年时间内共产丝7万关担。还侵占了14处规模较大、设备较好的种场，控制蚕种配给共400余万张，掠夺干茧近40万关担。并按照日本政府既定的国策，只准丝厂缫制20—22以上粗条份生丝，务使华丝品质退化，以摧残我国的蚕丝事业。[①] 在这样的破坏和摧残之下，我国的缫丝工业濒临破产。

日本为了降低中国生丝的国际竞争力，采取了一系列的措施，以降质减量。首先，控制中国丝厂的规模。限制每家丝厂只能有20部人力丝车，平均资本只有6 000元左右，规模极小。小型丝厂生产工具落后，生产效率低，产品质量差，战时共产丝不超过4万担。当华中蚕丝公司对蚕茧的控制日益加强，租界丝厂已基本上被扼杀时，小型丝厂亦趋于衰落。但蚕农反对蚕茧

① 《中国近代缫丝工业史》，第362—363页。

统制而自缫土丝的比重却逐年上升，1941年起，土丝产量已超过华中蚕丝公司经营丝厂的厂丝产量。这从侧面说明战前已经衰落的我国缫丝工业出现了生产上的大倒退。①

经过战争破坏，缫丝内销下跌至每年2—3万公担，外销由于集中在残存的丝厂内生产，提高了开工率，以及新设了一批小厂，因而自1937—1941年底太平洋战争之前，表面看来，与战前的1936年相比，出口量下降不多；但出口生丝的质量已不断下降，且从1940年至1941年也渐趋下游了。1942年外销基本停顿。抗战初期，华丝的外贸中心一度由上海转向广东。上海生丝输出的比重下降为占生丝输出总量的50%左右，而广东生丝的输出量上升为三分之一左右。1938年10月广州陷落，华丝的对外贸易中心又回到孤岛时期的上海。1939年至太平洋战争爆发外销停顿为止，上海生丝输出的比重一直占全国生丝输出总量的百分之八九十。自1939年秋，第二次世界大战开始，华丝的欧洲市场几乎全部丧失，如下图所示。

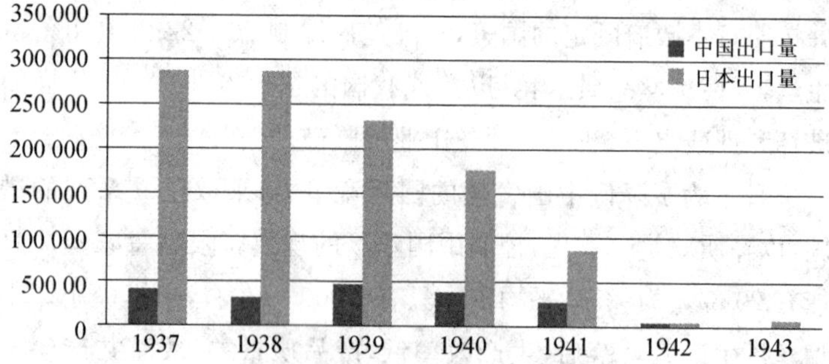

图2-1　战时中日生丝出口量比较表(1937—1943年)

资料来源：《中国近代缫丝工业史》，第676—681页。

① 《中国近代缫丝工业史》，第363页。

由于生丝外销停顿，日本对国内生丝采取减产措施，对我占领区的蚕丝生产则统制更严。上海孤岛时期先后开办的40多家“租界丝厂”因日军封锁禁运，原料不继而夭折，江浙沦陷区一度发展到400余家的小型丝工业也因统制加强而趋于衰落。

日本战时的生丝年产量在1940年前平均在40万公担以上，基本上维持战前生产水平；1941年后，虽因压缩生产，产量也大幅度下降，至1946年仅5.65万公担，但生丝平均年产量仍达27.74万公担，超过了华丝平均年产量的5倍。如从品质结构上来看，日本厂丝的产量一直在总产量的90%以上，也远优于华丝。国民政府仿效日本的统制经济办法，1934年在全国经济委员会下设了蚕丝改良委员会，对蚕丝业采取改良统制政策进行所谓“挽救”，并以江浙两省为全国模范区。所谓蚕丝统制，本来是为了增加茧产、平衡茧价、改良丝质、挽救丝业所采取的措施，但实施结果却是压制蚕农有余，扶植丝厂不足，破坏了蚕丝生产。1935年，江苏永泰丝厂薛寿萱把持蚕业改进管理委员会，利用茧行统制强行拆除金檀县原有27家茧行的土灶，另建了设置今村式烘茧机的茧行4家，造成“行少人挤”、“压价逼卖”。当年茧价低至20元以下，致使蚕农血本无归怨声载道，由此激起民愤将这4家茧行捣毁。1936年无锡有30多家中小丝厂被永泰丝厂兼并。这种蚕丝统制实际上是官僚统制，在我国主要产丝区内一直延续到国民党政权覆灭为止。①

除日本战时统制政策和国民政府扶植不力等因素之外，是时洋行垄断着生丝出口外贸，也是最终导致近代缫丝工业半破

① 《中国近代缫丝工业史》，第347—348页。

产的主要原因。到抗日战争全面爆发之后，在战火中遭受巨大灾难的浙江省等缫丝工业几乎全部被摧毁，濒于绝境，这一切到解放战争时期也未见好转。曾逐渐走向的繁荣的近代缫丝工业，至此缓缓消亡殆尽。

（吕佳航撰稿）

三、美亚织绸厂市场开拓与海外贸易述论(1920—1937)

丝绸是中国传统手工，亦为对外贸易之大宗。晚清以降，因内外不靖，加之业者因循守旧，致行业凋敝，逐渐沦为西方列强原料产地。1914 年后，由于法、意等丝业强国相继卷入第一次世界大战，生产遭遇顿挫，民族丝织业觅得良机，开始迅猛发展，涌现出一批具有国际竞争力的优秀企业。这些企业在生产技术、经营管理、市场营销乃至贸易方式上努力创新，于夹缝中挣扎求存，极大促进了我国丝绸的出口贸易。本文拟以其中颇具代表性的美亚织绸厂为例，探究 20 世纪二三十年代中国民族织绸业的发展及贸易情况，并论述早期民族企业市场开拓中所遭遇的种种制度与非制度障碍。

美亚创设与生产发展

中国丝织历史悠久，然向为木机手工织造，效率低下。1915 年，沪上“物华丝织公司”首开先河，引入西方电力铁制织机用于生产。因织造效率高，产品精良，效益猛增，一时颇受瞩目。流风所及，1917 年，“丝业大王”莫觞清联合同业汪辅卿以及美商兰乐壁合资万余元创办“美亚绸厂”，[①]拟由莫觞清经营管理，乐兰壁负责生产技术。然新厂甫设，即遭遇国际市场丝价暴跌，股东间渐生嫌隙，绸厂未经正式生产即告解散。1920 年春，莫觞清于法租界马浪路徐家汇路口久成里独资另设一家小型织绸厂，仍以“美亚”为名，初仅平房十余间，电力织机 12 架，员工三十余人，织造阔纺及华丝，年出货两百余匹（每匹平均 22 码）。因莫氏身兼多家洋行华经理，且事业重心置于自营生丝厂，致市场隔膜，销路不畅，开工第一年，美亚营业额不过万余元。

1921 年 4 月，莫觞清聘请美国理海大学归国留学生蔡声白（莫觞清之婿）担任美亚总经理，襄助其事。蔡声白（1894—1977），名雄，字声白，1914 年由清华学堂保送美国留学，于理海大学（Lehigh University）攻读矿冶工程，因成绩优秀，屡获奖学金，曾任《中国留学生季报》助理编辑、美国东部中国留学生同盟会计，1918 年在美参与创建中国工程学会，为创始会员之一。[②]长期的留学生涯、严谨的理工科教育和广泛的社团活动使蔡声白兼具专业知识，开阔视野和良好的沟通、领导能力，成为美亚迅速蜕变和飞跃的关键因素。

鉴于原厂设备老旧，蔡声白率先在全行业引进美国最新型“阿脱屋特”（Atwood）式络丝机、并头机、打线机等预备工程机械及“克老姆登”（Crompton）式全铁电力织机，不久又于日本松下洋行及资生铁厂订购重田式双梭织机、提花织机三十余台，在设备上一跃领先业界。在人才方面，蔡声白不吝重金，先后聘请杭

① “美亚”取美国、亚洲合作之意。莫觞清，著名缫丝企业家，江苏吴兴人，1900 年入苏州延昌永丝厂工作，1902 年赴上海勤昌丝厂任总管车，1903 年后相继创办久成、恒丰、德成等十余家丝厂，成为上海缫丝业巨头，曾被乐兰壁洋行聘为大班，负责经营生丝出口业务。莫觞清创办美亚织绸厂亦有为自办丝厂解决生丝出路之考虑。

② 杨敏德主编：《蔡声白》，香港杨元龙教育基金会 2007 年编印，第 21 页。

州工业学校机织科毕业生蔡品珊、童莘伯、魏嘉会，日本东京高等工业学校纺织科毕业生虞幼甫、张叔权等众多机织、绘图、染炼领域专才参与生产与管理。此外，蔡声白参照美国“科学管理之父”泰勒的科学管理原理，为美亚量身打造了一套管理制度，包括职能分工制、定额工作制、员工培训制、标准化生产制、计件超产奖励制等，1926 年，美亚还设立了惠工处，专责职工生活，除为职工提供良好的食宿外，还设立卫生部、夜校部、俱乐部、储蓄部众多福利部门，极大激发了员工的生产积极性。

经过改革，美亚织绸厂气象一新，规模开始迅速膨胀。1922 年 2 月，莫觞清决定将久成丝厂从马浪路迁至日晖港，其原有厂房全部交给美亚织绸厂。1923 年末，美亚的织机增至 116 台，员工 294 人，年产各式丝绸 8 375 匹，营业额达到了 42.65 万元。翌年，蔡声白以自身薪资积累参股，美亚改为莫、蔡二人合伙经营；同年秋，美亚兼并闸北交通路的天华绸厂，开设了美亚织绸工厂（后称美亚二厂）；1925 年春，于小沙渡路（今西康路）设立天纶美记绸厂（后称美亚三厂）；1926 年，蔡声白向日本定购 40 台丝织机，在杜神父路（今永年路）租屋筹设美孚绸厂，后又在胶州路购地建厂（后称美亚四厂）；同年，以盈利在斜土路新建厂房，开设天纶美记总厂（后称美亚六厂），同时由美亚全体职员投资参股，在斜土路设美成丝织厂；1929 年，蔡声白又出资盘入共和新路的云霞绸厂，改名美利绸厂；同年，蔡声白、虞幼甫合资建立美生绸厂，所采皆为欧美最新式之机器，专以织造各种高档制品，如乔其纱、派立斯等，“一切制造设备、管理等务，悉遵欧美最新方法”，以为各厂之模范①。翌年，美亚复兼并久纶、南新二绸

① 《工厂调查：美亚织绸厂》，《上海市工业试验所业务报告》1931 年第 1—2 期。

厂。此外，为谋改良产品，研发新品，1928 年美亚增设美艺染炼厂，所有各绸厂生货均由该厂炼整、染色、印花；同年设立美章纹制合作社，制作各种纹版，供给各厂。1929 年美亚成立“美亚织物试验所”，分设研究、分析、实验、调查、编译五系，聘高等技师专主其事，“举凡本厂仿制、创造之织物，均由本所先行设计试验成功，然后分配各厂制织”。① 1931 年，蔡声白将分散于各分厂的 10 个经纬部集中起来，另设美经经纬厂，统一经纬生产。由此，经过近十年的高速发展，美亚的经纬、织造、纹制、染炼各有专厂，各部、厂分工合作，生产效率得到极大提高，出品亦更臻完美。

表 2－6　美亚织绸厂历年经营情况表

年　份	织机（台）	厂员人数（人）	产量（匹）	销　量	
				匹数	银数（元）
1920	27	54	248	226	10 500
1921	40	155	2 680	1 942	89 800
1922	89	160	7 604	7 563	342 000
1923	116	294	8 375	8 214	426 500
1924	196	381	23 528	22 841	1 040 000
1925	242	599	48 612	47 447	1 920 000
1926	403	1 234	71 469	73 592	2 770 000
1927	408	1 301	89 600	76 551	2 820 000
1928	483	1 490	117 576	119 448	3 765 000
1929	664	1 800	160 000	160 000	4 500 000

资料来源：《美亚逐年扩充情形一览表》，《美亚期刊》1929 年第 64 期。

① 《本厂设立织物研究所之使命》，《美亚期刊》1930 年 1 月 1 日。

1930年后，因世界经济危机影响，市场竞争加剧，美亚效益渐有下滑。1931年2月，蔡声白“感于欲求国产绸缎之大量推销，非有大组织、大资本之机关不足以敌外资之侵殖”，①乃将美亚、美亚第二、天纶美记、美孚、美生、美利、美兴织绸厂，美隆绸庄，美纶绸缎局，美章纹制社，美成丝织公司，南新、久纶织物公司，美经经纬公司，美艺染炼整理工厂等十余个绸厂、绸庄及联枝企业重新整合，改组成美亚织绸厂股份有限公司，由莫觞清任董事长，自任总经理。新公司股本280万元，职工三千余人，有电力织机1 200台，捻丝机15 000锭，年产绸缎30万匹，年营业额达800万元，成为丝织全能和产销联营，融培训、织造、设计、印染整理和质检于一体的大型纺织企业集团，“其规模之宏伟，出品之精良，销路之广大，在中国丝绸业之繁荣，该厂殆已握其枢纽”。②

美亚的市场培育与营销策略

与庞大的生产规模相匹配的，是美亚卓有成效的市场营销。在美亚厂刊《美亚期刊》中，蔡声白曾对全厂员工就如何推销产品有过专门论述，他认为中国丝织业陋规满布，积弊丛生，推销手法尤其老旧，“若近代之销货利器，如宣传、广告、调查等工作，均无整个计划，且不重视。父作之，子守之，销货者不知货之何往，造货者不知货之何从，盲人骑瞎马，靠天吃饭而已！”而欲振兴此业，必须“设计宣传，到处展览，有货使人咸知，方能到处通销”。③ 正是在此思想指导下，美亚在市场中勇猛精进，其品牌

---

① 《工厂调查：美亚织绸厂》，《上海市工业试验所业务报告》1931年第1—2期。

② 《国内重要实业调查：国产绸厂之代表者美亚织绸厂之组织与出品》，《国际贸易导报》1932年第4期。

③ 蔡声白：《今后吾国丝织业应注意之点》，《美亚期刊》1929年第64期。

意识之强烈，营销渠道之丰富，宣传手段之多样，均为业界一时之标杆。

第一，去除中间环节，建立多区分层销售体系。

设厂之初，美亚的资本和产品竞争力均较为有限，为规避风险，美亚早期出品均交由经销商天生锦绸庄独家经营，“虽明知居间者尝有中梗与留难”，却无力相争。随着美亚规模的迅速扩张，销售之困愈益凸显，“本厂营业情形，生产旺而销路滞，犹如躯体巨大，而四肢疲顿，一举一动，皆受人扼制”。① 为提升品牌知名度及拓宽销售渠道，1926 年，美亚由各厂集资，相继设立美亚总发行所和美亚第二发行所，分别面向国内和南洋市场专营美亚产品。此外，为方便沪外舟楫不便、偏僻之区客商求购，1929 年，美亚特设立邮售部，客商凭借产品样本，将品名、号码、幅阔、长度、匹数、花样、色样、价格等详细填于配货单上，挂号邮至上海宁波路仁美里十一号，美亚接单后将所订商品由邮局包裹寄奉，并先行垫付邮费、关税、捐费及保险费等，买方在付货款时一并付还，如对货物不满，可在收到该货之后五日内寄还退换，期限以邮局邮戳日期为准。

1934 年后，美亚择重庆、广州、汉口、长沙四地设置四个分发行所，并在陕西、福建、云南、山东设立办事处。对于分派各处之营业员，美亚必先培训，须对美亚制品、组织、工务深有了解方可，“俾于招徕生意时，设遇客家多所挑剔，即可详为解释”。② 美亚还定期将各区销售代表召回会议，以反馈市场信息、检讨销售策略及制定销售目标。由此，美亚形成了遍布全国各大区域、兼顾海外的多区分层营销体系，亦成为其深入市场、了解商情的有

① 《推广会议录》，《美亚期刊》1936 年第 167 期。
② 《推广会议录》，《美亚期刊》1936 年第 166 期。

力手段。

第二，多媒体展示与时装表演，树立时尚形象。

为宣传产品及丝绸相关知识，美亚聘请曾在新民影厂任职的陈惟中到公司任职，并耗巨资购置电影拍摄机和放映设备。陈自导自摄，按种桑、养蚕、缫丝等分工顺序，精心拍摄美亚公司的各个生产环节，充分展示了美亚先进的机器设备和井然有序的生产管理。该片拍摄完成后，被定名为“中华之丝绸”，在各大商埠及东南亚一带广泛放映，成为美亚品牌宣传的一大利器。

组建时装表演队则是美亚宣传战术的另一创新。1927 年，美亚以张昕若为首，组建了一支 4 人时装表演队，是年底，该表演队小试身手，在先施公司时装厅举行了首次专场表演。1930 年 10 月 30 日，美亚借庆祝建厂十周年之机，以本厂丝绸为原料，由鸿翔公司设计制作了数十套时装，聘请多位中外女模特，在大华饭店舞厅举行“时装秀”。上海党、政、军、绅、学、商、报各界及沪上名媛等来宾达 2 000 余人，上海特别市市长张群夫妇、市府秘书长俞鸿钧夫妇、社会局长潘公展夫妇、工商部部长孔祥熙代表赵晋卿、外交部长王正廷夫妇、市府各局长，以及名媛郭安兹、虞岫云（虞洽卿孙女），电影明星胡蝶、严月闲等均应邀出席，“场中座无隙地，后至购票者均因场中已无立锥，中途折返不及入场者约有七百余人”。① 这次时装秀轰动整个上海，《申报》为此连续三天追踪报道。上海时装表演的成功使美亚信心大增，逐渐将这一营销方式推广至周边市场。1933 年 10 月，美亚联合乾泰祥、同仁和两绸缎局于苏州观前街举行时装表演大会，邀苏沪名媛王莉、胡觉等六女士表演，观者近万，“轰动全城”，而乾泰祥、同仁和连日出售美亚货品，应接不暇，“致将陈列橱窗中

① 《美亚绸厂时装展览会》，《申报》1930 年 10 月 31 日。

之美亚绸疋(即‘匹’,下同——编者注),亦临时去除应市”。[1]美亚的时装表演一时成为社会时尚的风向标。到1934年,美亚表演队经过不断扩充,已拥有多达22位时装模特。

第三,利用名人效应,扩大产品宣传。

1933年6月,美亚在《申报》登载《悬赏征求织物图案启事》,声称该厂织品日多、销路激增,虽厂内延有著名美术家,专事绘制各种新式图案,但仍觉不敷所用,“特以现金广为征求秋冬二季织物所用之图案花样”,并设奖项若干。[2] 为扩大宣传效应,蔡声白亲自登门邀请刘海粟、江小鹣、张聿光、李秋君、陆小曼5位名画家担任评判委员。至7月底,美亚共收到投稿3 458件,刘海粟等五人对稿件详加评判,择图案新颖、适于织物及印花者,甄别甲乙丙丁四等,评出女画家杨雪玖的“连环形之圆圈与齿轮”为甲等奖,[3]并将之用于美亚紦缦绉绸料图案。9月9日,美亚与先施公司联合举办时装表演会,表演服饰均由紦缦绉制成,计有晨服、晚服、常服、园游服等数十种,黎莉莉、陈燕燕、林楚楚、胡笳等演员以及有“美人鱼”之称的杨秀琼应邀参加表演。胡蝶、阮玲玉、周璇等当红明星亦至现场客串演出,参观之仕女约二千数百人,当场售出二二秋式紦缦绉五千余元。[4] 至当月17日,莅临参观者竟多达三万八千余人,“所售出二二秋式紦缦绉共七万六千五百余尺,实为空前之成绩”。[5]

第四,倡导实业救国,打造民族品牌。

蔡声白一生致力于推动国货运动,积极参加各种国货展览

---

① 《本厂在苏州举行时装表演大会》,《美亚期刊》1933年第143期。
② 《刘海粟担任美亚厂图案评判员》,《申报》1933年6月18日。
③ 《美亚织绸厂请刘海粟等评判图案》,《申报》1933年8月1日。
④ 《美亚先施联合时装表演会昨开幕》,《申报》1933年9月10日。
⑤ 《美亚先施时装表演会今晚闭幕》,《申报》1933年9月16日。

和评比活动，1922 年 6 月，美亚获得农商部最优等奖；同年 10 月，得上海总商会丝绸展览会优等奖；1925 年得江苏第三次省地方物品展览会一等奖，1929 年 5 月，在上海春季国货展览会上，美亚织绸厂获工商部奖励；翌年，美亚展品获西湖博览会金奖，这些展览与奖项，为美亚赢得了极高声誉。

1932 年 3 月，蔡声白与中国银行张公权等 10 位上海金融、实业界人士以推广国货为旨趣发起成立“星五聚餐会”，不久蔡声白又推动成立中华国货产销协会，实现生产、销售、金融三方合作。同年“九一八”周年纪念日，蔡声白和方液仙、李康年等企业家在南京路原绮华公司旧址发起组织了“九厂国货临时联合商场”，受到群众热烈欢迎，营业两个月中，美亚产品颇为热销。1933 年 2 月，蔡声白与方液仙、任士刚、潘仰光、史量才、王志莘等人集资创办的中国国货公司在南京路大陆商场开幕，蔡声白以大股东身份任常务董事。同年 7 月，上海绸业公会联合上海市商会、上海绸业银行、电机丝织厂业同业工会共同发起中华国产绸缎展销大会，美亚积极参加，将新品紈缦绸添印各色新奇花样计数十种，持往陈列，“观者无不满意，啧啧称赞不止”。① 同月青岛的国货展销会，蔡声白更亲往参与，并招待青岛新闻界，尽力宣传一切，“故本厂之绩誉，喧腾于青岛焉”。② 通过一系列国货活动，美亚成功将自身塑造成民族纺织业的代表。1933 年，上海特别市市长吴铁城在为美亚题词时更直接将其称为“国货之王”。1937 年 4 月，中国国货联合营业公司于南京创立，实业部长吴鼎昌任董事长，蔡声担任总经理。其后，国货联营公司先后于南京、郑州、西安、青岛、重庆、昆明、桂林、汉口、成都、长沙等

① 《本公司参加中华国产绸缎展销会情形》，《美亚期刊》1933 年第 140 期。

② 《青岛国货展销会》，《美亚期刊》1933 年第 140 期。

城市建立国货公司，逐渐形成了全国范围的国货推销网，美亚厂的产品也随之销往各埠。

第五，巡展全国，以展促销。

为打开全国市场并考察各地贸易状况，美亚常主动出击，分赴各地巡展促销。1932 年 5 月，美亚由副总经理高事恒带队，携乔其、双绉、单绉、软缎等数百种出品，以及人体模型和各种样本照片、图书、纪录片等，南下广州、香港、汕头、厦门、福州、温州、宁波等华南沿海 7 埠展销。① 巡展团每到一处，往往多管齐下，除在主会场陈列大量丝绸实物外，还专辟一室放映美亚宣传影片，同时搭台举行时装模特表演，并附送印有电影明星丝绸时装照片，极大吸引了各处民众，“所至各埠……其盛况为华南国货展览会所未有”，②“一般人民则尤欢迎鼓舞赴会参观，报纸亦尽量宣传。此种热烈情形，初非沪人始料所及”。③

1934 年 8 月至 11 月，美亚举行长江流域各省展览活动。展团由上海乘船溯江西上，经芜湖、九江，继陆路转南昌、汉口、长沙，复由水路下宜昌、万县而抵重庆。所经之地，通过报纸、墙壁广告、传单、画片本、霓虹灯、乐队游行、灯片等多种方式宣传产品。其中电影因形式新奇，在这次展销中大放异彩，内地民众争相一睹为快。首站芜湖，《中华之丝绸》影片先在展览会场上放映，后因场地太小，应观众要求在新光影戏院加映了 7 天，至芜湖出现了万人空巷的大轰动。其后在南昌、长沙、重庆等地，美亚如法炮制，均获成功。此次长江各省展览活动，美亚以展促销，沿途销售额达十一万余元，其中汉口、南昌、重庆三地均售货两万余元，不仅收益丰厚，更在内地打响了美亚品牌。

---

① 《本厂赴华南开盛大出品展览会》，《美亚期刊》1932 年第 115 期。

② 《吴市长赞许美亚织绸厂出品》，《申报》1932 年 8 月 8 日。

③ 《华南提倡国货之热烈》，《申报》1932 年 9 月 23 日。

美亚的海外市场与外贸开拓

与一般民族企业不同，美亚对海外市场一直高度重视。蔡声白曾剖析市场环境，认为“国内销场，因人民购买力薄弱，一时恐难起色。惟南洋、印度、非洲、澳洲以及南美洲各国，均为丝织品之大市场”。他还以日本丝织业为例，称“日本每年出口何止数千万元，而我国同是产丝之国，岂无战胜之希望乎！”①显示出开拓海外市场的强烈决心。

精益求精的产品质量是美亚与欧美日竞争的底气。美亚在生产中采取多种措施严控产品质量，“本厂成品非常考究，织成之后，生货先检查，炼热之后再行检查，染色完毕，再行检查。为此接连考察，佳点加勉，劣点尽弃，所以出品一律齐整，并无参差之弊”。此外，美亚还定期召集各厂技术人员召开技术研讨会，不断推动技术改进和产品研发，几乎每周都有新品上市，所产高档织物乔其绸和双绉质量与日、法等国的进口品无异，但价格却低三分之一②，“美亚厂之出品计有数百种，与欧美绸缎殆无二致，且定价极廉，染色印花均极新颖鲜明。”③因出品精良，美亚在1926年美国费城世博会上荣获特等奖殊荣。④

南洋⑤一带为中国丝织品的传统销场，近代以来却渐为欧美日商所攫夺，但“南洋侨胞……对于祖国货品，提倡不遗余力”。⑥蔡声白对这一市场极为重视，认为“南洋各埠实为吾国物产之独

---

① 蔡声白：《今后吾国丝织业应注意之点》，《美亚期刊》1929年第64期。

② 《美亚双和双绉美亚乔其绸》，《美亚期刊》1932年第112期。

③ 《国内重要实业调查：国产绸厂之代表者美亚织稠厂之组织与出品》，《国际贸易导报》1932年第4期。

④ 《美亚期刊》1928年12月1日。

⑤ 泛指安南、暹罗、马来半岛、荷属东印度、英属婆罗洲、美属小吕宋各岛一带。

⑥ 《国货的好消息》，《美亚期刊》1928年12月1日。

一尾闾地"①，故采取多种手段大力招徕南洋商户。1927 年，南洋巨商黄次屏来申，经蔡声白盛邀，赴美亚总厂参观。在经过一周的详细考察后，黄对美亚产品质量颇为信服，"订购华绒葛等二千余疋……又嘱本厂(美亚)力谋改良，锐意进行以图发展"。②

为开拓南洋市场，蔡声白曾多次亲赴南洋各岛宣传推销。1928 年 5 月，蔡氏率队至南洋考察，在各大埠举办美亚丝绸展销会，"将吾厂新摄之'中华丝绸'一片，交其放映，详述育蚕、缫丝、织绸各种情形……观客称善"，③起到极好的宣传效果。暹罗是华侨重要聚居地，"吾国侨民，散居于各属者，数达六百余万"，④但旅居之侨商所操营业，大都运销外国货品。1928 年，旅暹知名侨商王少楠等数十人得国内绅商冯少山、赵晋卿、潘公展等人赞助，在暹罗发起设立中华国货陈列馆，向国内各地征求国货产品以供陈列，美亚积极参与其中，以谋推广。⑤ 经过一系列展览营销，美亚绚丽多彩的绸缎产品逐渐赢得了南洋民众的喜爱，"所出绸品无不美丽独胜，坚韧超众。南洋、安南、暹罗等处人民无一不欢迎"，⑥众多爱国华侨纷纷解囊争购，使一度在南洋盛行的日本福井绸遭到沉重打击，"今福井绸市上已绝迹，且南洋各埠所销者，亦大都为该厂(美亚)之出品"。⑦ 1936 年，美亚副经理高事恒率南洋商务考察团赴暹罗、新加坡、菲律宾、荷属东印度、英属马来亚、法属安南考察、展览，先后历时四月，行程万里，

---

① 蔡声白：《南洋一瞥记》，《美亚期刊》1928 年第 39 期。
② 《发行所消息》，《美亚期刊》1927 年 10 月 1 日。
③ 蔡声白：《南洋一瞥记》，《美亚期刊》1928 年 9 月 1 日。
④ 《暹罗中华国货陈列馆缘起》，《美亚期刊》1928 年 12 月 1 日。
⑤ 《国货的好消息》，《美亚期刊》1928 年 12 月 1 日。
⑥ 《谈美亚厂厂誉》，《美亚期刊》1928 年第 37 期。
⑦ 《工厂调查：美亚织绸厂》，《上海市工业试验所业务报告》1931 年第 1—2 期。

计各处"华侨参观人数达廿五万九千人，其盛况概可想见，而每到一埠，华侨欢迎之热烈尤为空前"。①

针对不同市场特点和需求，美亚亦会迅速推出相应产品。当时印度市场曾流行双绉（俗称印度绸），原仅有法国、日本供货。美亚在考察印度市场后，引入先进机器开发仿制，价格低廉而质量更优，迅速打开印度市场。据1930年统计，当年美亚所售货物中，印度市场所占比例高达15.12%，"其中大半即为印度绸"。

随着美亚品牌的确立和市场知名度的提高，各出口行庄，"如慎余洋行、宝克洋行、杜茂洋行、台得洋行、盛记、公昌和、粤安和等，不下数百家，皆认为满意，乐为推销，赞美书样，日必数十起"。② 而海外市场在美亚销售额中所占比例亦逐年提高，渐达半数以上。据美亚1931年统计，其当年营业额计五百六十六万余元，具体销售区域及数额如下：

表2－7　美亚出品销售区域比例(1931年)

区　域	销售占比(%)	区　域	销售占比(%)
香港、广东	38.81	山　西	2.37
印　度	15.12	吕　宋	1.37
津　平	8.76	长　江	1.22
上　海	8.46	关　东	1.03
安　南	8.26	云　南	0.93
四　川	4.49	江　浙	0.51
福　建	2.93	其　他	2.37
汉　口	2.37		

资料来源：《本厂二十年度产销状况》，《美亚期刊》1932年第112期。

① 《欢迎高副经理归国演讲大会记》，《美亚期刊》1936年第177期。
② 《谈美亚厂厂誉》，《美亚期刊》1928年第37期。

如上表所示，香港、广州市场为美亚首要销售区，占总销量的比例高达38.81%，海外市场中印度占比为15.12%，销量排名第二，安南市场占8.26%，吕宋则占1.37%。但实际上，香港、广州市场多非域内销售，而是以转口贸易为主，其中“什九转输南洋”，①可见海外市场对于美亚的重要性。此后数年中，美亚的海外销量仍有增长，据1935年产品销售统计，印度市场占比竟高达19.05%，欧美亦有1.38%。

美亚海外市场开拓取得如此成绩实非易事。1929年后，因经济危机影响，欧美日各国大量低价倾销丝绸产品，世界市场竞争尤为激烈。为打开销路，美亚于1930年向财政部、工商部呈文，要求减免丝织品出口税，以利营销。同年10月，上述二部批复美亚，“准将该厂所有光亚绨、百赉葛、新华葛、霞飞葛、新华纺、法兰绉、波罗绉、七襄绉、新亚锦等类出品，依照机制洋式货物税办法办理……运销外洋，概予免征”，而其他同业各厂亦可援例照办。②

另一方面，西方各国此时已在丝绸生产中广泛使用人造丝，使成本大幅下降，其中尤以日本为甚。据统计，1913年时，日本人造丝产额仅有生丝产额之半数，到1931年则迅速增长到生丝之四倍，达四亿六千七百英镑。此外，美、意、英、德、法等国亦大量生产人造丝。1929年日本人造丝输入印度开始超越英、意等国，当年8月，仅日本输入印度之人造丝织物即达755 011卢布，约为1927年8月输入额的24倍。③ 廉价丝绸的大量倾销造成

① 《本厂二十年度产销状况》，《美亚期刊》1932年第112期。

② 《准将各项仿洋织品照机制仿洋式货物现行办法纳税以资保护》，《申报》1930年10月6日。

③ 《输入印度之日本人造丝织物压倒欧洲品》，《神户蚕绢日报》1930年1月5日，转自《美亚期刊》1930年4月1日。

市场异常混乱，美亚的海外贸易亦遭到严重冲击。

为与日美欧等国竞争，美亚不得不改变以生丝为主的生产方式，开始自海外大量购入人造丝。1932 年 4 月，蔡声白商请上海市电机丝织厂同业公会出面，上书南京国民政府，要求对以外贸为目的的进口人造丝织物免税，"凡出口运销外洋者，应将所征之人造丝进口税发还，俾轻成本而广国外贸易，恢复旧有之市场，以维丝织业之生存"。[①] 同年 7 月，国民政府财政部予以批复，认为参用外国原料，加工作成制品再行运销外洋者种类繁多，"如棉毛织物，制罐工业等，对于已征之原料进口税，均无准予发还之规定，良以此项退税，实行既无苦难，并易滋影射之弊，将使关税受损，而正当商人，亦蒙不利……自未便对于丝织品，独准发还人造丝进口税，致滋藉口"，[②]对美亚之申请明确予以拒绝。蔡声白并未就此放弃，改而要求模仿西方设立免税关栈工厂，并请上海市电机丝织厂同业公会与上海市绸缎同业公会会同促请。1933 年 6 月，上述两公会选派王士强、高事恒、钱伯熙等 7 名代表和上海市商会代表王廷松共赴南京，向南京国民政府财政部请愿，但财政部一再推诿，迁延不决。此后，两会又联合国际贸易协会、上海市商会加以声援，分别呈催，要求"迅予核准，以恤商困"。

1934 年 2 月，财政部终于同意设置制造货物关栈，并转饬总税务司，要求拟定相关章程，并征询上海电机丝织厂同业公会和绸缎业同业公会意见。两会成员因经济人才匮乏，较难着手，均无意于此。美亚知悉后，以推动国外贸易起见，决意筹备进行。1935 年 5 月，美亚正式向关务署及江海关呈请以美亚第十厂原

① 蔡声白：《本公司设制造关栈之经过及展望》，杨敏德主编：《蔡声白》，香港杨元龙教育基金会 2007 年编印，第 128 页。

② 同上。

址设立制造关栈。因海关规定，所有生产工序均需在关栈内完成，美亚不得不在第十厂内增设准备、炼染、印花等部门，上述工程先后耗资数万之巨。6月，关务署饬令江海关查验美亚关栈工厂，并与美亚洽定相关章程。几经迁延议覆，直至1936年5月始蒙核定，正式颁发章程，此时距美亚谋划制造关栈之始已历时四年有余。

依据规定，关栈工厂相关手续异常繁琐。一是美亚须先将制造关栈内所造之丝织品种类名称及原料成分、数量等详细报告，以核计应纳之进口税数额。但海关方面对于制造关栈亦属初次经办，对一切核算之办法均无成案，双方往返洽商颇费周折。二是美亚须觅两家银行出具保结，保证制造关栈内全部进口税之责任。三是海关派遣关员寄宿栈内以实时监督，美亚需为其置备适宜之宿舍，为此美亚不得不于邻近租住一屋，并购置饮食起居器具，此耗资亦有数千元。而关警之调配为六小时一班，还须常备汽车接送。

历经波折后，1936年9月21日，江海关指派员警到栈，美亚免税关栈工厂正式开工，此为中国近代首家免税关栈工厂，它的设置降低了美亚出口商品的成本，提高了竞争力，极大促进了美亚海外市场销售，各洋行、广帮及南洋各地“订单纷至”，至美亚“尚不及交货也”。① 据统计，抗战全面爆发前，美亚“每月产量达三万疋，百分之六十运销出口，销区遍及南洋、印度、欧美及东非等地”。②

美亚市场开拓中的创新与障碍

近代中国国力羸弱，民族企业内受主权、制度缺失之困，外

① 《最近营业略况》，《美亚期刊》1936年第175期。

② 《美亚织绸厂股份有限公司概况》1949年，上海档案馆馆藏档案，档案号：C48-2-116-6。

临欧美日列强激烈竞争，不得不于夹缝中艰难求存。在种种困难下，美亚能发展成为中国首屈一指的大型纺织集团并在国际市场占有一席之地，除先进的管理体制、过硬的产品质量外，与美亚在营销手段、贸易方式上的创新亦大有关联。

因长期留学美国，蔡声白视野开阔，对国际贸易和金融体系极为熟悉，在美亚管理层的每周例会中，蔡声白常常能够联系国际和国内政治、经济、贸易、汇率等形势，为美亚的生产和经营做出预判和安排。此外，随着欧美留学生的不断归国，在上海逐渐形成了一个遍布政、经、学、传媒各界，影响力巨大的留学生网络，而蔡声白在这一群体中亦有重要影响，这为其企业的扩张提供了重要的人脉和金融支持。

近代中国民族企业的发展往往受困于资金短缺，丝织企业因原料昂贵，所需资金尤巨，故金融调度一向是各丝织厂最感棘手之事，而传统解决之法不外拆借于钱庄或借贷于民间，不仅成本高企，且亦受市场波动影响。美亚在创设之初，资本薄弱，为解决流动资金问题，蔡声白独辟蹊径，转而寻求新式银行帮助。时中国银行副总裁（实际主持业务）兼上海分行经理张公权为归国留学生，对支持民族企业极为热心。蔡声白通过张氏之关系，以美亚织绸厂全部机械设备、原料和成品向中国银行抵押，同时由中行派员常驻美亚厂监督，从而取得可以长期透支100万元的权利，这为美亚的快速发展提供了重要助力。

“商业承兑汇票”在国内亦为蔡声白首倡。该制度于欧美久已通行，但国内商家因现代银行极重契约，素喜与看重交情的钱庄往来。进入20世纪后，钱庄因信用问题日衰，商家被迫逐渐转向银行，而银行放款除货物抵押外，唯有承兑汇票可以通融贴现。美亚因体量庞大，销售中放账占款严重。蔡声白曾在美亚周会中指出，“本厂织机，不能开足，致产销数额减少，皆因资金搁于放账之故，最多曾放开至六十余万”，而“如能将此客账转变为承兑汇票，则织机即可多开三四百台，流动资金即可运用灵活”。[①] 因此，在蔡声白力主下，美亚自1933年起开始在销售网络中大力推行承兑汇票制，即由美亚出票，购货人定期承兑，售方持此票可向银行“贴现”。蔡声白将承兑汇票制视为关乎美亚命运的重要制度，多次在销售会议中予以强调，“无论外间如何非难，营业员必须不断努力，逐渐推动，以竟全功”。[②]

蔡声白还是中国近代保险业中文保单推行的重要策动者。中国近代保险业源于西方，所用术语等多为英语，民族保险业兴起后亦沿用相关制度，虽国人投保，保单亦以英文为主。因丝绸易燃，美亚的生产、仓储和贸易运输均需大量投保，而在美亚投保生财、货物所取得之保险单据中，英文部分叙列者详细，中文部分则往往仅书“货物”二字。关于房屋，英文详列房屋之间数、位置、建筑情形等，中文部分则仅有“某路某号门牌之房屋”，保单结尾更注明“本保单中文有差异之处应以英文为准”之字句。[③] 1935年8月，蔡声白在上海机制国货工厂联合会常务会议中对此大加质疑，认为保险业此种做法“不特使不识英文者不便，抑且极易于事后因中英文之差异而发生纠纷”，要求“一切单据上之文字，应以中文为准，以免纠纷而尊国体”。[④] 会后，蔡声白更以美亚名义致函上海市保险业同业公会董事长宋汉章，要求“华商保险公司必须将一切单据改用中文”。上海机制国货工厂联合会对此竭力支持，相继致函上海同业公会、上海市社会局

---

① 《推广会议录》，《美亚期刊》1936年第167期。

② 同上。

③ 《上海机制国货工厂联合会根据美亚织绸厂提议保险单据应改用中文并以中文为准与上海市保险商业同业公会和当局有关的来往文件》，上海档案馆馆藏档案，档案号：S181-1-48。

④ 同上。

和行政院。不久，上海市社会局发布训令，要求保险业公会“遵照办理，勿再违延”，行政院更咨请立法院在议订保险法时予以纠正。种种压力下，1935 年 6 月 26 日，上海保险业公会召集会员常会，讨论遵行办法，议决“凡本会经营火险之会员公司，需于七月一日起，将火险保单内所载之条款第二十二条①中英文一并删去”。②

由上可见，美亚持续多年的高速发展并最终能够执民族丝织业之牛耳与其掌舵者蔡声白的才学、胆识和创新意识密切相关，这使美亚在面对不同境遇时，往往能够先人一步洞察市场先机，转危为安，并成为其市场突破的重要契机。

然而，身处国力羸弱、制度缺损以及内外动荡的时代背景下，美亚的每一步发展均备尝艰辛，其市场开拓及外贸发展中所遭遇的阻滞之多、之频、之不可测，实非后人所可体会，这种种制度与非制度障碍往往成为美亚及其所代表的中国近代民族工业曲折发展乃至败亡的关捩所在。

因海外贸易体量庞大，美亚对关税制度一向较为关注。自南京条约后，海关之进口税，不论粗制品、精制品，一律为值百抽五，致丝织等技术行业怨声载道。1928 年，《美亚期刊》曾刊有《国货丝织品不能与日货竞争之原因略谈》一文，认为国产丝织品之衰败，除业者不知改良育种，机械、技术不精外，缺乏政府保护与激励政策亦为重要原因。该文言及日本丝织业兴起之因，称：

---

① 即“保单中文有差异之处应以英文为准”等字句。

② 《上海机制国货工厂联合会根据美亚织绸厂提议保险单据应改用中文并以中文为准与上海市保险商业同业公会和当局有关的来往文件》，上海档案馆馆藏档案，档案号：S181-1-48。

日本为保护输出权利起见，输出织物非特完全免税，更备有巨数的奖励金分别奖励，这是日本操作织物业者特有的幸福，取价既可较廉，推销自然益广。反观我国织物输出，既无相当的奖励，尤须加以重税。国货输出，价格因之而大，同一织物，价有大小，何能并驾。织物前途故甚危险。愿政府当局者，为对外贸易计，为工人生活计，加以研究，提倡保护法则，使我国工业前途转危为安，则我工业界之大幸！①

就绸缎生产中大宗原料人造丝而言，美亚为降低成本，自1928年后每年均需从国外大量进口。但南京国民政府成立后，关税自主运动逐渐高涨，进口税则逐步提高，且海关更将进口人造丝税归入特种消费税，每箱(200磅)要征到五十二元六角，②导致绸业成本居高不下，对外销路深受影响。仅以南洋及印度市场为例，自1929年起，我国丝绸在彼处销量逐年下降，至1931年时近乎减半，如下表：

表2-8　华绸于印度等处销量比较表

	1929年	1931年
印　度	800万两	500万两
安　南	500万两	200万两
星加坡	500万两	200万两

蔡声白：《重征人造丝税问题》，《美亚期刊》1932年9月16日。

1931年，国民政府再以保护天然丝为由，加重征收进口人造

① 《国货丝织品不能与日货竞争之原因略谈》，《美亚期刊》1928年第37期。

② 《各织绸厂应请减低人造丝进口税率》，《美亚期刊》1929年第4期。

丝税，至1932年8月后，更实行每担十五关金税率，致使华绸在海外市场竞争力大降。蔡声白曾以1932年6月南洋市场为例，详细分析了华绸因关税叠加所导致的价格劣势。如下表。

表2-9　南洋市场华货与日货售价对比表(1932年6月)

绸　名	华货每码价	日货每码价	华货如退还人造丝税后
南新绉	五钱二分	四钱五分	四钱七分
线绨	四钱八分	三钱五分	三钱三分
中山葛	三钱二分	二钱	二钱

蔡声白：《重征人造丝税问题》，《美亚期刊》1932年9月16日。

美亚在海外市场所面临的困难还不仅如此。1929年世界经济危机爆发后，各国为保护本国工商业起见，力谋抵制外货，相继高筑关税壁垒。在安南，按照《中法关税新约》及最惠国待遇，华绸享受值百抽七税率。日本因无最惠国待遇，其税率为值百抽三十，故华绸尚能与日绸在安南一较长短。但1929年法国殖民当局违反条约，擅自将华绸税率大幅提升至值百抽五十，①致华绸在安南销量大跌，由之前的每年约3 000万元，骤跌至不到100万。② 出口厂家不得不转向国内寻觅市场，因之竞争愈烈，丝绸价格盘跌不止，沪杭绸厂倒闭十之七八，上海亦半数停工。面对困局，美亚反求诸己，1933年，《美亚期刊》上发表《肉搏时期》一文，号召全厂加快生产周转速度，提高品质，同时大力节约成本，③显示出即便如美亚这般的丝织业巨擘，在此多难时局中亦不得不竭力挣扎，以求免于陨落。

上述困难美亚尚可通过自身努力勉励度过，但自1931年

① 《越南遽加重税之经过》，《美亚期刊》1929年第60期。
② 《肉搏时期》，《美亚期刊》1933年第143期。
③ 同上。

起，国内时局的频繁动荡，则往往超出了美亚的能力范围，使其疲于应对，逐渐开始由盛转衰。1931 年九一八事变后，日军侵占东北，大量日货随之而入，华绸在此区域销售大受影响。翌年初，一・二八事变于上海爆发，丝市一落千丈，美亚生产遭到直接打击，“绸业在国内国外价格步跌，差不多被洋货夺去了许多地位”。① 1933 年的福建事变则使闽浙绸市大受影响，“价已跌至对折以下”。② 而 1936 年的两广事变更致美亚“两广南洋生意，几完全停顿”。③

劳资关系紧张所导致的工人罢工频繁爆发是美亚遭遇的另一难题。美亚职工待遇一向较为优厚，1928 年时，其工人工资最高者即可达一百六十元，最低者亦有四五十元，且工人还有分红之权利。④ 此外，美亚设有医药室、疗病房，聘有专任医生驻厂，其余如运动场、俱乐部、图书室、夜校等一应俱全，工人之婚丧、孕育皆有长期特假，或给予相当津贴，致美亚职工有“贵族工人”称号。但在当时工人运动不断高涨之背景下，美亚自 1927 年起即不断遭遇工人罢工斗争。1931 年后，因局势动荡，美亚效益逐渐下滑，1934 年 3 月，美亚决定将职工工资削减三成，激起全厂四千多工人联合罢工，⑤随后沪东、沪西、法南、闸北数十绸厂卷入，最终酿成上海绸业总同盟罢工。此次罢工先后持续一个多月，美亚生产全部停滞，造成巨大损失。⑥

---

① 《国货与国难》，《美亚期刊》1932 年第 124 期。

② 《最近营业情形》，《美亚期刊》1934 年 146 期。

③ 《最近营业状况》，《美亚期刊》1936 年 171 期。

④ 黄椿庭：《本部五年来之沿革》，《美亚储蓄特刊》1928 年 8 月 16 日。

⑤ 张光甫：《美亚资本家的剥削罪恶和工人群众的反抗斗争——上海青年宫阶级教育辅导讲座记录》1965 年 8 月 28 日，上海档案馆馆藏档案，档案号：C26－2－148－125。

⑥ 《战斗的争取：美亚同盟罢工的胜利》，《群众的团》1934 年第 3 期，上海档案馆馆藏档案，档案号：D2－0－1－1。

此外，1933 年塘沽协定后，华北门户洞开，日本关东军利用中日不法商贩大肆走私，至 1935 年 6 月何梅协定后，中国海关在长城一带缉私权亦遭排斥，华北走私完全公开化，日本人造丝疯狂涌入。据统计，当时正常进口人造丝每箱 200 磅，完税后价在 160 元左右，而走私人造丝价格独廉，每百磅仅售 50 元(甚至低于日本市场每百磅 80 元之价格)，①使市场完全被走私货控制。而美亚所用人造丝均为合法进口，故所受冲击极其严重，其第五厂从 1934 年起即已停工，两年内损失高达三万余元。1936 年，蔡声白曾专门派人北上调查走私人造丝情况，结果显示，“据天津所存，尚有四万箱之多，山东周村，约有一万箱，此项巨额人造丝，约计足够一千五百台电力织机制织一年之用”。② 1936 年 7 月，美亚在厂务会议中有如此总结：

> 吾厂营业，亦因走私而受其一部分影响。从前每天出货达八百余疋，因无销路呆滞，逐渐减缩至现在为止每日出货约五百余疋，销货仅三百疋，每日尚有二百疋之余剩，存货总数已达五万余疋。③

面对如此局面，美亚除降低工人工资、压缩自身成本外，只得不断吁请政府减税、加强缉私。但此时国民政府需财孔亟，减税自不可能，而缉私更是困难重重，华北日本领事公然包庇日人走私活动，并以香港走私为借口，向国民政府抗辩，海关总税务使梅乐和则诿为无办法，④美亚亦只能徒唤奈何。

---

① 《推广会议》,《美亚期刊》1936 年 170 期。
② 《推广会议》,《美亚期刊》1936 年 171 期。
③ 同上。
④ 《推广会议》,《美亚期刊》1936 年 170 期。

1937年,中日大战已无可避免,蔡声白为降低经营风险,开始重新布局美亚生产,除将免税关栈工厂及租界内的四、九两厂留沪外,其余工厂相继分迁汉口、重庆、广州、香港等地。八一三事变爆发后,上海成为中日争夺主战场,美亚位于闸北,曾耗费巨资、历时数年方才建立起来的免税关栈工厂在仅仅生产不到一年后即全部毁于战火。此后,随着战局推进,美亚于汉口、广州、香港等地之工厂亦渐次受到波及。据战后统计,美亚在抗战中损失惨重,其上海南市之总厂、经纬厂、第七厂及闸北第二厂局部房屋被毁;南市之染炼厂、闸北之第十厂房屋机械全部被毁;广州之广州厂,全部机械被日本搬走;汉口厂机械被炸毁;香港九龙仓原料,十厂全部原料、制品全毁,全部财产之损失,计值美金1 987 459元。① 美亚自身统计则更为惊人,如下:

表2-10　美亚织绸厂战时损失估计表

项　目	损失额(元)	项　目	损失额(元)
厂　屋	37 000 000	被毁工厂损失	83 600 000
织　机	26 900 000	迁厂费	5 000 000
生　财	5 300 000	迁厂机器损耗	8 000 000
成　品	6 100 000	旷地损失	18 500 000
原　料	3 900 000	投资财产折耗	10 000 000
物　料	4 490 000	总　计	125 100 000

资料来源:《美亚织绸厂战时损失估计表》,上海档案馆馆藏档案,档案号:Q199-48-121。

如此庞大的损失确使美亚伤筋动骨,经营更是一落千丈。太平洋战争爆发后,美亚在沪工厂仅以意大利商行"久安洋行绸

① 《中国国货工厂全貌初编:美亚织绸厂股份有限公司》,上海档案馆馆藏档案,档案号:Y9-1-99-71。

业部”之名勉力维持。1942年，蔡声白在沪创办利亚实业股份有限公司，从事进出口贸易，随后还曾入股环球、南洋、中新、光华百货等公司以及惠工、新华、中国工业银行等，实业经营大为萎缩。抗战胜利后，美亚虽一度复兴，但昔日辉煌已再难重现。

结论

从1920年创建至1937年抗战全面爆发，美亚从小到大，由弱至强，逐步发展成为国内首屈一指的丝织业巨擘，其灵魂人物蔡声白居功至伟。近代著名丝织企业家、曾任美亚董事的童莘伯曾总结美亚发达之由，认为除员工克勤厥事外，其根本原因在于两点，一是“股东之目光远大，不以牟利自图，能以振兴本国实业为重，不斤斤于一时之得失”；其二则是蔡声白“立志深远，把大无畏精神努力前进，遇难不退，且办事公正，调度有方”。① 检视美亚的成长史，其之所以能在经营和市场开拓中处处先人一步，成为行业领袖，蔡声白的学识和眼光确实起到了相当重要的作用。

这一现象并非偶然。民元后，一大批接受了新式教育甚至曾留学西方、学有专长的新式知识分子投身实业，带动了各行业的进步，如“火柴大王”和“煤炭大王”刘鸿生（上海圣约翰大学肄业），“棉纱大王”穆藕初（先后在美国威斯康星大学、伊利诺伊大学和得克萨斯农工专修学校学习，获农学硕士学位），中国化学工业的奠基人范旭东（日本京都帝国大学化学系毕业）、侯德榜（美国麻省理工学院学士、哥伦比亚大学研究院博士），毛纺大亨宋棐卿（曾于美国芝加哥西北大学商学院攻读工商管理兼修化学），以及金融领域的陈光甫（美国宾夕法尼亚大学毕业生）、张公权（东京庆应大学毕业生）等，正是他们的不断努力，使中国近

① 童莘伯：《本厂发达之由来》，《美亚期刊》1929年第64期。

代工商业发展得以溢出传统常轨，开始以新的姿态与现代世界接轨，进而成就了一个近乎奇迹的中国民族工业繁盛的黄金时期。

尤其值得重视的是，民国初年的新型企业家往往还是各业新技术、新标准的首倡者与订立者，甚至是政府相关规章制度变革的推动者和补益者。自晚清以降，中央式微，督抚逐渐掌握了军权、财权和人事权，各式新政遂常创制于地方，经中央认可后再推至全国。民元后，政府管制愈加弱化，加之新旧嬗替，各种制度多不健全，绅商权利大为伸张，而上述新型企业家、金融家往往兼具中国传统知识分子气质和西方现代管理、科学知识，他们怀抱实业救国之理想，同时深切体认到先进知识和制度的力量，因此能够自觉将自身的事业追求融入中国现代化发展和整个社会变革中，自下而上地推动着中国近代的制度和经济建设。

政府力量强弱对于企业发展的影响则是另一个值得玩味的议题。近代世界强国多采重商主义，政府以雄厚的政治、军事实力充当企业后盾，为外贸扩张保驾护航。美亚就曾多次表达了对日本丝绸企业的羡慕之情，认为其在东南亚市场的崛起，实得益于"（日本）工商部为筹种种便利"，①并冀盼中国政府亦能仿而行之，予民族企业以种种的便利与帮助。然而在另一方面，一旦政府强势介入经济领域，企业的自由发展空间亦会遭到压缩。1937年，蔡声白曾回顾美亚近二十年发展史，称"本厂在民国十九年可谓黄金时代，嗣后时艰日深，与各业皆有同样之困难"。②此固然有世界经济危机之影响，但揆诸史实，1928年南京国民政

① 《国外绸商之苦困》，《美亚期刊》1930年第81期。

② 蔡声白：《迎头干上去》，《美亚期刊》1937年178期。

府成立前，蔡声白所注目者不过是企业生产与扩张等正常经营问题，而在1928年后，随着南京政府权力的集中以及在财政、金融、税收等方面一系列的政策变化，蔡声白不得不将更多精力置于市场开拓与成本压缩。此亦非美亚所独有，1935年9月，刘鸿生面对全国各业萧条时曾说："政府政策上的举棋不定，特别是财政政策的动摇不定，是使工商业达到今日地步的主要因素。我只是被当前危机所困累的千万人中的一个。"①

如果说上述困难企业尚可通过自身辗转腾挪勉强应对，国内外的军政变局则往往成为压垮骆驼的最后一根稻草。1929年《美亚期刊》中一文曾备述了近代以来中国丝绸贸易之波折，称：

> 我国绸业，自从同治十二年福建绸商被逐于台湾，光绪二十四年广东绸商被逐于吕宋，宣统二年鲁豫绸商被逐于朝鲜，清政府竟置之不问，任凭一般绸商搔首呼天，气息奄奄。幸民国二年各埠绸商共起绸业革命，仿效欧美办法改用电力织绸，孰料民国三年，袁世凯改建洪宪，各省士民群起不平，纷纷独立宣战，于是乎我国绸业界又大受打击了……民国十二年直奉之役，军火连天，遍地灾民，可怜我国北方弱小的绸业焉经得这番风波，而不走上绝域之路呢……民国十五年军阀扰乱，北伐军打倒军阀，而军阀的余党随处扰乱，以致各埠市面不堪入目。而十六年工潮迭起，各处绸业劳资冲突怨声载道，叫苦连天，从未有经过如此的重大打击，如此的厄运。②

① 上海社会科学院经济研究所编：《刘鸿生企业史料》中册，上海人民出版社1981年版，第29页。

② 仲春：《绸业的危机与美亚的努力》，《美亚期刊》1929年第64期。

美亚的兴衰及其外贸发展的曲折正是上述言辞之注脚，虽有目光远大之领导、科学严密之管理以及坚韧耐苦之精神，然时也，命也，运也，动荡时代的种种制度与非制度障碍终非个体企业所能颉颃。正如刘鸿生所言："我们确实是在黑暗中摸索，并且丝毫不知道这个黑暗路程何时能够走完。为了在危机下挣扎，我不得不更加尽力来经营我的各项事业。"①其言何其悲壮与无奈。

（翟海涛撰稿）

① 《刘鸿生企业史料》中册，第28页。

第三章　对外贸易与组织机构变革

一、民国输出入管理委员会述略

输出入管理委员会（1947 年 8 月—1949 年 6 月）是国民政府在抗战胜利后设置的对外贸易行政管理机构，反映国民政府在历经自由贸易政策和贸易统制政策之间的争论和摇摆之后重拾抗战时期的贸易统制政策。作为国民党政权在大陆统治末期的外贸行政机构，学界尚缺乏对其进行专门细致的研究。① 本文尝试梳理输出入管理委员会的组建、架构，并分析其在对外贸易中的功能作用及局限，从中管窥中国近代对外贸易制度转型的困境。

输出入管理委员会的缘起

抗战胜利后，商人抛售大量囤积的物资，各方需求减少，统购物资的收购价已高于市场价，财政部贸易委员会及其下属之国营贸易公司所执行的统购统销政策无法维持。1945 年 10 月 30 日，

① 罗希红在其博士论文《民国时期对外贸易政策研究》（湖南师范大学，2014 年，第 261—263 页）中简要介绍了输出入管理委员会的组建及内部机构、职能等。

行政院第718次会议决议撤销贸易委员会。① 并暂由经济部接管贸易行政，其所属复兴商业公司业务则由中央信托局接办。②

1945年11月26日，最高经济委员会在重庆成立，由行政院院长宋子文兼任委员长，该委员会负责国家经济政策、经济计划、方案的制定，各部门经济工作的联系、经济工作进度考核、全国资源的充分有效利用等。③ 其"对各机关经济工作有统辖之权，并作最后之决定"。④ 蒋介石在成立大会上的讲话中指出该委员会有六项任务，其中之一为发展对外贸易，推进国外所需工农产品的生产和出口。⑤ 但此时尚无专门的外贸行政管理机构。1946年2月宋子文的《开放外汇市场案》在国防最高委员会会议上获得通过，并据此提案颁布了《进出口贸易暂行办法》《中央银行管理外汇暂行办法》，规定除奢侈品为禁止进口外，有关工业和民生日用的货品为自由进口或许可进口，并由若干指定经营外汇的银行提供官价外汇，由于官价外汇高估法币币值，只要进口商能获得官价外汇，便已稳获暴利。国民政府希望通过开放外汇市场回收过量发行的货币，遏制通货膨胀，通过放宽进口限制，增加国内市场供应，控制物价上涨的势头。⑥

---

① 《行政院会议议决裁撤财政部贸易委员会》，《金融周报》1945年第30卷第5期，第18页。

② 《贸易委员裁撤，经济部接办贸易行政》，《国际贸易》1946年创刊号，第26页。

③ 王云五：《关于最高经济委员会》，《东方杂志》1945年第41卷第19号，第1页。

④ 《最高经济委员会组织条例(十一月二十六日国防最高委员会通过)》，《金融周报》1945年第13卷第9期，第8页。

⑤ 《要闻纪述：中国复兴之新机——纪最高经济委员会之成立》，《雍言》1945年第5卷第12期，第56页。

⑥ 郑会欣：《国民政府战时统制经济与贸易研究(1937—1945)》，上海社会科学院出版社2009年版，第105页。

根据《进出口贸易暂行办法》，在最高经济委员会之下设立输入设计临时委员会，此为抗战胜利后所设跨部门、临时性的外贸行政机构。[①] 输入设计临时委员会以最高经济委员会委员长为主任委员，经济部长为副主任委员，委员包括财政部、交通部、军政部、粮食部的部长及善后救济总署署长。其职能主要是：一、衡量复员期内必须进口的物品；二、编列已经定购或正在采购的物品数量、价格及其到货日期；三、斟酌国家财力、需用缓急及国际收支平衡等情况拟定进口物品的计划；四、防止各机关在国外统购；五、核定供给来源及敌人战争赔款和联合国善后救济总署或作战剩余物资；六、指导进口物品之分配及其销售；七、审核各机关之进口需要使其互相配合，避免重复与靡费。[②] 可见战后初期设置的输入设计临时委员会的职能主要在于监督、指导政府各机关进口物品的分配、销售及编列进口计划，其工作重心在"设计"二字，还不具备外贸管理机构的强制功能。此一时期，政府实行的基本上是自由贸易和外汇放开政策，事实上也无须外贸行政机构行使国家强制力。

在上海正式开放外汇市场，由于采用"钉住"制的外汇牌价远低于市场价，在法币不断贬值的背景下，政府外汇迅速枯竭，从 1946 年 3 月 4 日至 11 月 17 日行政院颁布《修正进出口贸易暂行办法》，中央银行可支配外汇减少了 60%，[③] 与政府的初衷南辕北辙，只能寄希望于重拾抗战时期的贸易统制政策，通过更

---

① 抗战胜利后经济部设有国际贸易司，其职能与抗战前之实业部国际贸易局近似，主要是负责外贸信息搜集、整理与发布，以及对国际贸易政策、法规研究、建议，对进出口企业负有监督指导之责，但并不直接管理进出口业务。

② 《进出口贸易暂行办法(民国 35 年 2 月 25 日行政院公布)》，《中国海关通志》编纂委员会编《中国海关通志第六分册》，方志出版社 2012 年版，第 3846 页。

③ 洪葭管编：《中央银行史料(1928.11—1949.5)》下卷，中国金融出版社 2005 年版，第 988 页。

严格的输入限制来控制外汇消耗，以维持外汇的收支平衡。而无强制功能的输入设计临时委员会已不敷应用。

《修正进出口贸易暂行办法》禁止奢侈品进口、限制必需品进口，对必需品进口施行限额制。为此，将输入设计临时委员会改组为输入临时管理委员会。少了“设计”，多了“管理”二字，该委员会即有了切实的外贸管理功能。委员会仍由行政院院长、最高经济委员会委员长宋子文兼任主任委员。1946 年 11 月 17 日中央银行总裁贝祖诒被任命为输入临时管理委员会执行委员会主任委员。① 在执行委员会下设置输入品管理处、输入限额分配处、外汇审核处、秘书处。除执行委员会外，另设特种委员会，以审查及调处特种重要事项。此外在广州、天津、厦门、青岛、台湾等重要城市、地区设区办事处掌管各地方业务。②

1947 年 1 月 15 日复由输入临时管理委员会呈准设立输出推广委员会，其任务主要有：研讨和去除物资出口障碍、与农林部合作推动农产品生产和出口、调整现行各项协助出口办法、开拓国外市场。输出推广委员会亦由宋子文兼任主任委员，财政部、经济部、交通部、农林部等各部部长和中央银行总裁、资源委员会主任委员及指定委员组成。其执行委员会于 1947 年 2 月 7 日成立，由中央银行总裁贝祖诒兼任主任委员，最高经济委员会指派杨锡仁任副主任委员，交通部代表金士宣、中央信托局局长刘攻芸、中央银行业务局局长林凤苞为委员，并聘请出口行业知名人士为顾问。③ 输出推广委员会执行委员会仅设秘书处专司

---

① 《中央银行史料(1928.11—1949.5)》下卷，第 986 页。

② 中央银行经济研究处编：《对外贸易之分析》，中央银行经济研究处 1948 年 11 月，第 117 页。

③ 《经济动态：最高经济委员会决设输出推广会》，《浙江经济月刊》1947 年第 2 卷第 2 期，第 56 页。

总务及一切推广输出事宜。另在各重要都市如广州、重庆、天津、汉口等地各设区办事处。① 国民政府通过输出推广委员会执行出口补贴制度。1947年2月6日政府出台措施，对除机器、米、麦、棉花、肥料外的其他进口货品均征收50%的附加税，出口商品可获得100%的补贴。但由于美国政府对从中国进口的商品征收100%的附加税，结果是抵消中国政府对出口商品的补贴作用。②加之物价暴涨，汇率也不敢轻易调整，出口成本增加，导致出口补贴效果不彰，2月17日出口补贴政策即被废除。时人评价出口补贴政策称："此项办法原为代替依调整汇率以促进出口之办法，不料物价之急涨，并未终止，海外之反响亦颇欠佳。政府之目的既难达到，而徒增海外之批判，殊不值得。"③在此时局动乱、经济濒临崩溃的背景下，输出推广委员会实在是难有任何作为。

自1947年2月上旬各地游资积聚于上海抢购黄金、外币，引发"黄金潮"，通货膨胀进一步加剧，加上国共内战全面爆发，军事垫款激增，法币急剧贬值，黄金、美钞、物价狂涨。3月，中央银行总裁张嘉璈兼任输出入两委员会主任委员，他将输入临时管理委员会加以改组，裁撤外汇审核处，改设非限额进口审核处，将秘书处所掌货品申请审查等事宜并入该处办理。

尽管国民政府在外贸管理机构方面动了不少脑筋，却无法解决对外贸易方面存在的问题。因外贸政策的核心看似输入限额分配，但根本问题是汇率问题，由于官价外汇与黑市外汇悬殊，造成物价波动、侨汇逃避等问题。对此官方也是洞若观火："查官价汇率，自本年二月十七日改订以来，因物价不断上涨，以

① 《对外贸易之分析》，第117页。

② 叶世昌等：《中国古近代金融史》，复旦大学出版社2001年版，第395—396页。

③ 《对外贸易之分析》，第120页。

致汇率与物价的比例相差过多,至所有官价结汇之进口货品,大部分仍系按照市价出售,予进口商以额外利润,而无补于物价之平抑,就出口贸易而论,复因官价汇率所限,外销无利可图,不惟几将陷于停顿,且恐海外市场将为人攫夺。侨汇亦因官价汇率与市价相差太多,相率逃避,影响国际收支与国计民生至巨且大。"①但政府又不敢将汇率按照市价调整,担心引起物价暴涨。为了能够尽可能将外汇与外贸问题一揽子解决,1947 年 8 月 15 日,第九次国务会议通过了修订《管理进出口外汇及进出口贸易办法》决议案,该办法规定输入临时管理委员会与输出推广委员会应予裁并,设立输出入临时管理委员会,改隶行政院。

1947 年 8 月 18 日,国民政府公布新的"贸易进出口办法"和"修正中央银行管理外汇办法"。新办法的中心是:(1) 限制官价外汇适用范围,承认外汇市价的存在,设立外汇平准基金委员会,平准外汇市价;(2) 输入仍然使用许可证限额分配,除棉花、米、麦、煤及焦煤等得照限额申请官价外汇以外,其他输入一概依照市价向指定银行申请外汇;(3) 输入及侨汇,现在则改为准照市价结售于指定银行。这一时期的最大变化就是放弃了以前外汇的逐步调节制,而是采取了平准市价的方法。此时维持官价外汇只是给少数日用必需品的输入提供优惠。而银行牌价追随黑市,但黑市投机仍有利可图。政府改革的目的本在于增加输出结汇,吸引侨汇,但黑市存在,走私猖獗,这两个目的都没达到。②

此次输出入管理委员会和外汇平准基金委员会之设,目的在于通过将输出与输入、外贸与外汇一体把握,能够控制进口,推动出口,使官价外汇接近市场汇率(黑市汇率),抑制通货膨胀

① 《对外贸易之分析》,第 122 页。

② 金家麟:《我国战后外汇贸易政策的演变(下)》,《台湾贸易》1948 年第 1 卷第 3 期,第 14 页。

和物价上涨的势头。从输出入管理委员会的机构设置和人员构成看，其近代特征还是非常明显的。

输出入管理委员会的机构设置、人员状况

1947年8月19日，输出入管理委员会在上海的中央银行会议室成立，第一次会议参加者有主任委员张嘉璈，副主任委员李铭、李斡，委员俞鸿钧（徐柏园代）、陈启天（刘泗英代）、翁文灏、缪嘉铭、徐柏园、沈熙瑞、徐寄庼、张福运等。张嘉璈在致辞中，称各界对输出、输入管理部门的不满主要在于“限额分配及登记审核……全恃主观之裁夺，因而易生流弊”。[①] 张嘉璈决心要改进输出入管理委员会的业务：如核发输入许可证之户名及外汇金额将按月公布；输管会将重新检讨各种输入申请之审核原则及标准，随时公布；输入、输出联合办公，增加效能，以便考核；审核签证手续，将再求简化。本次会议还通过了《输出入管理委员会暂行组织规程》，根据该《组织规程》，输出入管理委员会的委员构成及执掌，以及其内部机构和专业委员会设置以及各自职能如次：

表3-1　输出入管理委员会人员组成及执掌

输出入管理委员会	
委员组成	执掌
财政部部长、经济部部长、资源委员会委员长、中央银行总裁和其他经行政院指派之人员；委员总计9—11人，其中主任委员1人，副主任委员2人，主委和副主委由行政院在委员中指定	1. 有关输出入业务方针、政策之审定事宜；2. 有关输出入业务各项章程规则办法之核定事宜；3. 本会向行政院建议事项；4. 诉愿事件之裁定事项；5. 本会内部组织及办事章则之核定事项；6. 本会在各地分设或裁撤各机关事项；7. 本会重要职员之聘用或任免事项；8. 本会之预决算及其他事项

① 《输出入管理委员会会议记录（第一至五次）》，中国第二历史档案馆藏，全宗号“四”，案卷号40184，1947.8—10。

表 3－2　输出入管理委员会内部机构设置及业务范围

机　　构	业　务　范　围
输入限额分配处	主管附表(二)类货品输入申请之审核事宜
非限额输入审核处	主管附表(一)、(三)甲类货品输入审核事宜
输入签证处	主管各种输入许可证签发事宜及不属于上列两处之输入申请审核及签证事宜,如行政院特准输入物品之许可,外交人员输入物品之许可,慈善宗教教育机关输入物品之许可,及个人行李进口等事宜
输出推广处	主管输出推广设计及“出口外汇证明书”之签证,及输出品的制造原料、包装材料输入申请事宜
秘书处	主管本会不属其他各处之经常事宜,并暂行兼办进口商及厂商资格审查登记事宜
综合业务委员会	审核有关输出入业务事项
输出品审价委员会	审查输出品之国内外购销售价格事宜
诉愿委员会	处理进出商及厂商有关输出入诉愿事宜

参考资料:《输出入管理委员会暂行组织规程(三十六年八月十九日输出入管理委员会通过)》,《金融周报》1947 年第 17 卷第 9 期,第 11—12 页;《行政院输出入管理委员会组织规程(民国三十七年一月十九日行政院公布)》,《金融周报》1948 年第 18 卷第 5 期,第 11 页。

从上述表格看,输出入管理委员会既是跨部门协调机构,还是具体执行外贸、外汇政策的机构。委员会的委员囊括了财政部、经济部、资源委员会、中央银行等各相关部门首长。此种组成并非只有象征性的意义,因为凡有关输出入政策、方针,内部组织章程及重要人员聘用等事宜须由输出入管理委员会会议作出决议或向行政院提出建议。而且该委员会直接隶属于行政院,层次较高,比之抗战时期的财政部贸易委员会,更能体现其跨部门的发挥协调作用的特点。时人抱怨抗战时期的贸易委员会置于财政部之下,是“将一国之重要对外贸易行政举而置诸司理度支者之手,显然未免强人以难能。且在一国对外战争期内,贸易行政实司对外经济作战之枢纽”,“然而事权庞杂,行政与业务混淆。关于桐油、猪鬃、茶叶等货之统购统销办法,其实行经过,尤多可议”。① 相比于贸易委员会的政企合一,输出入管理委员会的工作相对单纯,并不从事具体的对外贸易业务,只负责外贸行政,这一点从上述表格中输出入管理委员会的内部结构及其业务分工即可看出。

输出入管理委员会除设置了负责各类输入品限额分配和许可证签发、输出推广等具体事务的输入限额分配处、非限额输入审核处、输入签证处、输出推广处、秘书处等五个部门外,还组建了三个委员会作为专业议事部门。其中综合业务委员会由输出入管理委员会的副主任委员领衔,各专业处室负责人组成;审价委员会聘请专业人员主持;诉愿委员会有委员 5—9 人,由“工商金融界富有声望人士及谙悉海关税则与工商法律者聘任之”。②

根据 1948 年 1 月 19 日行政院公布的《行政院输出入管理委员会组织规程》,输出入管理委员会的内部机构进行了调整,撤销了输入签证处,保留秘书、输出推广、输入限额分配、非限额输入审核四个处并增设会计室和人事室。不过,签证处直到 4 月 30 日才停办业务。③ 根据《组织规程》第十二条“本会得在重要口岸及商埠设置分会或区办事处,办理该地区输出入业务事项”,设置了输出入管理委员会华中、华南、华北、京沪各区办事处。事实上,在 1947 年 6 月,在行政院输出入管理委员会成立之前,“为促进华南输出入贸易,加强缉私工作,在全国经济委员

① 钟兆璿:《改进我国对外贸易与贸易行政之商榷》,《东方杂志》1946 年第 42 卷第 3 期,第 5 页。

② 《输出入管理委员会会议记录(第六至七次)》,中国第二历史档案馆藏,全宗号“四”,案卷号 40185,1947.11。

③ 《输出入管理委员会公告第三十一号(民国三十七年四月三十日)》,《航务通讯》1948 年第 3 期,第 17 页。

会输出推广委员会及输入临时管理委员会两执行委员会之下，设立华南输出入管理委员会”。[①] 1948年初该会将业务部分并入中央银行委托执行，5月成立特种委员会，执行行政院指定业务，7月设税则审议委员会。8月19日，国民政府施行币制改革，发行金圆券，金融体系崩溃，进出口业务陷于停顿，12月输出入管理委员会各处改称组，自1949年1月1日起该会不再直接办理输出入管理业务，而“专司业务行政之厘订，工作之监督考核，经费之筹措审核及人事之管理指挥事项”，如“关于上海区进出口业务事项往来公文及申请案件向例递送本会各主管处者应请迳送上海区办事处洽办”。[②]

1949年初，要求裁撤输出入管理委员会的呼声渐起，民间商人在给经济部的呈文中称：“我商界人士认为输出入管理委员会似应裁撤，以其职权移交海关，果尔，则该会所需之巨额经费即可减除”。事实上，商界更关心的是限额问题。“在现行制度下，如商人能贿赂输管会官员，自可输入任何非限额货物，否则即使中国不能制造之货物亦不许输入”。[③] 但时局变化太快，输出入管理委员会的命运已经用不着商人们操心了，1949年2月，输出入管理委员会随国民政府迁往广州，以办事处留守上海。1949年5月上海解放，6月上海市军事管制委员会财政经济接管委员会贸易处接管输出入管理委员会，改组为华东区国外贸易管理局，输出入管理委员会终成历史。

如不将输出入管理委员会在各地设置的分会或办事处统计

① 《华南输出入管理委员会组织规程(民国三十六年六月十五日公布)》，《金融周报》1947年第16卷第25期，第22页。

② 《输出入管理委员会公告第六十三号(民国三十七年十二月三十一日)》，《航务月刊(上海1948)》1949年第2卷第5期，第12页。

③ 《各机关呈请裁撤输出入管理委员会及出口结汇办法案》，中国第二历史档案馆藏，全宗号“四”，案卷号38620，1949.2—7。

在内，仅就设于上海的本部而言，其人员构成按照《行政院输出入管理委员会组织规程》(1948年1月19日)，委员9—11人，委员会内所设4处有处长4人，副处长4人，秘书12人，科长15人，技士5人，专员30人，视察6人，科员160人，办事员60人，雇员20人。此外，会计室包括主任1人，佐理员3—6人，雇员2人，人事室有主任1人，佐理员1—3人，雇员1人。总计约330多人。其中包括无编制的雇员20多名及兼职委员10名左右，也就是说正式员工300名左右。但由于进出口事务繁杂，输出入管理委员会的人员不断增加，至1949年6月被上海军管会接收时员工已达到570人左右。相比之下，抗战前的实业部国际贸易局仅有职员70多人。

以专业人才创办新兴事业是民国时期现代化建设的一个重要特点。一如先前的国际贸易局和贸易管理委员会，输出入管理委员会的高、中层管理人员多有留学欧美日本或国内大学的教育背景以及相关从业经历。输出入管理委员会的历任主任委员分别为张嘉璈、李铭、霍宝树。张嘉璈在清末入广方言馆学习，后赴日本庆应大学攻读货币银行和政治经济学，回国后长期任职中国银行，是民国时期金融界的重量级人物；①李铭亦曾留学日本，在山口高等商业学校攻读银行学，回国后也在银行业任职，曾任浙江实业银行董事长兼总经理、中国银行董事长，为江浙财阀代表人物；②霍宝树曾就读上海圣约翰大学，后赴美国，先后就读于伊利诺伊州立大学、宾夕法尼亚大学、天普大学，获

① 洪葭管：《张嘉璈在中国银行的二十二年》，全国政协文史资料委员会编：《旧中国的工商金融》，安徽人民出版社2000年版，第583—599页。

② 何品：《李铭与浙江地方实业银行——对上海市档案馆藏一封李铭亲笔信的考证与解读》，吴景平主编：《现状与未来：档案典藏机构与近代中国人物》，复旦大学出版社2014年版，第260—271页。

运输管理学硕士学位，回国后任职中国银行。[①] 由上述三任主任委员的银行业背景也可以看出政府将外贸与外汇一体管理的用意所在。

输出入管理委员会的中层管理人员也多具有相关专业背景。输入限额分配处处长沈奏庭毕业于上海交通大学，1929 年至 1932 年赴美国宾夕法尼亚大学进修，抗战时期在上海交通大学任教，是我国铁路运输学科的奠基人。非限额审核处处长陈隽人长期任职中国银行，抗战前任中国银行济南支行襄理、经理，负责陕西、山东两省农业贷款，支持山东邹平等地的乡村建设，声誉卓著。[②] 输入签证处处长张福运是清政府最后一批庚子赔款留美学生，在哈佛大学学习国际法，作为中国代表团成员，参加了 1921 年的华盛顿会议，南京国民政府成立之初任关务署署长，在对日本的关税谈判中发挥了重要作用。输出推广处处长沈熙瑞毕业于美国达特茅斯学院，曾任中央信托局局长、中央银行业务局局长。[③] 尽管输出入管理委员会的高、中层管理人员大多具有专业素养和国际视野，但受制于经济财政状况恶化和国民政府的外贸政策，输出入管理委员会也是穷于应付，难有作为。分析其业务活动，可以管窥近代中国外贸体制近代化的困境。

输出入管理委员会功能定位及业务活动的局限

输出入管理委员会的功能定位和业务活动存在三个方面的

---

① 新会市地方志编纂委员会编：《新会县志续编》，广东人民出版社 1998 年版，第 593 页。

② 中国银行行史编辑委员会编著：《中国银行行史 1912—1949 年》上卷，中国金融出版社 1995 年版，第 279—280 页。

③ 陈广湘：《浮生琐议》，参见中国人民政治协商会议江苏省江都县委员会文史资料研究委员会编：《江都文史第 5 辑海外“三胞”专辑》，1989 年印行，第 43 页。

局限：一是外贸政策被外汇政策支配；二是外贸管制破坏了外贸机制各要素的互动关系；三是官僚权贵资本破坏了外贸管制政策的实施。

首先，国民政府所制定的外贸政策主要是出于维持外汇收支平衡、控制通货膨胀和物价波动。国民政府将输出入管理委员会定位于“配合国策执行贸易管制”，而所谓贸易管制又主要是立足于减少外汇消耗，使得外贸政策从属于外汇政策，从而制约了输出入管理委员会的规范和推动对外贸易发展的功能。时任经济部国际贸易司司长的杨树人在1948年的《十年来之国际贸易》一文中所说：“若谓这10年来，竟无国际贸易政策之可言，或许不免过甚其辞，然而国际贸易浸假沦为外汇政策的手段，逆处于金融财政的附庸地位，则亦属无可否认的事实。”①如杨树人所说，以外贸政策服务外汇政策是自抗战爆发以来的主导方针，抗战时期对外贸易主要是争取外汇购置战争装备和民生日用品，以及偿还外债。在抗战胜利后，因高估法币币值，出口一直没有起色，加之侨汇逃避，外汇收入锐减，而战后初期放开外汇的政策又使得外汇消耗过快，后期只能通过限制进口来减少外汇支出。

所以当时就有人批评这种外贸政策，认为其实施不是为了协助国内的经济建设，只是附属于财政膨胀政策，主要目的是为了缓和法币贬值，避免物价波动。因而在抗战胜利后初期造成外货倾销，后期造成生产窒息，而外汇政策始终为商业投机和官僚买办的利益所支配。②

---

① 唐润明主编、高阳副主编：《抗战时期国民政府在渝纪实》，重庆出版社2012年版，第92—93页。

② 金家麟：《我国战后外汇贸易政策的演变(下)》，《台湾贸易》1948年第1卷第3期，第14页。

如前述，自 1946 年 11 月政府开始对外汇进行管制，即使高官家眷在国外定居需要外汇，也须由所在单位出具公函请行政院批准。如 1947 年 2 月，经济部国际贸易司司长张天泽的配偶及儿子侨居瑞士，需要购汇每月 1 200 瑞士法郎，由经济部报行政院审批。[①] 1947 年 8 月行政院训令："查各机关外汇经费，向由本院核准后方准结购，兹有少数机关间有不经呈准擅自派遣人员出国或向外订购物资事后呈请结汇者，殊有未合，兹特规定，凡在未奉核准以前，一律不准派遣人员出国及购买须动用外汇之物资。"[②]

即使对于侨资、外资进口设备或来华投资等亦限制颇多。如以侨资在国内创办实业须进口物资，除应检送国外付款银行证函或国外厂商收款证据外，并应附送国外发票或订购证件；如一部分未付货款系依照《中央银行外币外汇存款支付办法》之规定办理者，应将原存款银行之证明书一并附送；仅付一部分货款之订货，其未付部分，如不能按照《中央银行外币外汇存款支付办法》办理者，所订货品之单位可以划分者，已付款部分准予输入，未付款部分不准输入；如已付部分及未付部分不能分割者，全部不准输入。[③] 其对进口物资限制之严格于此可见。此外，以侨资或外资进口原料不超过生产所需的六个月用量。如有将进口物资转售牟利，其申请人或代理进口商将受到停止分配限

---

① 《经济部国际贸易司司长张天泽眷属两人侨居瑞士请证明及按月结购外汇案》，中国第二历史档案馆馆藏，全宗号"四"，案卷号 14762，1947.2。

② 《行政院训令(会三字第三一零七七号)，民国三十六年八月八日》，《金融周报》1947 年第 17 卷第 8 期，第 19 页。

③ 《输出入管理委员会公告第五十五号(民国三十七年十月二十七日)》，《银行周报》1948 年第 32 卷第 46 期，第 21 页。

额和永远不得申请任何物品进口的处分。① 上述规定主要是担心进口物资出售牟利后再套购黑市外汇，刺激外汇市场，进而引起汇率及物价波动。外贸政策受制于外汇政策，直接导致其对国内经济建设尤其是产业发展没有发挥应有的推动作用。

其次，输出入管理委员会的外贸管制破坏了外贸机制各要素的互动关系。在20世纪三四十年代的对外贸易活动中业已形成了外贸管理机构、相关同业公会、进出口企业间的互动合作机制。对外贸易的发展有赖于各要素间的良性互动。一旦各要素之间的互动关系遭到破坏，对外贸易活动也就难以开展。输出入管理委员会与进口商和相关同业公会在“自备外汇”问题上的博弈可见外贸机制已经遭到严重破坏。

抗战胜利后，政府一度对进口商以自备外汇实施进口业务持放任态度，但在施行严格的输入控制之后，输出入管理委员会建议禁止以自备外汇输入进口货物，主要是担心“自备外汇”的外贸方式推动外汇黑市高涨，引发更大规模的通货膨胀。输出入管理委员会在报告中说：“自备外汇开放问题，每次一经提及，即引起黑市高涨，其故实由人民误认为一经开放，凡政府所许可之货物即可自由进口，而同时为保持其币值计，往往一面以自备外汇从国外输入货物，一面在国内抛售，即时从黑市补进黑市外汇，甚至包括所得盈余。其结果，在黑市补进之外汇或竟超过其自备外汇之故，因此一提开放自备外汇，黑市即趋增涨。是以职会一再检讨，认为自备外汇不宜无限制开放。”②

---

① 《输出入管理委员会公告第四十三号(民国三十七年八月二日)》,《金融周报》1948年第19卷第5期，第14页。

② 《中央银行史料——(1928.11—1949.5)》下卷，第1025页。

输出入管理委员会在第二号公告中宣布对“自备外汇”进口采取严厉措施，规定自1947年8月17日起，在未领得输入许可证以前，不得向国外订货，若擅自进口运抵本国口岸，一律强迫运离，或由政府定价并按照外汇官价收购，如收货人为登记之合格进口商，其资格将被撤销。① 不管是强迫运离口岸还是政府以官价外汇收购进口货物，进口商都无法承受。

于是，代表进口商利益的各业同业公会群起抗争。1947年7—9月间，上海五金行业以自备外汇进口到埠的物资有1万多吨。但按照输出入管理委员会第二号通告，须强迫运离或由中央信托局收购。五金、铁业、铜锡、钢条和旧铁等四个同业公会首先联合招待新闻界，继而市商会应四个公会要求召集相关十六个同业公会成立“自备外汇登记货品申请给证委员会”，并组织请愿团到市参议会、南京行政院等处请愿。②

上海市商会及所属16家同业公会还致电全国经济委员会、经济部、输出入管理委员会，称：“窃查各商迳以自备外汇输入货物，其间实有苦衷，推究责任，或非全在商人。”一是政令仓促，自备外汇进口“在当时均系合法贸易，在今日则无法进口”。二是向输出入管理委员会申请输入许可证应先提交国外订货证件，“而输管会办事迂缓，往往延搁累月，货已装船，输入许可证尚未发给，或批驳不准。其货抵埠后，无法办理进口手续”。③ 不久，

① 《输出入管理委员会公告第二号：订定未经领得输入许可证已到埠及已起运货品之处理办法(民国三十六年八月二十一日)》，《金融周报》1947年第17卷第9期，第12页。

② 上海社会科学院经济研究所：《上海近代五金商业史》，上海社会科学院出版社1990年版，第54—55页。

③ 《为续陈自备外汇购货输入之基因咎不在商，请准核发许可证，以恤商艰由，电呈全国经济委员会、经济部暨上海输出入管理委员会文》，《商业月报》1947年第23卷第10期，第5—6页。

又去电辩解，称不必担心以自备外汇进口货物会助长外汇黑市交易。电文称“查此批货品为数虽值美金五千万元之巨，而其款早已付清，商人无须再向市上套购外汇，以致引起黑市外汇之上涨”。此外，亦不必担心进口商以出售进口货所得再购外汇，商会指出当前已经绝对禁止金钞买卖，且根据输出入管理委员会的第二号公告，对于未经先行核发许可证之货品，绝对不准向国外定购。而且商会及各同业公会也会履行对进口商的监督之责。[①] 上海市商会及与进口业相关的各同业公会希望以此打消政府管理部门的疑虑，放松对于进口的管制。

在商界的一致呼吁和压力之下，政府在一些细节处理上做出让步。如对于无许可证到埠货物的重运出口问题，输出入管理委员会的第十三号公告(1947 年 12 月 6 日)称“查十一月三日，本会公告第七号，无许可证自备外汇到埠及起运货品处理办法施行细则第十六条原规定‘进口商如愿将货品重运出口，其六十日之期限自本细则公布之日起计算’。兹将六十日期限改为自中央信托局公布每类货品配售价格之日起计算”。[②] 这样的话给予进口商的期限有所延展。关于无证到埠货品由原进口商申请收购有效期限问题，输出入管理委员会在第二十七号公告(1948 年 3 月 30 日)作了补充规定：“(一) 凡在本会本年二月十八日第二十二号公告以前已由中央信托局公布配售价格之各项货品，其申请收购之有效期限应一律自二月十八日起计算。(二) 凡在第二十二号公告之日以后由中央信托局公布配售价格

① 《为补呈关于自备外汇登记货品案由电呈行政院经济部财政部全国经济委员会暨输出入管理委员会文(三十六年九月三十日)》，《商业月报》1947 年第 23 卷第 11 期，第 1 页。

② 《输出入管理委员会公告第十三号(民国三十六年十二月六日)》，《金融周报》1947 年第 17 卷第 24 期，第 21 页。

之各项货品，则自各该项货品公布配售价格之日起计算，其余规定应仍照第二十四号公告办理。”①

由于进口配额所限，进口商如依赖进口配额简直无法生存，导致无许可证进口已成常态，所以无许可证进口货物抵埠成为困扰输出入管理委员会的一个持久问题。在1948年8月24日输出入管理委员会的第四十五号公告中规定：“凡商民有无许可证进口货物者，务须依照海关章程办理，详细规定如下：一、如在海关发出处分通知书后十五日内声明异议，并提出本会主管处之证明者则许可证之签发在十五日以后者应属有效，准予报关。二、如在海关发出处分通知书后十五日期内未经声明异议亦未提出本会主管并证明者，逾期海关即照处分执行。届时虽领有本会签发之许可证亦不发生效力，原证并予吊销。以上办法除提经本会综合业务委员会议决通过，并复请江海关严格执行”。② 无许可证到埠货物的问题迁延日久，亦需要输出入管理委员会时常对进口商督促提醒。直至1948年底，输出入管理委员会还公告提示：根据《已付货款之国外订货申请输入清理办法》，在1947年9月30日以前已付货款无证到埠货物的登记案件中，除货品种类不在《中央银行外币外汇存款支付办法》规定以内，或已经处分，皆可援用该项办法，办理申请输入手续，“惟以原已登记各货主，多未对上项办法加以援用，并以限期瞬即届满，本会为维护原货主正当利益，暨积极清理积案起见，特再公告，希原货主迅于三十七年十二月底以前向本会签证室办理申

① 《输出入管理委员会公告第二十七号(民国三十七年三月三十日)》，《金融周报》1948年第18卷第15期，第17页。

② 《输出入管理委员会公告第四十五号(民国三十七年八月二十四日)》，《航务月刊(上海1948)》1948年第2卷第1期，第11页。

请输入手续，以资清结”。①

“自备外汇”问题成为输出入管理委员会与进口商之间的一个无法解决的问题。因为一般进口商很难得到足够的输入额度来维持生存，所以只能各显神通。据曾在民国资源委员会工矿调整处工作多年的党刚回忆，1945 年他被资源委员会委派至美国做公费实习生，1946 年他返回国内后在上海创办“协中钢铁材料行”，主要进口钢铁器材，即使以他在官方的人脉，“协中”在1947 年和 1948 年所获配额总计也只有 8 000 美元，为了生存不得不向黑市套购外汇。当时，上海机械业和钢铁业同业公会的会员因所获配额较少，每家企业从数十元到千元不等，无法单独进口，乃积聚起来，由党刚代理进口。② 如维大国际贸易行为多批外汇（当时每笔只批外汇 2 000 美元），该行经理王宽诚虚设字号 20 多家，并利用私设字号勾结实际用户多次申请限额分配的外汇，并代其向国外订货，各半分润。③

因配额问题，进口商与同业公会联手向主管机关抗争。以造纸行业为例，自 1947 年 2 月，每三个月进行一次限额分配。具体分配事宜由输出入管理委员会掌握，限额木浆外汇共计分配了 6 期。第 7、8 两期虽然输入限额分配处于 1949 年 3 月通知了配额分配，但由于上海很快解放，未及办理。在第一、二、三次限额分配后，都是各厂商自行选择进口商办理对外订购和输入木浆。但第四次限额分配后，限额分配处要求厂商应委托经过

---

① 《输出入管理委员会公告第六十一号（民国三十七年十二月十八号）》，《航务月刊（上海 1948）》1949 年第 2 卷第 3 期，第 12 页。

② 党刚：《我在解放前从事钢铁事业的经历》，全国政协文史资料委员会编《文史资料存稿选编 21，经济（上）》，中国文史出版社 2002 年版，第 849 页。

③ 孔令仁等编：《中国老字号 陆 商业卷（下册）》，高等教育出版社 1998 年版，第 583 页。

合格登记的进口商。经同业公会要求，限额分配处要求自第五次限额分配后必须寻求经合格登记的进口商代理进口木浆。但同业公会于1948年7月29日致函该处，要求仍按照前例，不必以7家已合格登记的进口商为限。双方反复交涉，同业公会要求该处拿出法律依据。该处不得已于8月25日召集合格登记进口商与造纸厂开会商讨，8月31日函告同业公会，放宽进口商家数，至181家。①

所以从“自备外汇”和限额分配的问题上看，外贸机制各要素之间的互动关系基本上只是单向的同业公会与进口商向外贸主管机构抗争，一向为学术界津津乐道的同业公会所具有的“中间组织”的功能此时被淡化，同业公会主要成为进口商向政府群起抗争的平台和渠道。而被诟病颇多的限额分配制度在实际运作中存在诸多不公平，从而破坏了输出入管理委员会的贸易管制政策的实施。

最后，官僚资本破坏了贸易管制政策。官僚资本可以通过特权或信息获取的便利在限额分配制度之下游刃有余。据曾在扬子公司任职的宋子昂回忆，他曾从一个便条上发现1947年8月扬子公司的工业部从中国银行获得118 030.30美元的外汇，“必须说明的是这仅是该部在那一个月中所获得官价外汇中的一个极小部分，且除工业部外还有一二十个其他部门和许多分支机构。它们同样每月获得大量官价外汇”。再如上海市政府为限制汽车进口，停发新车牌照，但扬子公司在这一决定公布前将新车全部申领了牌照，并在外埠多购牌照，为后续

① 上海社会科学院经济研究所编：《中国近代造纸工业史》，上海社会科学院出版社1989年版，第271—272页。

新车挂牌。①

总的来看，输出入管理委员会工作重心在于控制输入而非推广输出，在于服从外汇政策而非立于发展对外贸易的本位。特别是在国民党政权统治大陆的后期，经济崩溃、产业薄弱、权贵利益固化，尽管有专业人才管理运作，但在半殖民地半封建社会的大背景之下，外贸体制的近代转型未能完成，其内在机制运作窒碍难行，官僚资本进一步腐蚀了这一体制。输出入管理委员会的命运不过是这个时代挽歌中的一个音符。

（张国义撰稿）

二、民国国际贸易局述论

自近代开埠以来，基于不平等条约的对外贸易体制极大地影响了中国的政治、经济社会。就对外贸易体制而言，有一个从被动适应到主动作为的过程，特别是在南京国民政府时期，外贸体制的构建呈现出专业化的特点，其中国际贸易局的设立是国民政府创建近代外贸体制的重要尝试。但时人对其评价并不高，如上海商品检验局的首任局长邹秉文于1941年发表的文章中说：国际贸易局“仅司调查编辑工作，实际上对国际贸易贡献并不多”。② 事实上，类似这种对于国际贸易局的轻视影响了学

① 宋子昂：《如此孔令侃》，中国人民政治协商会议江苏省常熟市委员会文史资料研究委员会编《文史资料辑存第3辑》，1962年内部发行，1983年重印，第154—163页。

② 邹秉文：《中国之国际贸易政策》，《贸易月刊》第2卷第10期，1941年5月15日。

界对其进行深入研究，使得其在近代外贸史研究中多被一笔带过。相对而言，陈晋文对国际贸易局的设立、组织架构有简要梳理，称国际贸易局的创立标志着"国民政府贸易行政体制的正式确立"。① 但已有研究尚没有对国际贸易局的业务活动和功能、性质进行细致探讨。笔者以为，时至今日，我们有条件摆脱邹秉文处于抗战艰苦时期那种焦灼和急于求成的心态，可以将国际贸易局的"调查编辑工作"放在更长的历史时段中考察，会发现其组织架构和功能设置具备了一定的合理性，即从调查研究起步，为政府的外贸管理和企业的外贸经营提供专业意见，而不是滥用权力、横加干涉，颇合现代政府的管理理念。而从其昙花一现又可见近代外贸体制转型的特点，管窥中国近代化的若干特征。

国际贸易局的缘起、组织架构和管理人员

国际贸易局的前身是北洋政府时期的经济讨论处和南京国民政府时期工商部的工商访问局。1920 年北洋政府在北京设立经济讨论处，任命澳大利亚人端纳(W. H. Donald)主持其事，刘大钧为会办，兼调查处主任，中文编辑主任为梁福初，由海关拨付经费，先后出版英文杂志《中国经济公报》(Chinese Economic Bulletin)、《中国经济月刊》(Chinese Economic Monthly，自 1927 年 1 月更名为 Chinese Economic Journal)和中文杂志《中外经济周刊》(自 1927 年 11 月更名为《经济半月刊》)，②并进行经济方面的国际宣传、调查、统计、咨询。南京国民政府成立后，工商部

① 陈晋文：《对外贸易政策与中国经济现代化》，知识产权出版社 2012 年版，第 35 页。

② 关永强、王玉茹：《近代中国官方经济调查的发端——经济讨论处系列机构初探(1920—1937)》，《清华大学学报》(哲学社会科学版)2015 年第 4 期。

遂派许建屏、王世鼐与端纳一道接收了经济讨论处，并将其移至上海，改组为工商访问局，委派赵锡恩为局长。工商访问局的主要职责是搜集国内外工商情报，为相关企业提供参考。1930年12月工商部与农矿部合并为实业部，工商访问局遂隶属实业部，1931年4月郭秉文任工商访问局局长，兼筹备国际贸易局事宜。7月11日，立法院第150次会议议决通过国际贸易局组织条例，7月20日公布实施。但因“限于预算，迟迟未能成立”。① 在实业部的一再督促下，国际贸易局终于在当年12月16日正式成立，“令郭氏任局长。徐善祥副之，均辞未就职”。② 1932年1月，实业部委派何炳贤为副局长，局长由实业部部长陈公博兼任，6月何炳贤任局长，郭威白副之。何氏任局长至1936年4月，是国际贸易局的历任局长中任职时间最长者。何炳贤的继任者是国际贸易局的筹备人郭秉文，郭威白之后的副局长为张嘉铸。③ 1937年9月，上海陷于战火，国际贸易局遂迁往汉口，张嘉铸为代理局长。④

抗战全面爆发后，国民政府开始实行贸易统制政策，以集中资源支持长期抗战，1937年9月，《财政部关于增进生产调整贸易办法大纲》经国防最高会议通过，其中建议对出口商品“由政府组织贸易调整委员会以督促管理之，并予以资金运输之充分

---

① 郭秉文：《实业部国际贸易局创设缘起筹备经过及其工作计划述要》，《工商半月刊》第4卷第1期，1932年1月1日；孙大权：《中国经济学的成长——中国经济学社研究(1923—1953)》，上海三联书店2006年版，第19页。

② 何炳贤：《国际贸易局沿革及现状》，《中国实业》第1卷第2期，1935年2月15日。

③ 何炳贤：《国际贸易局沿革及现状》，《中国实业》第1卷第2期，1935年2月15日；刘国铭主编：《中华民国国民政府军政职官人物志》，春秋出版社1989年版，第49页。

④ 《实业部国际贸易局迁汉》，《中外经济拔萃》第1卷第11期，1937年11月30日。

协助及补助其亏损”。[①] 10 月军事委员会下设农产、工矿、贸易三个调整委员会。1938 年初，国民政府改组国家行政机关，撤销实业部，设立经济部，贸易调整委员会改名为贸易委员会，隶属财政部，原实业部下属之国际贸易局并入贸易委员会。国际贸易局的历史遂告一段落。

国际贸易局的组织架构依据《国际贸易局组织条例》和国际贸易局各处的“办事规程”设置如下：

表 3－3　国际贸易局内部组织结构

<table>
<tr><td rowspan="6">局　长
副局长</td><td>各　处</td><td>各　　股</td></tr>
<tr><td>总务处</td><td>文书股、会计股、庶务股、人事股、发行股、广告股、图书股</td></tr>
<tr><td>指导处</td><td>指导股、协作股</td></tr>
<tr><td>统计处</td><td>调查股、统计股、资料股</td></tr>
<tr><td>编纂处</td><td>工商半月刊股、英文工商经济月刊股、英文工商经济周刊股</td></tr>
</table>

资料来源：《国际贸易局组织条例》，《钱业月报》1931 年第 11 卷第 8 号，第 6—7 页；《国际贸易局总务处办事规程》，《工商半月刊》1932 年第 4 卷第 8 期，第 2—5 页；《国际贸易局指导处办事规程》、《国际贸易局统计处办事规程》、《国际贸易局编纂处办事规程》，《工商半月刊》1932 年第 4 卷第 9 期，第 1—4 页。

国际贸易局限于经费和自身的功能定位，机构比较精简，设总务、指导、统计、编纂等四个处，每个处设若干个股，各司其职。国际贸易局设置正副局长各 1 名，中英文秘书各 1 名，各处主任各 1 名，各股股长各 1 名之外，按照《国际贸易局组织条例》第十条、第十一条的规定，应设置编纂专员、统计专员各 2—4 人，指导专员、税则专员各 2 人，调查专员 4—6 人，另外设置科员 8—

① 《财政部关于增进生产调整贸易办法大纲》，中国第二历史档案馆编：《中华民国史档案资料汇编》第五辑，第二编财政经济（九），凤凰出版社 2010 年版，第 433 页。

16人，酌用雇员10—20人。① 何炳贤主持国际贸易局时期，按照条例规定的人员上限安排人手，设置编纂专员、统计专员各4人，指导专员、税则专员各2人，调查专员6人，科员16人，雇员20人。②

从管理人员的构成看，其专业化的特点非常突出，普遍有在欧美日留学经历。首任局长何炳贤（1901—1999）毕业于加利福尼亚大学，获政治经济学硕士学位，他以国际贸易专家知名，其所著《中国的国际贸易》（商务印书馆1937年版）为大学丛书之一部。③ 国际贸易局的筹备人、何炳贤的继任者郭秉文（1880—1969）留美多年，获哥伦比亚大学哲学博士学位，曾任南京高等师范学校、国立东南大学校长，1921年与马寅初创办上海商科大学，并任校长。副局长郭威白（1899—1968）毕业于国立北京师范大学，后赴美国留学，先后获得美国哥伦比亚大学政治学士、纽约大学法学博士学位，曾任教国立中山大学。④ 继任副局长张嘉铸（1902—1985）曾就读美国克拉克大学，学习美术批评，兼修商业经济课程，受其兄张嘉璈的影响及荫庇，进入银行业，"被公认为上海金融界的少壮派"，与章乃器、祝仰辰等开启了中国的征信事业。⑤ 不仅局长和副局长都有留学美国及与贸易相关的学术背景或从业经历，而且中层管理人员亦多有留学美、日或

---

① 《国际贸易局组织条例》，《钱业月报》第11卷第8期，1931年8月15日。

② 何炳贤：《国际贸易局沿革及现状》，《中国实业》第1卷第2期，1935年2月15日。

③ 此书有英文本 Ho Ping-Yin, *The Foreign Trade of China*, Shanghai: The Commercial Press, 1935。

④ 政协江西省黎川县委员会文史资料研究委员会编：《黎川文史资料》第2辑，1991年版，第101—102页。

⑤ 韩颖：《"新月"前后的张嘉铸》，《中国现代文学研究丛刊》2011年第8期；章立凡：《章乃器与中国征信所》，《江淮文史》2010年第3期。

国内教会学校的教育背景，符合当时以国际眼光办新兴事业的治理理念。

国际贸易局的中层管理人员多是享有盛誉的专门人才。如首任总务处主任王世鼐毕业于北京大学，后赴美留学，获经济学学士和政治学博士学位，曾任职工商部商业司；①指导处主任张祥麟毕业于上海圣约翰大学，留学美国，在哥伦比亚大学获硕士学位，自1928年起任工商访问局总务处主任，改组为国际贸易局后任指导处主任，②其继任者季泽晋亦毕业于圣约翰大学。③首任统计处主任朱羲农曾留学日本，毕业于日本东京农业大学农业经济系，曾任南京中央大学商学院教授。④ 首任编辑处主任孔士谔获美国纽约大学商学博士，为沪江大学商科教授。⑤侯厚培为《国际贸易导报》的主编，受何炳贤之邀，主持《中国实业志》的调查、编纂。侯厚培1923年从复旦大学毕业后先后任职清华国学研究院和中央研究院，曾与杨端六合编《六十五年来中国对外贸易统计》，后留学美国乔治华盛顿大学，获经济学硕士，其所著《中国近代经济发展史》（上海大东书局1929年版）是国内系统研究近代经济史的首部著作，他还是国立商业专业学

---

① 政协贵池委员会办公室文史资料工作组编：《贵池文史资料》第2辑，1985年，第84—85页。

② 倪绍陆：《张祥麟：费城、芝加哥两届世博会的中国总代表》，《档案春秋》，2010年第9期。

③ 《圣约翰大学历届毕业生、肄业生名录》，熊月之、周武主编：《圣约翰大学史》，上海人民出版社2007年版，第461页。

④ 《贸易调整委员会主要干部及其履历》，郑会欣：《国民政府战时统制经济与贸易研究（1937—1945）》，上海社会科学院出版社2009年版，第154页。另：王世鼐于1937年10月辞去总务处主任，其职务由朱羲农接任。

⑤ 《现任教职员一览表（1936.6）》，上海财经大学校史研究室编：《国立上海商学院史料选辑》，上海财经大学出版社2012年版，第397页。

校首任校长。①

可见，国际贸易局管理人员专业化的特点非常显著，在政府创办的新兴事业中注意吸纳留学欧美和日本的人才，这也是民国时期近代化建设的重要特征。正是由于管理层的专业化色彩，使得国际贸易局的业务活动更具现代外贸行政机构特色。

国际贸易局主要业务活动

国际贸易局所设各处的业务范围如下表：

表 3-4　国际贸易局各处业务范围

各　处	业　务　范　围
总务处	文书之撰拟收发及保管；印信典守；职员之成绩考核；预算及决算之编制；款项之出纳及保管；出版物之发行及广告；其他庶务事项
指导处	海外直接贸易之提倡、指导；输出物品之指导改良及奖励；中外商人旅行考察之指导；国际贸易团体之保护监督；海上航运及海上保险之提倡指导；国际博览会及国内展览会之征品参加；进出口商纳税之指导；预防外货在华之倾销；其他指导事项
统计处	各国对华贸易之商情调查及统计编制；对外贸易之调查及统计编制；各地出口业之调查及统计编制；中外商情金融及物价指数之调查及统计编制；关于贸易统计资料之征集；其他调查及统计事项
编纂处	关于国际贸易出版物之编译；关于国际贸易论文之征集及审订；关于国际贸易年鉴之编辑事项；其他关于国际贸易刊物之编审事项

资料来源：《国际贸易局组织条例》，《钱业月报》1931 年第 11 卷第 8 号，第 6—7 页。

国际贸易局的主要业务可以概括为调查统计、对外贸易方面的指导、服务和宣传。以下分别论述。

调查统计自经济讨论处至工商访问局，再至国际贸易局，作

① 刘建本、许康主编《国立商学院院史 1937—1946》，中国科学技术出版社 2009 年版，第 39—40 页；陈锋：《20 世纪的晚清财政史研究》，《近代史研究》2004 年第 1 期。

为一项传统职能得以传承。而国际贸易局与其前身相比在调查统计方面的突出之处在于其调查规模更大，范围更广，同时又主要集中于对外贸易方面。

国际贸易局在调查方面的大手笔是1932年开展的全国范围的实业调查，据何炳贤回忆："二十一年八月，陈部长以经济建设当先事调查统计，否则资本技术皆无所施，因有各地实业志之辑，命炳贤董其事。又以扬子江流域适于重工业中心，遂就江浙湘鲁等省实地调查，附局设一实业志编纂处。"①何炳贤聘请《国际贸易导报》的主编侯厚培为调查主任，主持调查工作，与陆国香、冯和法、侯厚吉、谢泽、姚方仁、蒋学楷、马骧柏等调查专员和实业部委派的统计科职员赵健、萧国苏等分赴各地调查，调查项目包括农业经济、家庭手工业、工业、金融保险及仓库业、一般经济状况、原料品等。② 至1937年，国际贸易局先后出版了江苏、浙江、山东、湖南、山西等五省的实业志。尽管由于时间仓促、人手不足，且在调查中有诸多敷衍，甚至杜撰之处，③但对于民国时期区域经济统计资料不足的情况还是极大的弥补，《中国实业志》至今仍是研究民国经济史重要的参考资料。

此外国际贸易局为全面掌握全国进出口商情况，组织了华北、华南、华中、上海等四个调查团分赴各重要商埠，调查各埠进出口商行，出版《全国进出口商行要览》，内容包括各埠进出口商行名

---

① 何炳贤：《国际贸易局沿革及现状》，《中国实业》第1卷第2期，1935年2月15日。

② 何炳贤：《国际贸易局沿革及现状》，《中国实业》第1卷第2期，1935年2月15日；《国际贸易局调查全国实业》，《国货新声》1932年第45期，第6—8页。

③ 冯和法：《回忆〈中国实业志〉编纂经过》，中国人民政治协商会议全国委员会文史和学习委员会编《文史资料选辑》合订本，第四十二卷，总第122—124辑，中国文史出版社2011年版。

录、附有商品索引、商品检验规程、商标注册条例、度量衡等。①

对外贸易统计是国际贸易局的常规工作，1932 年 8 月起国际贸易局陆续发布自 1932 年 4 月开始的各月中国对外贸易统计数据，包括进出口贸易总值、进出口商品分类、进出口国别等。② 自 1933 年 1 月开始的月度外贸统计更加详细，包括进出口贸易总值统计、进出口贸易总值指数、进出口商品分类统计、进出口商品从量贸易指数、进出口贸易国别统计、进出口贸易国别百分比统计、进出口商品国别统计、进出口贸易埠别统计等八类数据。③ 除每月发布“国际贸易统计”之外，自 1934 年初开始发布每月“经济统计”，包括上海及海外金银、汇兑行市和重要商品的行市等。④ 并发布自 1932 年下半年开始的季度贸易报告，以及 1932 年的年度贸易回顾，翔实的年度贸易报告始自 1934 年度。⑤ 间或发布上海的物价指数和对外贸易的数据统计。此外，还须从上海税务署抄录棉纱、麦粉、火柴、水泥、卷烟等产品数量按月抄报给实业部。⑥ 国际贸易局统计处还编纂了《最近三十四年来中国通商口岸对外贸易统计(1900—1933)》(商务印

---

① 《书报介绍：全国进出口商行要览》,《农报》第 3 卷第 32 期，1936 年 11 月 20 日。

② 《国际贸易统计(1932 年 4 月)》,《国际贸易导报》第 4 卷第 3 号，1932 年 8 月。

③ 《中国国际贸易统计(民国二十二年一月)》,《国际贸易导报》第 5 卷第 4 期，1933 年 4 月。

④ 《经济统计(1934 年 1 月)》,《国际贸易导报》第 6 卷 1、2 号合刊，1934 年 2 月。

⑤ 何炳贤：《民国二十一年我国对外贸易的回顾》,《国际贸易导报》第 5 卷 2 期，1933 年 2 月;《民国二十一年第三四季贸易报告》,《国际贸易导报》第 5 卷第 3—4 期，1933 年 3、4 月;《民国二十三年第三四季贸易报告——附全年贸易报告》,《国际贸易导报》第 7 卷第 5、6 期，1935 年 5、6 月。

⑥ 《实业部训令：统字第六九四号(中华民国二十五年五月二十七日)》,《实业公报》第 282 期，1936 年 6 月 6 日，第 7 页。

书馆 1935 年版),此书与杨端六、侯厚培所编之《六十五年来中国国际贸易统计》(1864—1928)(国立中央研究院社会科学研究所 1931 年版)、中国银行总管理处调查部刊行的《最近中国对外贸易图解》(1932 年版)侧重有所不同,但都是近代外贸史研究的重要参考资料。

总的看来,国际贸易局的调查统计工作主要是完成实业部交办的任务,为实业部制定工商业发展规划提供决策咨询,为进出口贸易商提供资讯服务,而国际贸易局的贸易指导功能也多基于调查研究。

国际贸易局的指导服务功能主要体现在关注主要出口产品外销、传递国内外商情、加强企业与相关政府行政机构之间的沟通,其主要目的在于摆脱洋行等中间环节,促进直接贸易。

国际贸易局长期关注生丝、茶叶、绸缎、夏布、蛋品等重要出口产品的外销情况,通过沟通国内外商情、调查分析,提出建议对策。1934 年发文指出华丝出口英国衰落的原因在于生丝丝质不匀,英国厂商多用日丝,改良生丝应从改良蚕种、养蚕方法上入手。① 国际贸易局还于 1934 年召集上海华茶出口商行就外国聘请我国茶师仿制华茶与我国出口茶叶竞争一事商讨对策;1935 年发文提请国内茶业界注意台湾红茶在"九一八"之后输往我国东北,并行销欧美,成为我国红茶的一大劲敌;1937 年初将由中国驻悉尼领事馆转来的澳洲茶叶需求情况向相关茶商转达,推动茶叶出口。② 1933 年 9 月国际贸易局召集上海市绸缎

① 《国际贸易局发表华丝英销衰落原因》,《浙江省蚕种制造技术改进会月刊》第 2 卷第 5 期,1934 年 5 月 1 日。

② 《国际贸易局召集华茶出口商谈话》,《农报》第 1 卷第 10 期,1934 年 6 月 20 日;《台湾红茶畅销东北欧美各地:国际贸易局望茶业严重注意》,《经济评论》1935 年第 2 卷第 2 期;《实业部训令:农字第六五九八号(中华民国二十六年一月十一日)》,《实业公报》第 315 期,1937 年 1 月 23 日,第 3 页。

业代表会议，讨论有关绸缎的色彩、厚薄、价格、长度等标准统一，及绸缎的广告宣传、直接贸易等；为改善夏布出口状况，国际贸易局搜集了日本所制夏布百余种进行分析，并召集夏布出口商讨论救济办法；何炳贤还安排指导处主任季泽晋起草夏布出口不旺的应对计划，计划包括改进纺织技术、加强出口组织、开辟南洋市场等措施。① 1936—1937年，针对英、美等国增加我国蛋品的进口税，国际贸易局一方面呈报实业部请示对策，另一方面，利用中国国际贸易协会与上海英国商会合组中英贸易协会的时机加强对英宣传，并请减免国内捐税，扩大检验，提高出口蛋品的质量。② 1936年因德国实行汇兑统制，限制现金流出，国际贸易局推动对德进出口商行互相联络，以出口所得款项在德国就地购货，以应对德国汇兑政策的变化。③

因进出口贸易往往涉及交通、外交等机构，国际贸易局成为沟通企业与上级主管部门实业部及其他相关政府行政机关的重要环节。1936年实业部根据南洋华侨商会对于当地举办国货展销会的反馈下达训令，由国际贸易局"转饬厂商注意外销国货品质"，"以维国货信誉"。④ 同年，由于商标局迁离上海，上海市商会、同业公会等要求实业部在沪设立商标局的办事处为商家办

---

① 《国际贸易局召集绸厂会议》，《纺织周刊》第3卷第41期，1933年10月6日；《国际贸易局将救济夏布外销》，《四川善后督办公署土产改进委员会月刊》第1卷第2期，1934年8月；《国际贸易局救济布业计划》，《纺织周刊》第5卷第35—36期合刊，1935年9月30日。

② 《国际贸易局筹议挽救出口蛋产品方法》，《国货年刊》1936年(年刊)；《美拟增我蛋产进口税国际贸易局呈实部核办》，《鸡与蛋》第2卷第5期，1937年5月1日。

③ 《德贸易统制严密，华货输德停顿》，《经济旬刊》第6卷第15期，1936年5月25日。

④ 《国际贸易局公函(第一六六三号)》，《中华国货产销协会每周汇报》第2卷第43期，1936年10月28日，第4页。

理业务提供便利，后实业部在国际贸易局设置商标注册程序问讯处，为中外商家提供与注册商标相关的解释、咨询。①

外贸与外交关系密切，因而国际贸易局与外交部和驻外机构常有互动。特别是驻外使领馆为国内商家提供商机多由国际贸易局转达。应意大利驻沪领事馆的要求向中华国货产销协会发公函请“转知各商人自由参加”意大利的东方物品展览会。②通过外交部请我国驻巴达维亚总领馆了解荷属东印度的茶叶需求，为国内茶叶出口商提供参考。③ 1936 年国际贸易局向各商会、国货团体发函称，奉实业部令，由驻法大使馆得知法郎贬值，法国政府降低关税，请对法出口商关注。④ 对于出口商而言，这当然是重要商机。

驻外使领馆也希望国际贸易局作为传递信息的中介和保障。1937 年，我国驻瑞典使馆向外交部汇报称：“查近来国内工厂商铺函请本馆代为介绍贸易者络绎不绝，使领馆职责所在，自应竭力协助。惟其信用如何？出口品是否可靠？此与国际贸易不无重大影响。拟请咨行主管机关通令全国出口商，凡求使领馆协助贸易事项者，应呈由主管机关核转。”外交部转咨实业部，认为“该馆前项条陈不无相当见地，相应咨请贵部查照核办见复”。根据实业部的训令，国际贸易局要求各经济团体“转知各厂商暨各会员，凡关于贸易事项，请求驻外使领馆协助者，概须

① 《国际贸易局设商标注册程序问讯处》，《实业部月刊》第 1 卷第 4 期，1936 年 4 月。

② 《国际贸易局来函(第二四二九号)》，《中华国货产销协会每周汇报》第 3 卷第 10 期，1937 年 3 月 24 日，第 3 页。

③ 《咨外交部：农字第六一六〇号(中华民国二十五年十月五日)》，《实业公报》第 301 期，1936 年 10 月 17 日，第 28—29 页。

④ 《我国驻法大使馆电告法国减低关税国际贸易局奉实部令转函各国货团体知照》，《金融周报》第 2 卷第 18 期，1936 年 10 月 23 日，第 27 页。

申请本局核转，如系请求推销国货，并须附送样品，以凭查考”。①

进出口商往往通过国际贸易局向相关政府机构表达诉求。上海盈丰华行由国际贸易局通过实业部向交通部投诉，称甘肃平凉距津、沪路程相等，但从平凉寄往上海比寄往天津的包裹邮资每公斤多出五分钱，使得盈丰华行在1936年6月12日至8月22日间从平凉邮寄至上海的货物多付国币1 400多元，因而向交通部提出两点诉求：一、降低寄往上海的邮资，与寄往天津的邮资相同，二、发还多付邮资。交通部回复，第一项要求已由邮政总局遵照商行的要求办理，第二项要求则“碍难照办”。② 事实上，盈丰华行提出两点诉求，主要是第一项，之所以提两项是求上得其中的策略，能够“邮资一律”也就达到目的了。

推动国货直接出口可以说是国际贸易局最重视的一桩业务，在对近代国货运动的研究中，学界往往关注国货团体和社会思潮、舆论在国货运动的作用，而忽视了国际贸易局这类行政机构在国货运动中的角色。国际贸易局一方面经常召集国货团体和出口商讨论推动出口办法，另一方面组织征集国货样品参加各类国货展览会，如1936年应比利时中国留学生的要求，在比利时设立国货陈列馆，展示由国内美亚绸厂、汪裕泰茶庄及一些丝织厂提供的千余件商品。③ 何炳贤认为“介绍直接贸易一事，陈义不高而事颇切要”。④ 为此，在《国际贸易导报》上设置专栏，

① 《实业部国际贸易局函(第二五七四号)》,《中华国货产销协会每周汇报》第3卷第14期,1937年4月21日,第3页。

② 《交通部训令：第一一九四号(二十五年十月三十日)》,《交通公报》1936年第819期,第18页。

③ 《国际贸易局推广国产销路》,《中行月刊》第13卷第6期,1936年12月。

④ 何炳贤：《国际贸易局沿革及现状》,《中国实业》1935年第1卷第2期,1935年2月15日。

发布具体海外厂商的需求信息，并居间联络。但国际贸易局“仅负介绍及指导之责，对于交易条件、付款交货、运输纳税等等，均由进出口商双方直接洽商”。[①] 如 1934 年 4 月德国里卡特食品公司请国际贸易局代为介绍国内调味粉厂家，指导处主任季泽晋致函天厨味精厂经理吴蕴初，并将里卡特食品公司来函副本附上，让吴氏自行联系。而吴氏在回函中除表达感谢之外，又称“再前阅报载南菲方面需要大豆云云，此项商行之名称及地址如能择要抄示，最所感祷”。[②] 可见，国内外厂商已将介绍业务视为国际贸易局的分内事。

国际贸易局主要利用其颁行的几种中英文杂志作为宣传平台，如《国际贸易导报》《工商半月刊》和英文杂志《中国经济周刊》《中国经济月刊》等。其中《国际贸易导报》为专门的外贸类月刊，它是民国时期创办最早也是历时最长的外贸专刊。自 1930 年 4 月至 1937 年 7 月，共出了 9 卷 87 期，为月刊。这本杂志由上海商品检验局初创，自 1934 年 4 月《国际贸易导报》(第 4 卷第 1 期)改由实业部国际贸易局与上海商品检验局合办，外贸研究文章篇幅增多，增加了一些外贸类的专栏，如“贸易统计”、“国际贸易实践”等，并就一些热点问题进行探讨，形成“专号”，如参加芝加哥博览会专号、茶业专号、蛋业专号、中俄贸易专号等。该杂志在外贸研究方面的理论性和实务性都比较强，是民国时期最具代表性的外贸期刊，它发布各类统计数据、国内外市场信息，研究对外贸易理论，普及对外贸易实务，介绍国货产品，提高了国际贸易局的知名度和影响力。

---

① 国际贸易局指导处：《本局过去一年之贸易之介绍工作》，《国际贸易导报》第 7 卷 4 号，1935 年 4 月。

② 上海市档案馆编：《天厨味精厂卷——吴蕴初企业史料》，档案出版社 1992 年版，第 73 页。

国际贸易局的性质

关于国际贸易局的性质，有称“实业部主管对外贸易的机构”，[①]或说是“发展对外贸易的研究机构”，[②]亦有根据职能称之为“对外贸易的咨询指导机构”。[③] 笔者认为从前述之国际贸易局的组织架构及其业务范围、业务活动看，国际贸易局应是一个服务型的外贸行政机构。其在推动对外贸易发展方面具有多种功能：首先是咨询功能，专注于国内外实业、市场调研，编制各项贸易统计数据，为实业部提供发展外贸的决策咨询，为国内产品改良和海外市场拓展提供业务咨询；其次是组织功能，经常召集国货厂商或出口商行就特定问题集思广益，与商会相比更有强制力和权威性，与同业公会相比又有跨行业的色彩，在改良产品、形成行业共识和开拓海外市场方面确有成效；再次是中介功能，沟通海内外商情，为国货提供展示和外销的平台，在企业与政府各相关机构间发挥桥梁作用；还有就是宣传功能，通过编纂的多种期刊，向进出口商传达国内外市场行情，介绍外贸业务，研讨贸易理论，普及贸易实务。

上述功能决定了国际贸易局的服务性质，这与抗战时期的贸易委员会有很大不同。贸易委员会是政企合一，下属之中国茶业公司、富华贸易公司、复兴商业公司等垄断了除矿产和部分易货贸易之外的大部分土特产品出口，以外贸管理机构直接从事企业经营。按照“公共选择理论”的说法，政府干预市场有天然缺陷，包括行政效率低下，费用高昂，执行计划不当，官员特权

---

① 张宪文、方庆秋等主编：《中华民国史大辞典》，江苏古籍出版社 2001 年版，第 1196 页。

② 傅立民、贺名仑主编：《中国商业文化大辞典（下册）》，中国发展出版社 1994 年版，第 797 页。

③ 《对外贸易政策与中国经济现代化》，第 35 页。

横行，机构自我扩张，财政赤字剧增，行政人员以权谋私，大量政府开支落入特殊利益集团的私囊，官僚主义猖獗。① 事实上，抗战时期主管对外贸易的贸易委员会几乎具有上述所有弊端。相比之下，国际贸易局则只为进出口商提供服务，不介入企业具体经营，具有明显的现代政府管理意识。但由于时局变化和国民党政权的性质，国际贸易局所呈现的“现代性”是短暂和有限的。

国际贸易局在很大程度上只是一个试验性和过渡性的外贸行政机构，可能还谈不上是“国民政府贸易行政体制的正式确立”的标志。开埠以后，我国并无专门的外贸管理机构，对外贸易主要基于不平等条约和市场自身运作而渐成机制，以洋行、华商（包括买办）、海关、领事、口岸地方官为要素构成一条对外贸易链条。清末民初，政府虽出台了一系列鼓励工商业发展的政策，设立专司保护和发展工商业的机构，还颁布一系列保护和发展工商业的法令法规，但还缺乏有针对性的外贸体制建构。南京国民政府成立后，努力打造近代民族国家的形象，在国家行政机构建设方面，亦与西方国家接轨，试图以国家行政力量，推动对外贸易发展。但在“准据各国先例”的基础上还须“按切我国实际情形”，建立外贸行政体制要有个循序渐进的过程。所以国际贸易局在很大程度上延续了经济讨论处和工商访问局的功能，即调研和咨询，以翔实的国内外市场信息和统计数据为政府决策和外贸企业提供咨询服务。但它与经济讨论处和工商访问局相比，的确在外贸行政方面迈进了一大步，一方面它的调研聚焦于对外贸易，另一方面，它更积极介入对外贸易体系的具体运作之中，带有更明显的指导和辅助的色彩。

① 辛向阳：《西方学者关于政府职能的主要理论》，《国外社会科学》1995年第1期。

随着时局发展，政商界人士希望赋予国际贸易局管理贸易甚至统制贸易的职能。在20世纪20年代末开始的世界经济危机的影响下，贸易保护主义盛行，而苏联的贸易统制政策也被视为成功的样板。1931年5月，国民会议第六次会议有提案“救济之道惟有创设国际贸易局，延聘商业专家随时研究发展国际贸易之对策，并以国家之力量尽力推行，以为保护贸易政策之运用”。[①] 待国际贸易局成立后，虽在对外贸易策略研究方面取得成效，但未能以国家之力推行贸易保护政策。事实上，此时国民政府还立足未稳，没有形成清晰的对外贸易政策，相关机构的设置往往带有试验性。“九一八”事变之后，民族危机日益深重，贸易统制的呼吁渐成主流。

1932年底国民政府与苏联复交，实业部筹划对苏贸易，因苏联对外贸易为国营，与中国不对等，国际贸易局建议实业部专门设立一个国营对苏贸易机构，[②]也有国民党要员建议“俄商在华贸易，亦须限其仅能与我国实业部国际贸易局往来”。[③] 让国际贸易局承担起对苏贸易的任务。1935年又有消息称，实业部“拟统制各项商品输出事项，并拟先以茶叶一项试行举办”，具体以国际贸易局负责操办，以华茶换苏联汽油。[④] 但国际贸易局从组织架构到功能设置都不是为了具体管理和经营对外贸易而设。于是国际贸易局的定位也逐步转向为实行贸易统制政策服

---

① 《国民会议第六次会议议事记录(1931.5.14)》，中国第二历史档案馆编：《中华民国史档案资料汇编》第五辑第一编 政治：南京国民政府的建立，江苏古籍出版社1997年版，第216页。

② 《国际贸易局发展国际贸易消息》，《中国商业循环录》第11期，1933年11月30日。

③ 张冲：《中俄复交后的几个主要问题》，《时事月刊》第8卷第2期，1933年2月。

④ 《实业部将统制商品输出：拟先以茶叶试行举办，已令国际贸易局办理》，《经济旬刊》第4卷第11期，1935年4月15日。

务，何炳贤在1935年文章中称："年来经济恐慌，普及各国，竞以统制经济自救，炳贤向往有日，顾统制必先设计，设计必基于统计数字。数年工作，炳贤与同仁常耗其精力之半于此。"①待抗战爆发，贸易统制政策全面实施，国民政府只得另起炉灶，设置贸易委员会，将外贸行政与经营集于一身，国际贸易局被整合进了贸易委员会，暂时退出历史舞台。

从国际贸易局的变迁中也可管窥中国近代化进程中的一些特点，在半殖民地半封建社会的大背景下，近代化的政治经济社会体制的构建多为传统因袭、时局变化和政权性质所左右，近代化是个曲折往复的过程。国民党建政之初，以建立近代民族国家为旗号，集中权力、整合社会、发展经济，在国家社会的建设过程中广泛吸纳和任用专业人才，其中一些政府机构呈现出一定的现代意识。但国民党政权的权力运作机制使得其可能仅代表了极少数权贵阶层的利益，所以像国际贸易局这样的新气象仅是点缀，免不了昙花一现的命运。

（张国义撰稿）

三、民国中国国际贸易协会考述

民国时期的中国国际贸易协会是一个由官方发起、商人和学者组织的国际贸易研究、咨询机构，其职能包括国内外商品和市场的调查研究、统计、信息发布，以及与外国商业团体交流，充

① 何炳贤：《国际贸易局沿革及现状》，《中国实业》第1卷第2期，1935年2月15日。

当企业与政府管理部门沟通的渠道，为政府决策提供建议和咨询服务。该协会成立于1931年1月，在全面抗战前比较活跃，随着抗战全面爆发，国民政府实行贸易统制政策，有关国际贸易的行政权和经营权均在政府手中，中国国际贸易协会中主持其事的骨干成员大多被整合进体制内，协会遂解体。抗战胜利后，又出现了以中国国际贸易协会命名的社团，在组成人员和形式上与前者有些关联，但因功能更加丰富的各类输出业和进出口业同业公会纷纷成立，完全取代和覆盖了中国国际贸易协会的功能，协会未有明显作为，至1949年8月被上海军管会勒令解散，其历史遂告结束。① 本文所考察的主要是抗战全面爆发前之中国国际贸易协会。作为中国近代最早的国际贸易行业民间研究咨询机构，中国国际贸易协会确有一定的研究价值，但截至目前，只是在一些外贸通史或近代经济史著作中被简要提及，尚缺乏详细深入的研究。② 尤其是一些论著可能还会将抗战全面爆发前和抗战胜利后的两个中国国际贸易协会混淆，因而确有

① 抗战期间，商界于1944年10月在重庆发起成立了中国进出口贸易协会，该协会于1948年8月经社会部指令改为中国国际贸易协会，1949年8月被上海军管会责令解散（参看《国际贸易〈创刊辞〉》，《国际贸易》第1卷第1期，1946年4月15日；上海档案馆藏《上海市社会局关于中国国际贸易协会申请登记的文件》，1948年，档案号Q6-5-307；上海档案馆藏《上海市财政经济委员会关于解散"中国国际贸易协会"的请示及上海市军事管制委员会的命令》，1949年，档案号B1-1-1050）。在1948年由中国国际贸易协会出版的英文版《中国进出口指南》(Directory of Importers & Exporters in China)一书中，工商部部长陈启天在前言中提及1944年成立的中国国际贸易协会(The Foreign Trade Association of China)，应指的是中国进出口贸易协会。所以抗战后见诸杂志报章的中国国际贸易协会已非抗战前之中国国际贸易协会，亦非本文所研究之中国国际贸易协会。

② 孙玉琴：《中国对外贸易史》(第二册)，对外经济贸易大学出版社2004年版，第212页；《对外贸易政策与中国经济现代化》，第179—180页。

对该协会考证梳理的必要。[①] 本文尝试对其来历、功能、性质进行考述，以期完整呈现中国国际贸易协会的来龙去脉。

中国国际贸易协会的成立及内部架构

清末民初，民族资本家群体崛起，他们开始有意识地组织商业社团提升民族商业竞争力。北洋政府时期工商界人士即提议设立国际贸易协会，以与欧美的民间贸易组织沟通联络，并提出该协会的具体工作计划，如调查各种产品的生产数量，分析出口产品滞销的种种原因，组建中华贸易公司，设立各种产品出口检查所，推动直接贸易，发行国际贸易报告月刊等。[②] 但由于政局变乱，该倡议未能得到政府的有力支持，组建国际贸易协会的动议迄未实现。至南京国民政府成立，局面稍安，以民族主义标榜的国民政府大力提倡直接贸易，力图改善在国际贸易中长期巨额入超的困境，因而对于建立国际贸易协会的倡议极有兴趣，颇有时不我待之感。1930 年第二次全国工商会议召开，组建国际贸易协会旧事重提，由工商部工商访问局提出的设立中国输出贸易协会一案得到与会代表的一致同意，并有代表提议将名称改为中国国际贸易协会，得以通过。最终会议议决组成国际贸易协会筹备委员会，聘任委员一百三十三名，[③]其中包括国内工商界名流及南洋华侨商界领袖，还有工商部、外交部、铁道部等相关机构的管理人员，特别是工商部下属之上海商品检验局、汉口商品检验局、上海工商访问局均派要员参加，又以银行界巨擘张嘉璈、陈光甫为筹备委员会的召集人，而在筹备委员中也以银

① 张泽贤：《民国出版标记大观续集(精装本)》，上海远东出版社 2012 年版，第 601—602 页。

② 《中国国际贸易协会之发起》，《申报》1918 年 12 月 21 日，第 10 版。

③ 上海档案馆藏《中南银行关于工商部筹组国际贸易协会聘胡笔江为委员的聘书及章程等》，1930—1931 年，档案号 Q265-1-317。

行界人士居多，可见中国国际贸易协会之设立是国民政府与银行界尤其是江浙财阀的一次通力合作。经过两个多月的筹备，1931年1月17日在上海召开中国国际贸易协会成立大会，选出理事十七名，候补理事九名，通过《中国国际贸易协会章程》。议定中国国际贸易协会总会设于上海，其他商埠则根据当地条件设立分会。1931年2月7日召开第一次理事会，选举陈光甫为理事长，后来陈光甫以事务繁忙难以兼顾为由，于当年4月第三次理事会后请辞，由常务理事郭秉文接任理事长一职。①

中国国际贸易协会的最高机关是会员大会，会员分三类，即基本会员、赞助会员、普通会员。其中基本会员为从事国际贸易或与国际贸易直接相关者，赞助会员为能够给予协会以精神和物质赞助者，普通会员则为国际贸易研究者。会员大会每年召开一次，具体时间由理事会确定。会员大会的职能是通过协会的章程、预决算，选举理事和候补理事。协会的内部机构包括理事会、干事部、专业委员会。理事会是协会的最高执行机关，由会员互选的十七名理事组成，任期一年，可以连选连任。协会干事部设总干事一人，由理事会聘任，执行理事会决议，办理本会一切事务。干事部还设若干股，每股设主任干事一人，干事若干。② 协会的专业委员会分设两类专业组，其中出口同业组包括丝绸组、茶业组、矿砂组、油类组、蛋产品组、草织品组、杂粮组、皮毛品组，囊括了当时中国主要大宗出口产品种类。进口同业有机器五金组、纱布匹头组、交通用品组、化学用品组。另设国际贸易辅助机关包括汇兑组、保险组、航业组、税则组。各组设主任一人，副主任一人，委员若干，由理事会从会员中推任，也

---

① 《会务纪要》，《国际贸易周报》1931年3卷1号，1931年7月27日。

② 《中国国际贸易协会章程》(民国二十年一月十七日第一次会员大会修正通过)，《工商半月刊》1931年第3卷第6期，第14—15页。

可延聘会外专家。各组的办事员由干事部职员兼任。① 从其机构设置和运作机制看，国际贸易协会与当时众多的商会、同业公会类似，采用理事会制度，是典型的近代民间社团。

按照章程，协会每年召开一次会员大会，重新选举理事。但因为经费等问题，自 1932 年 11 月以后会务基本停顿，其间会员大会未能召开，理事会亦未改选，直至 1934 年 2 月 3 日第一届理事会第九次会议议决于同年 3 月 2 日召开第二次会员大会改选理事会。后因出席会员不足法定人数，遂施行通讯选举，选出理事 17 人，王云五、史量才等出版界人士得以入选，张嘉璈任新一届理事会的理事长。经费匮乏依然是协会面临的最大问题，1934 年 7 月 19 日召开的第二届理事会第二次会议议决协会的经费暂定每月五百元，一年六千元，先由理事长张嘉璈和常务理事筹拨两千元以应急需，然后函请各省建设厅及其他个人或团体协助该会进行或予以经济补助。② 得此赞助，中国国际贸易协会得以恢复运作。次年 9 月 17 日，协会召开第三次会员大会，聘定 27 名驻外名誉代表，多为海外各国家、地区侨领，驻外名誉代表的职责是帮助协会搜集海外贸易情报。会员大会还重新选举了理事会，再次推举张嘉璈为理事长，并聘请张嘉璈之弟张嘉铸为总干事，聘任孔祥熙为名誉理事长。③ 协会维持至抗战全面爆发，其后基本停顿。

尽管，中国国际贸易协会存在的时间不长，其间也有中断，

① 《中国国际贸易协会专门委员会组织规程》，《工商半月刊》1931 年第 3 卷第 6 期，第 15 页。

② 《中国国际贸易协会会务记录》，参看上海图书馆藏《中国国际贸易协会》，1934 年，无封面及版权页。

③ 《本会年会与本届理事会纪略》，《一周间国际贸易消息》第 55—56 期合刊，1935 年 10 月 5 日。

但作为中国最早的国际贸易研究咨询组织，不仅是抗战全面爆发以前中国联络沟通外国贸易社团的重要平台，而且在政府管理部门和外贸企业、同业公会之间发挥了沟通、建议、咨询、信息搜集发布等功能。总体而言，协会的业务活动促进了外贸体制各要素的协调、互动，成为促进近代外贸体制构建的一个积极因素。

中国国际贸易协会的业务活动

中国国际贸易协会的宗旨是“研究国际商业，发展对外贸易”。协会是一个研究和协调机构，带有我们今天所说的智库性质。当其初创之时，舆论称：“其目的在集合全国实业家及经济学家、研究对外贸易方法、以谋国际贸易之发展，而其性质完全为一种独立的学术机关。”①在协会的章程中，协会工作被概括为五项：“关于国际贸易之调查与报告，关于国际贸易之研究及统计，关于国际贸易之宣传与联络，关于国际贸易之设计及建议，关于国际贸易之改进及发展。”②曾任协会理事长的郭秉文将协会的工作概括为三个方面：调查研究、建议、交际。③ 这一概括确实能比较全面地涵盖中国国际贸易协会的业务活动，以下即从郭氏所说的三个方面进行梳理。

在调查研究方面，1931 年国际贸易协会建立不久，即向各地进出口商家发放问卷，询问经营状况，及商家所需的帮助，调查各地出口产品的数量、质量及市场需求情况，并对各地进出口商进行登记。④ 协会还对在华的外国商行进行了统计，登载于协

① 《国际贸易协会筹备近状》，《申报》1931 年 3 月 30 日，第 9 版。

② 《中国国际贸易协会章程(民国二十年一月十七日第一次会员大会修正通过)》，《工商半月刊》1931 年第 3 卷第 6 期，第 14—15 页。

③ 《国际贸易协会昨开会员大会》，《申报》1934 年 3 月 4 日，第 12 版。

④ 《国际贸易协会之计划》，《中行月刊》1931 年第 2 卷第 12 期，第 72 页。

会主办的报刊。此类报刊为协会进行国际贸易研究和相关信息发布的平台，刊载国内外贸易相关统计数据、金融和外贸市场行情，外贸实务介绍等。协会先后创办了《贸易周报》(1931 年 6 月—1932 年 6 月)、《国际贸易周报》(1932 年 7 月—1932 年 9 月)，后因经费问题停刊，1934 年创办《一周间国际贸易消息》，1935 年 11 月又改为《贸易》(旬刊)(1935 年 11 月—1936 年 11 月)。① 中国国际贸易协会还编辑出版了《中国生丝对外贸易手续调查》(1932 年 8 月)、《上海市场之日本纸》(1932 年 10 月)、《出口须知》(1933 年 2 月)等书籍。

中国国际贸易协会在创立之初即将国际贸易研究视为协会的一项主要工作。在工商部所指定的筹备委员中有相当一部分是经济研究方面的知名学者，如马寅初、武堉干、陈安仁、侯厚培、潘序伦等。作为协会三类会员之一的普通会员即国际贸易研究者在会员中占有很大比重，仅 1931 年第一届第四次理事会审批加入协会的普通会员就有潘光迥、杨敦甫、徐善祥、李祖绅、谢仲复、金侣琴等共计十三人。② 1934 年协会与沪江大学城中区商学院合作开设了国际贸易学系，系主任即为 1931 年 12 月加入协会的普通会员潘光迥，潘氏此时已任协会总干事。而沪江大学城中区商学院的顾问委员中，张嘉璈、王晓籁、任嗣达、林康侯、李铭、陈光甫、徐寄庼、徐新六、秦润卿、郭秉文、寿毅成、钱新之、刘鸿声等皆为中国国际贸易协会的首脑或骨干成员。可见，国际贸易研究是协会的一项主要工作。

为政府管理部门和企业提供咨询、建议是协会的又一重要

---

① 戴国林编著：《江苏地区期刊与方志综录》下册，江苏教育出版社 1990 年版，第 446、547 页。

② 《会务纪要：国际贸易协会第四次常务理事会记录》(12 月 2 日)，《贸易周报》1931 年 1 卷 25 期，第 7 页。

职能。中国国际贸易协会很大程度上扮演了政府、企业咨询顾问的角色。提倡直接贸易和国货运动是晚清、民初以来“商战”和“实业救国”思潮的延续，也得到了国民政府的大力支持。1932年协会向实业部提议“明定法规，通令全国商店将经售外货标明出产国别，否则严予处分”。实业部批复“拟咨商外交部责令驻外领事于签证时首先顾及此节，严饬各外商务须于货物包装显明处标明某国某地出产或某厂制造，并施行查验或于证明书内明白规定以防疏漏。在前项办法未尽实施以前，所请通饬全国各商店标明一节应由商会及各同业公会以自动的方式在可能范围内妥为办理”。① 协会还向上海的永安、先施、新新等三大百货公司发函，建议将进口货与国货分开摆放，标示出产地和生产厂家，并开设国货专柜。② 先施、永安先后函复赞同。③

针对因顾忌民众爱国心理而在洋货上使用中文商标、冒充国货的投机行为，中国国际贸易协会致函上海市商会，“建议由各同业公会拟定共同商标呈请商标局注册，凡属同类之出品，除用其本厂自有之商标外，另以共同商标于出品之上，务使显明易见，杜劣货假冒而便顾客认识”。市商会立即“函转有关各业查照办理”。④

至于郭秉文所说的协会的“交际”职能，多与前述之“建议”职能交叉，协会为政府和企业提供的咨询、建议等方面的服务，

① 《赞同销外货须标国别之原则，发还人造丝进口税转咨财部》，《申报》1932年9月1日，第15版。

② 《国际贸易会协函三大公司请将国货与非国货分别列开》，《申报》1932年8月13日，第15版。

③ 《本会请三公司注意推销国货函》，《国际贸易周报》第3卷第5号，1932年8月24日，第16页。

④ 《国际贸易协会提倡同业共同商标，已呈请实业部特定法规，杜劣货假冒便顾客认识》，《申报》1932年9月14日，第13版。

多是以通过与外国经济团体或海外华商进行联系、沟通而获取的海外市场信息为依据。例如协会根据南洋侨商的意见总结国货出口南洋应注意的十点事项：(1) 应研究消费者心理及购买力；(2) 请政府派商务专员驻海外各领馆，办理商务事宜；(3) 荷属东印度限制商品输入，应谋救济之方；(4) 国货包装须彻底改良；(5) 中国与南洋工商业界应互相派员调查商情；(6) 国货工厂应听取商人意见，产品方能适合市场需要；(7) 请政府派专轮装运国货到海外重要商埠展览；(8) 请实业部将工商业刊物寄送海外侨商；(9) 国货销往海外，须向当地政府办理商标注册，以保护权利；(10) 印发商品调查表，对国货销售使用情况及改良意见进行调查。① 协会将这些建议转达给各相关同业公会和厂商。

再如，1934 年巴黎国际贸易协会函请中国国际贸易协会向中国政府转达降低羊毛、绒线、毛织品、布匹、人造丝织品、香槟酒、香水等商品进口税率的请求。中国国际贸易协会遂拟具意见由国际贸易局转呈实业部参考，协会建议可适当降低法国人造丝在中国的进口关税。函件称："查人造丝为织品原料，且我国现时并无生产，其税率自然不能与天然丝相提并论，而应从低征课。"而且与印度和日本的人造丝进口税率相比，我国的人造丝进口税率过高，导致进口人造丝减少，而走私太盛，税款流失。所以"该会(案：巴黎国际贸易协会)所述减低人造丝进口税一节，从发展国内产业、扩充国库两方面观察，尚属可行"。对于巴黎国际贸易协会建议中国减免向法国出口产品的关税，国际贸易协会认为减免出口关税为各国通行，不仅应该减免出口关税，

① 《国货要讯：国际贸易协会发表国货赴荷印注意点》，《首都国货导报》1936 年第 9 期，第 9 页。

对大宗出口还应给予奖励，以增强出口产品的国际竞争力。①

中国国际贸易协会还经常代同业公会和厂家向政府请愿，或作为厂商、同业公会与政府部门的中介渠道传递信息。如1932年8月因财政部加征人造丝进口税，电机丝织厂业同业公会遂函请国际贸易协会，向财政部转达，要求将用于向国外出口的人造丝织品部分的人造丝进口税原数发还。还建议在人造丝织品出口时海关发给代金券，以抵用进口人造丝的关税，避免海关退还进口税时的繁琐手续。② 1936年协会代汉口市茶业出口业同业公会向铁道部请求减轻湘鄂路的茶叶运费，铁道部回复："贵会本年五月八日函送汉口市茶业出口业同业公会呈一件关于请求减轻湘鄂路红茶、青茶等运费各节，业经本部令行该路核议，一俟呈复到部，即行查核办理。"③

中国国际贸易协会的创立有一个很重要的现实动因，即与国外民间经济团体交流的需要。在协会的成立大会上，林康侯提议加入国际商会，并声明加入国际商会所产生的费用由自己和张嘉璈负责解决，其急迫之情溢于言表。④ 协会成立后，与外国工商团体的交流合作成为一项非常重要的日常工作。1931年2月7日中国国际贸易协会的第一次理事会决定成立国际商会中国分会，倡议者林康侯任秘书长，协会理事长陈光甫为国际商会中国分会的会长，常务理事郭秉文为副会长。同年5月3日

① 《中国国际贸易协会核考中法商协请愿减低关税》，《纺织周刊》1934年第4卷第7期，第209页。

② 《电机丝织厂业请求发还人造丝进口税救济丝织品之国际贸易》，《申报》1932年12月6日，第11版。

③ 《公牍：笺函中国国际贸易协会》，《铁道公报》1936年第1480期，第6页。

④ 《中国国际贸易协会成立大会》，《工商半月刊》1931年第3卷第3期，第2—3页。

国际商会理事会通过了中国方面的申请，中国商会正式成为国际商会会员。① 1934 年 9 月 15 日中美贸易协会在上海成立，中国国际贸易协会理事长张嘉璈任会长。② 中国国际贸易协会还与英德两国商会各推代表，先后组建中德、中英贸易协会。中德贸易协会成立于 1935 年 12 月 6 日，中方会长为李铭；次年 1 月 22 日中英贸易协会成立，会长为徐新六；③1 月 27 日中日贸易协会成立，周作民任会长。④ 而李铭、徐新六、周作民三人均为中国国际贸易协会的常务理事，可见中国国际贸易协会是 20 世纪 30 年代与国外商会、贸易团体交流合作的主要中方机构之一。

此外，因中国国际贸易协会总部设于上海，对外交流接待也是其一项主要日常工作。如 1936 年 2 月协会与国际问题研究会在上海的银行俱乐部举行茶会招待德国远东经济考察团一行，协会方面有陈光甫、邹秉文、李铭、林康侯、徐新六等理事会员出席。⑤ 1937 年 5 月智利商业考察团来沪考察，协会派员陪同参观了永安纱厂、美亚绸厂、上海商品检验局等，并与智利商业考察团就敦促政府加强两国贸易关系达成共识，签署了相关文件。⑥

基于上述内容，中国国际贸易协会的功能定位主要是外贸

① 朱英：《中国商会走向国际舞台的新步幅——中国商会加入国际商会的历程及影响》，《近代史学刊》第 1 辑，华中师范大学出版社 2001 年版。

② 《一月来之实业：中美两国合组中美贸易协会》，《时事月报》1934 年第 11 卷第 16 期，第 211—212 页。

③ 《国际要闻：中德中英贸易协会成立》，《银行周报》1936 年第 20 卷第 7 期，第 3—4 页。

④ 《一月来之实业：中日贸易协会正式成立》，《时事月报》1936 年第 14 卷第 3 期，第 103—104 页。

⑤ 《两团体昨欢迎德考察团》，《申报》1936 年 2 月 7 日，第 10 版。

⑥ 《商会等四公团及俞市长昨分宴智利考察团》，《申报》1937 年 5 月 21 日，第 9 版。

研究、信息搜集发布、建议咨询及沟通联络和对外交流等。凭借陈光甫、张嘉璈、郭秉文等协会主持者在政商两界的实力和号召力，协会成为政府管理部门、企业和同业公会之外的外贸机制组成要件，并发挥了积极作用。尤其在抗战全面爆发前，进出口业方面的同业公会主要以商品类目划分，如茶业、丝绸业同业公会等，还缺少类似于抗战胜利后成立的上海市进出口商业同业公会那种以业态划分的同业公会，而中国国际贸易协会在一定程度上发挥了进出口业同业公会的功能，协调了政府部门与企业之间的关系，此外，协会对于扩大对外交流，展示开放姿态也起到了积极作用。从这个意义上说中国国际贸易协会切实推动了外贸体制的近代转型。

但由于多方面的原因，协会并未充分实现其预设的功能，如国际贸易研究做得不够深透，其出版的《出口须知》等书主要是贸易实务方面的介绍或市场调研报告，其先后编辑的《贸易周报》等报刊为周报或旬刊，时效性较强，确为商家提供了及时资讯，但并没有产生与其会员能力声望相匹配的研究成果。也正因为研究的深度不够，所以未能为政府提供具有连续性的、有长远影响的决策建议。之所以会有上述种种不足，深层原因在于协会的性质、成员构成及国民政府对于近代外贸体制构建方面的试验性态度等。

中国国际贸易协会的性质及影响

张嘉璈在1935年9月第三次会员大会上提出，将来协会的工作重点在于进出口货物的调查、各种投资研究及中国与其他国家贸易协会组织之间的联系与交流。① 从张氏的强调及前述

① 《本会年会与本届理事会纪略》，《一周间国际贸易消息》第55—56期合刊，1935年10月5日。

之协会的业务活动看，中国国际贸易协会应该是一个民间商业研究社团。有关中国国际贸易协会的性质，大多研究者认为其应属民间机构，但也有学者视其为半官方组织。[①] 就其与政府的关系而言，协会确有较强的官方背景，其筹备委员和牵头人都为工商部指定，且组织者张嘉璈、陈光甫与政府关系密切，是国民党政权的"金主"。不过，从会员组成、资金来源、机构运作来看，中国国际贸易协会归根结底还是个民间组织，其会员虽包括铁道部、外交部及实业部下属之上海商品检验局等行政机关，但占会员绝大多数的还是企业、商人、学者，先后任理事长的陈光甫、郭秉文、张嘉璈虽与当局牵涉颇多，间或在政府部门任职，但他们的主要立足点并不在政界，陈光甫和张嘉璈是民国时期江浙财阀集团的代表人物，郭秉文则是教育界和金融界的跨界闻人。在协会的第一届理事会成员十七人中，只有郑鸿年、赵锡恩、吴健、邹秉文等四人的从政经历多一些，赵锡恩此时任实业部常务次长，邹秉文此时任上海商品检验局局长，算是技术官僚，其他理事都是金融、实业人士，第二届理事会成员在职官员保留了赵锡恩，增加了王云五、史量才等出版界人物，但第三届理事会中，理事长张嘉璈此时为铁道部部长，常务理事中郭秉文此时为国际贸易局局长，官方色彩较为浓厚，但张嘉璈并非职业官僚，其在民国社会中的影响力主要在于其银行家的身份，而张嘉璈、陈光甫、郭秉文等人的跨界身份也反映了民国时期国家与社会之间的互动、渗透程度在加深，权力与资本的互动本身即是现代性的一种表现；其次协会的理事会制度是民国时期一般民间团体的主要组织方式，理事长和常务理事都是名誉职务，不拿薪水；再次，协会经费的主要来源是会员缴纳的会费和特别捐，

---

① 《对外贸易政策与中国经济现代化》，第179页。

虽在章程中列有政府的补助一项，但只是“遇有必要时呈请政府指拨”。[①] 补助并非政府划拨的常规经费，每当协会财政窘迫之时，多是银行家们自掏腰包予以解决。正是因为中国国际贸易协会的民间社团身份，未能得到政府持续的资金支持，协会在1931年11月至1934年1月停摆，影响了其功能的正常发挥。

协会的理事和常务理事的行业背景也影响了协会的功能发挥，他们大多出身银行界而非国际贸易行业。第一届和第三届的理事长和四名常务理事中有四人出自银行界，第二届的理事长和四名常务理事中有三人出自银行界。银行界的张嘉璈、陈光甫、林康侯、徐新六、李铭五人连任三届理事，徐寄庼连任前两届理事，第一届理事中银行界人士还有任嗣达、寿毅成；第二届理事中的银行家还有贝淞荪、钱新之，也就是说在前两届理事会中，银行家都占了十七名理事的近一半。第三届理事中的银行家除前述之五名连任理事之外，还有贝淞荪、周作民、缪云台、陈蔗青、唐宝书，银行家共计十名，超过理事会半数。而在更具影响力的理事长和常务理事中，银行家均超过半数。有趣的是，在三届理事会中竟无一位直接从事国际贸易的商人。也就是说中国国际贸易协会的主体成员并非外贸商，因而协会能在多大程度上反映外贸商的意愿是有疑问的。这也从一个侧面反映了20世纪30年代民族资本家群体的影响力排序应该是：银行家、实业家、贸易商。

抗战后期，1944年10月在重庆建立的中国进出口贸易协会在形式和功能上是中国国际贸易协会的延续，财政部贸易委员会主委邹琳任理事长，曾在中国国际贸易协会任首届理事长的

① 《中国国际贸易协会章程》(民国二十年一月十七日第一次会员大会修正通过)，《工商半月刊》1931年第3卷第6期，第15页。

陈光甫、任第三届理事会总干事的张嘉铸均当选中国进出口贸易协会的常务理事，但处于贸易统制背景下的中国进出口贸易协会更增添了政企协作垄断国际贸易的官方色彩。此时，陈光甫任贸易委员会所属世界公司常务理事，张嘉铸任官僚资本中国植物油料厂总经理，早在 1939 年，张嘉铸就曾致函财政部次长要求与贸易委员会合作垄断桐油外销。[①] 1948 年 8 月经社会部批准，中国进出口贸易协会改称中国国际贸易协会，但此协会已非全面抗战前的中国国际贸易协会了。[②]

虽然抗战胜利后的中国国际贸易协会向政府偶有建言献策，[③]但与全面抗战前的中国国际贸易协会相比更加边缘化。主要原因在于此时的进出口业同业公会比中国国际贸易协会的功能更加丰富，同业公会已经成为外贸管理部门与进出口商之间最重要的博弈平台。[④] 事实上，国民党建政之初所成立的中国国际贸易协会是风云际会，时势使然。国民党急于巩固政权，推动现代经济制度建设，而银行家群体已成为中国最具实力和现代意识的民族资本家群体，国民政府有意借助银行家推动现代经济制度建设，中国国际贸易协会即为一种尝试。国民政府希望凭借民间资本力量开展中外民间贸易团体的交流、国内民间经济力量的整合，推动国际贸易。而以银行家为首的民族资本家亦期待国民政府能够进行现代经济制度建设，提供安全有

---

① 《中国植物油料厂张嘉铸关于与贸易委员会合作垄断桐油外销经过致财政部次长函(1939 年 7 月)》，中国第二历史档案馆编：《中华民国史档案资料汇编第五辑第二编 财政经济(九)》，凤凰出版社 1994 年版，第 598 页。

② 上海档案馆藏：《上海市社会局关于中国国际贸易协会申请登记的文件》，1948 年，档案号 Q6－5－307。

③ 中国第二历史档案馆藏：《中国国际贸易协会呈拟关于经济问题意见案》，1949 年 1 月 5 日，全宗号“四”，案卷号：30535。

④ 参见张国义、朱文波：《进出业同业公会与近代外贸体制的转型——以上海市进出口商业同业公会为例》，《上海对外经贸大学学报》2017 年第 3 期。

序的市场环境。正如法国学者白吉尔所指出："国家政权与市民社会间的辩证关系，始终是中国现代化的中心问题"。[1] 中国国际贸易协会是国家政权与市民社会中的金融精英互动的产物，随着国民党政权的统治力强化，包括金融资本家的市民社会精英分子被迅速纳入体制，国内外形势的变化亦推动贸易统制政策成为发展经济的主导方针，像中国国际贸易协会这类研究、交流平台已失去了存在的价值。

（张国义撰稿）

---

① ［法］白吉尔：《中国资产阶级的黄金时代（1911—1937）》，张富强、许世芬译，上海人民出版社1994年版，第10页。

第四章　外贸商人群体和对外贸易的拓展

一、进出口业同业公会与近代外贸体制的转型
——以上海市进出口商业同业公会为例

进出口业同业公会是近代外贸体制的重要组成部分，特别是自20世纪30年代初，一些政商界的有识之士提出建立外贸行政，有意识地构建近代外贸体制，并将外贸行业的同业组织视为构建近代外贸体制的重要环节，特别是在抗战胜利后，进出口业同业公会成为政府和进出口企业沟通的主要渠道、博弈的重要平台，亦是外贸体系运作的要素之一。本文即以上海市进出口商业同业公会为例，从近代外贸体制转型的角度考察进出口业同业公会的沿革、组织架构和功能嬗变，从中管窥近代外贸体制转型的困境。①

---

① 目前学界有关近代银行业、钱业、书业、保险业、糖商业、木业、旅业、新药、轮船商业等同业公会的研究较为系统深入，但对近代进出口业同业公会尚缺少专门研究。

外贸体制转型及近代进出口业同业公会的出现

既然是“体制”，自然是政府主导建立，有较强约束力和规范性的制度安排。如果从“体制”的层面考察，对外贸易体制的近代转型大致有三个阶段：第一阶段是从开埠至19世纪末，不平等条约主导着外贸体制的形成，清政府基本是被动接受，不由自主；第二阶段为晚清至民国初年，北洋政府对发展工商业有具体的制度设计和相关举措，但在发展对外贸易的制度建设方面缺乏针对性；南京国民政府的成立开启了外贸体制近代转型的第三阶段，南京国民政府以国家强制力推动外贸体制的构建，近代外贸体制初步形成。而在上述外贸体制转型的三个阶段中同业公会则存在着从“共同体化”向“社会化”，再向“国家化”转变的特点。① 总体看来，一方面，发展工商业渐渐成为这个社会的共识，从“商战”到“实业救国”、“国货运动”，政府与民间的商业意识在不断提高；另一方面，在南京国民政府成立后，政府对市场和社会控制力、组织能力得到强化，有条件进行近代外贸体制的构建，而进出口业同业公会则成为外贸体制的一个重要组成部分，是沟通政府管理部门与企业的“中间组织”，也是各相关方展开博弈的重要平台。

外贸体制近代转型的第一阶段渐由广州口岸为代表的“行商体制”转变为上海口岸开先河的“条约体制”，在此过程中，清政府较少主动作为，呈现出“被动性”的特点。此时的同业团体为行业自发组织，是一种市场行为，即如学者所说的“共同体化”阶段，它是一个自然而然的结果。开埠之初，上海等口岸出现了许多专营进出口的新式商行，并组建了“洋货公所”等同业组织，

---

① 樊卫国：《“共同体化”、“社会化”与“国家化”：论近代中国行业组织变迁之阶段性特征——以近代上海为中心》，《中国经济史研究》2012年第2期。

丝茶公所、纱业公所、丝绸业公所等亦很活跃，因为以同业团体为背景与洋行打交道可以得到较多便利，因而行商对于加入同业组织多持积极态度。

第二阶段是自晚清至北洋政府时期。政府出台了一系列鼓励工商业发展的政策，设立专司保护和发展工商业的机构，还颁布一系列保护和发展工商业的法令法规，但还缺乏有针对性的外贸体制建构，可以说北洋政府在外贸体制建设方面有主动性而无针对性。而在第三阶段的南京国民政府时期，外贸体制的主要特征是由政府主导，并有明显针对性和专业化的特点，出现了专门的外贸行政机构和进出口业同业公会，近代外贸体制初步形成。

在外贸体制的近代转型中，进出口业同业组织也在逐步发展，从以商品分类到行业归口，从输出业公会到进出口业同业公会，成为外贸体制中的重要环节。清末民初，各地纷纷建立近代商会，"公会"之名的同业组织亦如雨后春笋，而关乎对外贸易的同业公会多以产品分类，笼统以出口业为名的同业公会出现于民国初年，曾任上海怡和洋行买办的浙江慈溪人陆维镛发起组建了上海出口各业公会。① 1917 年北洋政府颁布《工商同业公会规则》，将同业公会纳入法制化轨道，但当时内战不断，政令不一，导致该规则滞碍难行，形同虚文。

至南京国民政府成立，国民政府采取一系列措施，试图以国家权力打造外贸体制。如以国定税则取代协定关税，成立国际贸易局，以指导、推动对外贸易，在上海等重要口岸设立商品检

① 依现有资料，"上海出口各业公会"的确切成立时间难以考察，但根据 1915 年 2 月 9 日，陆维镛以上海出口各业公会名义给袁世凯、黎元洪等发电报要求拒绝接受日本无理要求的电文可知该公会至迟已于 1915 年初成立（参见天津博物馆编：《袁世凯卷（二）北洋军阀史料》，天津古籍出版社 1996 年版，第 378—379 页）。

验局，提升出口产品质量，此外，各地社会局则从社会团体的角度加强对各类同业公会的管理。而且，同业公会已被政商界的有识之士视为外贸体制的重要组成部分。后来成为上海市进出口商业同业公会理事长的寿景伟在1930年发文指出，政府和出口商应各有作为，政府组建国际贸易局、建立输出保险、输出奖励、保护关税等制度，出口商应组织中国输出贸易协会，相互配合，推动对外贸易发展。① 可见当时政商界的人士已经意识到应将政府管理部门与出口商及出口行业组织组成一个相辅相成的贸易体系，才能提升中国对外贸易的竞争力。

抗战时期，为配合贸易统制政策，政府将进出口业同业公会视为协助政府管理民营企业进出口贸易的重要辅助机构。②1938年颁布的几部同业公会法，除工业、商业的同业公会分别立法外，还有专门的《输出业同业公会法》出台。政府期望能够通过同业公会加强对民营出口企业的规范管理，鼓励输出，增加外汇收入。如马寅初所言："则以年来贸易入超为额甚巨，长此因循，后患堪虞！且推广输出，又须有特别之国际知识，非普通商人所能经营，故为奖励出口，挽救入超，非有特别之组织不可。故于工商两业公会之外，又有组织输出业公会之必要也。"③其间改组和创立的输出业同业公会多以商品分类。兼顾进口的同业公会出现于汪伪时期，上海有华南进出口贸易业同业公会、闽海进出口贸易业同业公会，但存在时间较短。抗战胜利后，进出口呈现短暂繁荣，上海市社会局指导各业对原有的同业公会进

① 寿景伟：《论出口商家宜自动组织中国输出贸易协会》，《国际贸易导报》1930年第9期。

② 章友江：《三论民生主义对外贸易政策》，正中书局1947年版，第17—19页。

③ 孙大权、马大成编注：《马寅初全集补编》，上海三联书店2007年版，第264页。

行改组或创建新的同业公会，在进出口业方面，不但有按照商品类目组建的草帽输出业、茶输出业、植物油输出业等各业公会，还创建了上海市进出口商业同业公会。

尽管没有专门的“进出口业同业公会法”，导致创建进出口业同业公会于法无据，但上海、天津、青岛等重要口岸的进出口商还是组建了进出口业同业公会。主要原因在于战后初期鼓励进口的外汇政策和自由贸易政策。1946 年 2 月 25 日，政府公布“进出口贸易暂行办法”、“中央银行管理外汇暂行办法”。将进口商品分为：自由进口类、许可进口类、禁止进口类。除禁止进口的奢侈品和许可进口类中如煤油、糖、烟叶、客车等非国内必需或国内已有生产的商品须申报海关签证许可外，其他商品都可自由进口。此外，外汇市场开放，指定银行可供给合法进口物品所需外汇，而且实行的是美元对法币的低汇率政策，极大地刺激了进口。时人评论“归结起来，中国自抗战结束后第一次施行的外汇政策，是公开外汇市场，维持低汇率以奖励输入的政策”。① 从而导致进口业的畸形繁荣，曾经的出口商见进口生意稳获暴利，也开始做起了进口生意。当时从事进出口贸易的华洪涛回忆：“一九四六、一九四七年所大量增设的华资进出口行，考其业务重点，绝大多数是进口专业；即使号称‘进出口兼营’的行家，这时期也实际以进口为主。”“至于纯粹只做出口的专业户数，根据材料统计：一九四六年的户数，反较一九四一年的上海‘孤岛’时期减少了九十四户。”②在此情形下，创立进出口业同业

①　金家麟：《我国战后外汇贸易政策的演变(上)》，《台湾贸易》1948 年第 2 期。

②　华洪涛：《解放战争时期上海华资民营进口行的暴兴暴衰》，上海文化史馆、上海市人民政府参事室文史资料工作委员会编《上海地方史资料(三)》，上海社会科学院出版社 1984 年版。

公会实在是形势使然。

上海市进出口商业同业公会的缘起及其近代特征

时人记录："民国三十五年春间，有一部分业务着重南洋贸易的进出口商行，因为感觉到某些事情需向政府交涉，单独出面，绝难进行，因此有组织一种公会的必要，这种想法马上得到某些有较远大目光的进出口商的同意，于是积极地筹备起来。"但"这一批发起组织的人士，论其声望，都并不怎么高，但因他们站在先知先觉的地位，弄了一个组织起来，于是在进出口贸易界中，就处在领导的地位了"。① 最初的发起人是张焕章、陆伯伟、叶序馨、周经为等，1946 年 1 月，奉上海市社会局令组建筹备会，设筹备委员 13 人，②并于 1946 年 3 月 31 日召开上海市进出口商业同业公会的成立大会。凡在上海的进出口行号，无论华商、洋商均可加入公会，创建之初有会员 380 多家，至 1947 年 8 月底第二届会员大会召开之前已经增加到 1 300 多家，③一些官僚资本如扬子公司也加入了公会，洋商企业占会员比例近 30%，在上海的同业公会中，其规模仅次于银行业同业公会。上海市进出口商业同业公会至 1949 年 4 月底停止业务活动，1950 年 1 月 26 日向上海市国际贸易公会筹备会办理移交，与上海其他 8 家输出业同业公会合并改组为上海市国际贸易公会。

作为拥有上千家会员的同业公会，上海市进出口商业同业公会在外贸运作中举足轻重，其自身的近代化程度与外贸体制

---

① 马东宇：《上海进出口业内幕》，《经济导报周刊》1947 年第 31 期。

② 上海档案馆藏：《上海国际贸易商业历史沿革》，档案号 S189－3－1；上海档案馆：《上海市进出口商业同业公会概况及章程办事细则和各种专门委员会通则》，档案号 S190－1－5。

③ 上海档案馆藏：《上海市进出口商业同业公会概况及章程办事细则和各专门委员会通则》，档案号 S190－1－5。

的近代转型是互为表里、相辅相成的。由于上海市进出口商业同业公会是受时局变化和进出口业发展应运而生，是新兴的公会，少有传统包袱，其在管理人才、组织架构和运作方面均带有明显的近代特征，但由于政治、社会制度和传统因素的制约，上海市进出口商业同业公会不免政治干预、人事倾轧，没有完全发挥近代经济社团的功能和作用。

管理民主化主要在于上海市进出口商业同业公会的组织架构和管理模式。该公会实行当时通行的理监事会制，会员大会为最高权力机关，表决同业公会的章程、规则等，由会员大会选出理事、监事、候补的理事和监事，再由理事选出常务理事和理事长，理监事联席会议为公会日常决策机构，常务理事会为日常议事和操作机构。公会初创时设秘书室、总务科、事业科和财务科，其中财务科直属理监事会。1947 年 9 月第二届常务理事履职后，增加了研究室和咨询科。为了有针对性地研究解决相关问题，还相应设置了一些特种委员会，如保管委员会、会所委员会、业规委员会、调解委员会、研究委员会、咨询委员会、财务委员会等较有弹性的专业委员会，委员除了在理监事中推选外，可聘请会员和专家充任。而公会的日常运作和事务性工作主要由秘书长、副秘书长具体负责。

作为日常决策机构，常务理监事会平均大约每月召开一次，会议内容包括报告事项和讨论决议事项，多由秘书长汇报上次常务理监事会决议执行情况或近期公会活动，然后提交需要会议讨论的事项并经与会理监事做出决议。如出席人数未达规定人数，通常只讨论不表决。总体来看，上海市进出口商业同业公会运作非常规范。不过，如仔细考察，公会亦不免人事纠纷，影响了公会的工作效能和声誉。时人将刚刚创建了一年的公会总结出四个方面的问题：(1) 公会领导人及领导集团的声望与能力均不够，有尾大不掉的现象，领导人为了巩固其地位，与会员产生摩擦；(2) 理事长因公会人事与秘书长冲突；(3) 党部、CC系、孔宋系均垂涎于该公会，企图控制；(4) 会员派别复杂，对理事会与中央银行屡次交涉无结果表示失望，纷纷另组小团体，另立门户。① 从中可以看出像上海市进出口商业同业公会这样的近代社团难免被政治派系渗透，这也是公会在“国家化”阶段的共同特征。

其次，在公会的管理层呈现出人才专业化的特点。公会管理人员多为高学历的专门人才。上海市进出口商业同业公会第一任理事长张焕章毕业于圣约翰大学，第二任理事长寿景伟毕业于美国哥伦比亚大学，获经济学博士，曾任职经济部商业司司长，国营中国茶叶公司总经理。公会第一届五位常务理事有四人大学毕业，分别毕业于圣约翰大学、圣芳济学院、中国公会、国立中央大学。第二届七位常务理事中除寿景伟之外的六人中有五人大学毕业，其中毕业于北京大学、国立中央大学各一人，有两人毕业于圣约翰大学，一人毕业于圣芳济学院。② 再如该公会下属的研究室主任邱良荣对于桐油贸易素有研究，研究室工作人员沈光沛为著名国际贸易研究专家，曾在《国际贸易导报》中开辟有“国际贸易实务”专栏，著有《国际贸易实践》《贸易统制之原理与实践》，译著有《国际贸易论》等。沈光沛还是该公会所出期刊《进出口贸易月刊》的主要编辑和撰稿人。管理人才的专业化应是该公会近代性的重要表征。

但也应注意的是，近代中国的半封建社会特性渗透到中国经济社会的方方面面，在公会“国家化”阶段，与政府周旋成为公

---

① 马东宇：《上海进出口业内幕》，《经济导报周刊》1947 年第 31 期。

② 上海档案馆藏：《上海市进出口商业同业公会概况及章程办事细则和各专门委员会通则》，档案号 S190-1-5。

会领导人最重要的工作，仅靠专业知识是应付不了的。公会的第一任理事长为通惠公司总经理张焕章，他是个纯粹的商人，在政界并无多少人脉，因而与中央银行和输出入管理委员会交涉不畅，效果不彰，且由于公会规模急剧膨胀，加之一些官僚资本企业和历史悠久、资本雄厚的洋商企业加入公会，张焕章无论声望、资历都不足以服众，因而在第二届会员大会上被寿景伟取而代之。寿景伟不但有留美背景、博士头衔，更重要的是抗战时期他在经济部、贸易委员会都有任职经历，有深厚的政商背景，一度被会员们寄予厚望。但事实上，他只是在公会挂名的理事长，出任理事长后不久以考察之名逗留海外，公会事务多由张耀章、骆清华等处理。

再次，同业公会基本立于民间立场，主要代表进出口商行的利益。自抗战爆发，政府将同业公会视为经济社会管制的工具，同业公会是在国家相关管理部门监督指导和法令的制约下改组或创建的，如上海市进出口商业同业公会主要是受到上海市社会局和经济部上海工商指导处管理指导，因而带有明显的体制内特征，成为近代外贸体制的重要一环，管理功能得以强化。但由于同业公会的领导层出自会员，且由会员选举产生，公会日常经费也基本来自会员缴纳的会费，这从根本上决定了同业公会的民间立场，同业公会须充当为会员发声请愿的角色。这往往导致同业公会在为会员服务与辅助政府实施行业管理的两难之境中竭力寻求平衡。

但应看到，抗战胜利后国民党政权迅速腐朽，经济崩坏，外贸政策从属于外汇政策，朝令夕改，进出口商一夕数惊，外贸体制的运作并不顺畅。1946 年 11 月 17 日，政府颁布《暂行管制进出口贸易办法》，限制进口，1947 年 2 月施行“输入限额分配”制度，进口配额按季度分配，却逐季减少，自备外汇进口又会以走私罪论处。在贸易管制的政策背景下，如欲与政府博弈，进出口商只能团结同业与政府抗争。公会本应具备的管理和服务功能逐步单一化，“中间组织”特性也被淡化，公会的主要工作便是凝聚同业与政府的苛政周旋以求生存，从而导致外贸体制难以运作，其近代转型也未能完成。

上海市进出口商业同业公会与外贸体制之间其他要素的互动

上海市进出口商业同业公会成立之初业务并不多，因为外汇放开，自由贸易，会员各自为战，对公会基本无所求。因而“公会理监(事)一般都忙于私人企业业务”。不过“自 1946 年冬季进出口管制致公会有了新的进展，未入会进口商纷纷加入……会员由三百余家骤然增至一千两百余家”①。特别是一些中小企业资源有限，在进口配额的分配中处于弱势，如欲争取进口配额，甚至影响外贸和外汇政策，只能通过公会交涉。因而公会与政府、公会与会员之间的互动更加频繁。如下图所示，政府管理部门、公会、企业三者是近代外贸体制的主要构成要素，其中进

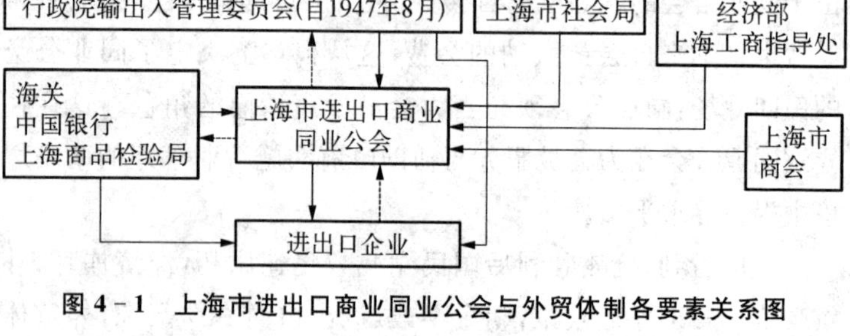

图 4－1　上海市进出口商业同业公会与外贸体制各要素关系图

① 上海市档案馆藏：《上海国际贸易商业历史沿革》，档案号 S189－3－1。

出口业同业公会起到了“中间组织”的作用。① 但正如前述，近代同业公会本是协调政府与企业、企业与市场之间关系的“中间组织”，此时却异化为一个“为民请命”的同业组织。对这一转变过程进行分析亦可管窥近代外贸体制转型的困境。

抗战胜利后的外贸体制包含行政院输出入管理委员会等外贸管理部门和海关、中国银行、商品检验局等相关职能部门，从事进出口的企业、进出口业同业公会，以及一系列相关法令政策、业规、行业习惯等。此外，就同业公会作为经济类的社会团体而言，它还受到社会局、经济部驻各地工商指导处的管理，在业务上还要接受商会的指导。

仅就外贸体制而言，上海市进出口商业同业公会主要在管理部门与会员间发挥“中间组织”的功能。就与会员的关系而言，两者立场接近，利益攸关。一方面公会领导层，如理事长、常务理监事等都是主要会员企业的所有者或高级管理人员；另一方面，其为会员服务成效如何直接影响会员缴纳会费的积极性和对公会管理层的认可度，如第一任理事长张焕章因无所作为而被赶下台，因而公会总体上需要竭力为会员的利益服务。

公会为会员服务体现在多方面：进行业务介绍；出具相关证明；调解会员之间或会员与其他商行之间的纠纷等。上海市进出口商业同业公会在其一年半的工作总结中指出：截至 1947 年 8 月 30 日，公会受政府机关及会员和美、英、加、印、菲、澳、法等各国进出口商委托介绍业务 300 多件，办理出口货原产地证

---

① 魏文享认为近代工商同业公会即是政府和企业之间、企业与市场之间、国家与商人群体之间的中间组织，公会为国家管控社会，企业、商人、社会影响国家政策提供了一个制度性平台。参见魏文享：《中间组织——近代工商同业公会研究》，华中师范大学出版社 2007 年版。

明及免交所得税事项160余件，调解会员与客户纠纷20余件。发布相关外贸资讯亦是公会的重要服务职能，如1948年6月第二届第九次理监事联席会议要求公会联系海关和中央银行获取关单副本和每月发行结汇证明书数额，由《进出口贸易月刊》编列每月出口数字表供会员参考。①

其与政府管理部门之间的互动主要表现在执行外贸政策及代表会员与管理部门交涉，由于抗战胜利后外贸政策多变，公会就成了贯彻外贸政策的主要渠道，公会往往以去函告知或在公会创办的《进出口贸易月刊》上刊登消息的方式向企业传达相关外贸政策。此外，有关企业信息的搜集及重要物资的登记，管理部门也主要是通过同业公会操作。如1948年10月奉上海市社会局令，公会发函要求各会员限期登记棉花、汽油、柴油、煤、烧碱、橡胶、颜料七种工业原料的库存。② 此外，一些赈灾救济和捐饷的摊派也往往通过同业公会居间操办。

前已述及，由于进出口商的生存环境恶化，自1946年11月，政府实行外贸管制后，上海市进出口商业同业公会的职能主要是代表会员与政府博弈。其博弈方式也分多种：(1) 利用舆论影响管理部门的政策，公会利用自己的会刊《进出口贸易月刊》及其他媒体宣传有利于会员的外贸政策建议，如张耀章（常务理事）提倡的出口津贴、进口许可证制、寿景伟主张的进出口贸易连锁制等建议终获采纳。③ 而在1947年底自备外汇进口物

---

① 上海档案馆藏：《上海市进出口商业同业公会第二届会员大会、理监事联席会议、常务理事会议和理监事会议记录》，档案号S-190-1-3。

② 上海市档案馆藏：《上海市进出口商业同业公会为工业原料限期补行登记事致北极公司的函》，档案号Q366-1-440。

③ 王卫：《外汇调整后的进出口贸易——张耀章先生访问记》，《经济周报》1946年第11期；寿景伟：《民元来我国之国际贸易》，《银行周报》1947年第25期。

资处置问题上，公会更是发起舆论攻势给政府施加了巨大压力，最终迫使其做出让步。为了能够与媒体保持持续有效的沟通，1948年3月常务理事会决定每月的第二、四周的周三为记者招待日。[①]（2）尽力与外贸行政机构保持良好的沟通，定期联合进出口贸易协会招待输出入管理委员会的主要官员，并经常邀请输出入管理委员会参与公会的专题研讨，使得进出口商与外贸管理部门保持信息畅通。[②]（3）通过官方程序向管理部门提出相关设想、建议，如筹备组建全国性进出口同业公会联合会，推动政府颁订“进出口商业同业公会法”等。（4）就政府出台有损公会或行业利益的政策进行交涉。如在公会成立不久，经济部认为上海市进出口商业同业公会的名称、分类不明，范围广泛、于法无据，令公会查明会员营业种类，按商业种类分别成立组织，其中经营输出业的商行另行组织输出业同业公会。公会理监事联席会议议决不同意改组，并依法具文呈复，在抗争过程中还得到天津等地进出口业同业公会的响应，最终得到不予改组的批复。

对于政府推行从根本上损害进出口商利益的政策，公会的抗争尤为激烈。如1947—1948年间，政府对自备外汇进口货物的处置措施和修改结汇办法等严重损害了进出口商的根本利益，公会被推上了与政府斗争的风口浪尖。行政院于1947年10月14日通过《无许可证自备外汇到埠及起运货物处理办法》，规定无证到埠货物均由政府按进口货C.I.F原价收购，并由政府出售。如进口商不愿接受上述处理，须于60日内将上述货物起运出口。这对于处在困境中的进口商而言不啻雪上加霜，“工商

① 上海档案馆藏：《上海市进出口商业同业公会第二届会员大会、理监事联席会议、常务理事会议和理监事会议记录》，档案号S-190-1-3。

② 《进出口贸易月刊》设有“贸易座谈”专栏，刊登出席人员和讨论内容。

界无不震惊愤慨”。① 于是公会通过上海市商会联络16家输出业同业公会，推派代表赴南京请愿，并由张耀章、华洪涛、陈懋勋三位公会的常务理事与输出入管理委员会接洽，最终迫使输出入管理委员会出台《施行细则》，规定政府收购的进口货物仍可由原进口商或原定户按进口发票上的C.I.F货价将外汇数结算成法币优先购回。

对修改结汇办法的抗争亦很激烈。1948年5月7日，中央银行会同输出入管理委员会，发出131号通函，宣布《修正进口结汇办法》，修正之处在于：(1) 自接获输出入管理委员会通知准发输入许可证之日起，进口商即以核准外币金额50%结算国币，存入中央银行，其结算率以存款当日牌价为准。(2) 进口商须凭上述存款收据，向输出入管理委员会领取输入许可证。(3) 指定银行应先查明货物输入确已抵达中国口岸，始准与进口商结汇。政府此项措施增加了进口商的负担，因为进口商存入货价50%的法币是按当日外汇牌价存入，但所存法币不能转化为外汇定额，待数月后欧美订货到达上海才能依照第三条正式结购外汇，但在法币大幅贬值的情形下，原存的法币已微不足道。办法公布当日，公会集议，通知全体会员，暂停结购进口外汇，同时停止结售出口外汇，并公推代表向当局交涉，政府不得不发布《结汇证明书办法》，取消131通函。②

在国民党统治时期，进出口业同业公会作为政府苦心经营的外贸体制的重要一环，延伸了政府的管理职能，强化了行业

① 《行政院的处理办法及其后的折冲》，《进出口贸易月刊》1948年第2期。

② 华洪涛：《上海进口商的两次抗争》，中国人民政治协商会议上海市委员会、文史资料工作委员会编：《文史资料选辑》第3辑，中国文史出版社1982年版。

管理，而企业意见也能够由同业公会向政府部门代为发声。抗战胜利后内战再起，经济环境持续恶化，对外贸易急剧下滑，政商关系紧张，同业公会成为进出口企业与政府间最主要的沟通渠道。但因政府举措失当，外贸体制内各要素之间的互动被打上了“死结”，政府意图通过公会强行贯彻其“竭泽而渔”的外贸政策，进出口企业则由公会出面据理力争，以停业为手段迫使政府做出一定的妥协。进出口企业、公会与外贸管理部门变成了对立面，外贸体制内各要素之间的良性互动已不可能。

前曾述及，南京国民政府成立伊始，即从外贸行政及海关、银行等相关机构，进出口业同业公会、企业及相关法令、规则入手意图组建较有效率的外贸体制，该体制也显现出一些带有明显近代特征的新气象。从经济学的角度看，推动制度变迁的行为主体无非是为了追求其自身利益的最大化。而作为行为主体的南京国民政府虽模仿近代民族国家之形，但其本质是代表统治集团中的权贵利益，非以民生和经济发展为根本导向，甚至也没有代表资产阶级的整体利益，①因而其着力构建的近代外贸体制存有根本缺陷，如 20 世纪 30 年代初多次修订的海关国定税则，大幅提高了进口税率，但主要体现为财政关税，而非保护关税，对于保护和推动民族工商业效果有限。1931 年成立的国际贸易局倒是一个服务型的外贸行政机构，为外贸商提供咨询、中介等方面的服务，但不久即被实行贸易统制政策的贸易委员会取代，贸易委员会为政企合一的机构，冗员充塞、腐败横行、效

① ［美］小科布尔：《上海资本家与国民政府：1927—1937》，蔡静仪译，世界图书出版社公司北京公司 2015 年版。

率低下等政企合一的弊端所在皆有。① 抗战胜利后输出入管理委员会为主要外贸行政机构，执行进口限额制度，此时外贸政策从属于外汇政策，企业在争取进口许可证和外汇配额中挣扎，对外贸易停滞。而作为外贸行政机构和企业之间的“中间组织”，进出口业同业公会的功能也在发生转变，政府通过进出口业同业公会实施的行业管理变成了行业管制，同业公会给予外贸企业的服务只剩下向政府部门诉苦、陈情、抗争。正如经济史家诺思所指出的，当影响规则及其实施的报酬足够大时，企业家们就会出资创建像贸易协会、游说集团这种介于经济组织和政治体系之间的“中间组织”，而社会资源越是受到政府决策的影响，资源越是会投向“中间组织”这样的攻守同盟。② 问题在于面临经济崩溃的国民党政权在与企业博弈时已经失去理性，不按规则出牌，作为“中间组织”的同业公会难以发挥其应有的功能。

可以说，南京国民政府组建的外贸体制各要素尚算齐备，但自抗战爆发后中华民族的生存、国民党政权的执政地位均受到严峻挑战，国民党政权不得不施行政企合一的贸易统制政策，抗战胜利后在短暂的施行自由贸易的方针之后重拾贸易统制政策，亦如诺思所说，如果来自内部或外部较有效率的组织形式对统治集团的生存造成威胁，那么无效率的组织形式将保存下来。③ 按照新制度经济学理论，制度变迁是否有效主要看它是不是降低了交易成本。从本文对上海市进出口商业同业公会与

---

① 张国义：《创新与顿挫：民国国际贸易局述论》，《史林》2016 年第 5 期。

② ［美］道格拉斯·C. 诺思：《制度、制度变迁与经济绩效》，杭行、韦森译，格致出版社 2014 年版，第 103 页。

③ ［美］道格拉斯·C. 诺思：《经济史中的结构与变迁》，陈郁、罗华平译，上海三联书店 1991 年版，第 45 页。

外贸体制各要素的互动分析中可以看出，国民党政权末期，政府竭力攫取财源，信誉破产，在对进口限额和外汇配额的争夺中“潜规则”盛行，外贸体制各要素之间的互动窒碍难行，对外贸易的交易成本节节攀升，导致对外贸易陷入困境，外贸体制的近代转型最终也未能完成。殷鉴不远，在外贸体制中对同业组织如何定位，如何发挥其作用，如何达成外贸体制各要素之间的良性互动，从根本上讲在于政府如何考量自身的利益和界定自己的角色，这或许是本文引发的一点题外思考。

（张国义撰稿）

二、南洋侨商与近代上海对外贸易的发展

曾于20世纪30年代率队赴南洋考察商务的高事恒在《南洋论》中指出“南洋者，就其资源言，可助我国内之经济建设；就其市场言，可借我工业品之海外推销；就其华侨言，更为我在国外争取外汇，开拓市场之好国民”。呼吁“注意南洋，研究南洋，了解南洋，到南洋去”。[①] 之所以时人对南洋有如此高的关注度，关键因素在于数量庞大、经济影响力巨大的南洋华侨，尤其是南洋侨商。

第一次世界大战期间，列强忙于战事，上海轻工业趁势而起，欧洲暂时也在南洋市场缺席，上海与南洋之间基本贸易结构是南洋的米、海产品、橡胶等物产出口上海，上海则向南洋输出棉织品等轻工业品，双方互补性较强，这也是上海与南洋之间贸

① 高事恒：《南洋论》，南洋经济研究所1948年版，第1—2页。

易持续发展的基础所在。南洋的华侨商人（以下简称“侨商”）则频繁走动于南洋与祖国各大商埠之间，推动了南洋与中国之间的经济联系。尽管南洋侨商多为闽粤籍贯，但因上海为中国经济中心，更为侨商所关注，从而成为侨商一展身手的大舞台。虽然早在民国时期学界对南洋华侨有极大关注，出版了一些专著，①改革开放以后有关南洋侨商与上海经济发展的关系受到学界的关注，②但对于在上海对外贸易中的南洋侨商活动及作用还缺乏系统的梳理，本文尝试对近代上海对外贸易中的南洋侨商活动及作用进行探讨，从制度转型的层面分析南洋侨商的经济活动在上海对外贸易发展中所发挥的作用。

南洋侨商参与上海与南洋贸易的方式

由于海路畅通、路途便利，自明清以来南洋已是中国重要的贸易伙伴，③随着近代上海开埠，南洋在上海对外贸易中所占比重也逐步提高，尤其在20世纪二三十年代增长迅速。因上海已成为中国的经济和贸易中心，其在对南洋的贸易中占据了重要地位。根据历年海关的关册统计看，从19世纪末至抗战爆发

---

① 如丘守愚：《二十世纪之南洋》，商务印书馆1934年版；张荫桐译述：《南洋华侨与经济之现势》，商务印书馆1946年版；陈达：《南洋华侨与闽粤社会》，商务印书馆1938年版等。

② 林金枝：《近代华侨投资国内企业史研究》，福建人民出版社1983年版；王庚武：《南海贸易与南洋华人》，中华书局1988年版；郑捷：《近代上海工业与南洋贸易》，华东师范大学硕士论文，2011年；李伯祥、蔡永贵：《近代上海南洋庄和南洋贸易》，《中国社会经济史研究》1986年第3期；陈立仪、潘君祥：《解放前上海工商界对南洋市场的开拓》，《上海经济研究》1987年第3期；张赛群：《抗战前期上海对南洋的贸易研究》，《华侨大学学报》2004年第4期。

③ 近代南洋地区范围包括：英属海峡殖民地（马来西亚、新加坡）、荷属东印度（印尼）、英属北婆罗洲（沙捞越、文莱、沙巴）、菲律宾、暹罗（泰国）、英属缅甸、法属安南（越南、柬埔寨、老挝）等七个地区。在近代中国的对外贸易统计中南洋贸易还包括经香港转口南洋贸易和对港澳的本地贸易。

前，南洋贸易占中国对外贸易约在14%左右。[①] 而上海同期占全国对南洋的贸易比重在30%左右，一战结束之前低于30%，20世纪20年代后则超过30%，如1894年为26.6%，1919年27.2%，1929年增加到37.7%，1931年36.6%，1936年32.1%。而南洋在上海的进出口总额中所占比重在同时期维持在8%至11%之间。[②] 在上海从南洋的进口中，民国之初新马地区的比重较大，二三十年代已被荷属东印度后来居上，远远超过，荷属东印度约占上海从南洋进口的60%。而上海对南洋出口除香港有巨大的转口优势之外，新马比南洋的其他地区显得更为重要，而且其优势自20世纪初保持到抗战爆发前，在二三十年代约占上海向南洋地区出口的四分之一左右。[③] 在“孤岛”时期，南洋的安南、荷属东印度成为上海的重要贸易对象，1940年分居上海对外贸易国家、地区中的第四、五位，主要由于此时的“孤岛”对南洋米食需求旺盛，安南得以后来居上。总体而言，近代南洋地区的荷属东印度、新马地区是上海的主要贸易对象，相应该地区的侨商在上海与南洋的贸易中也非常活跃，扮演了关键角色。

近代上海经营对外贸易的华商根据不同的贸易地区分东洋庄、西洋庄、南洋庄。顾名思义，南洋庄即是专门经营对南洋贸易的行号。而南洋庄又分以经营进口为主的“九八行”(即可获货款的2%作为佣金，包括侨资分号)和出口为主的南洋办庄(包括侨资坐庄也即申庄)。如上海开埠初期，从南洋进口的木材是

---

① 《历年全国对南洋贸易比重表》，上海社会科学院经济研究所、上海市国际贸易学会学术委员会：《上海对外贸易：1843—1949》上册，上海社会科学院出版社1989年版，第383页。

② 《上海对外贸易：1843—1949》上册，第385—386页。

③ 根据《历年上海口岸对南洋各地区(包括经香港转口部分)进口统计表》《历年上海口岸对南洋各地区(包括经香港转口部分)出口统计表》测算，《上海对外贸易：1843—1949》上册，第386—387页。

华侨租船运来，然后委托十六铺洋行街的“九八行”销售。① 早期“九八行”主要承担从南洋的进口业务之时，南洋侨商往往请上海的“九八行”委托寄售从南洋进口的海产品。而上海“九八行”与南洋联系的客户也主要是南洋侨商，“九八行”将国内市面行情通报给南洋侨商，侨商则将海产以托收方式装船运往上海，并将货价以上海银两结定，作成汇票，连同轮船公司的提单由专业行号送至上海，先收取货款总额的六到八成。上海的“九八行”拿到汇票后先批明付款日期，一般在10—15天内付出货款的六至八成。货物出售后在扣除佣金及垫付的关税、保险、栈租等费用后与侨商结清余下货款②。

在甲午战争以后，“九八行”在经营方式上逐步从代理转向自营进口为主。因南洋侨商开始直接在上海开办分号或办事处。如荷属东印度的著名糖商黄仲涵、黄奕住、郭春秧为扩大对上海的食糖出口，改变了过去委托上海“九八行”代理推销的办法，在上海设置侨资分号，直接经营爪哇糖的进口。

20世纪20年代是上海对南洋贸易的一个重要转折时期，一战以前上海与南洋直接班轮很少，大部分经香港转口，或由华南汕头、厦门转口。一战后上海与南洋的新加坡、爪哇、曼谷的直接班轮增多，货运也随之增加。在一战之前，上海经香港的转口贸易中40%转往南洋地区，这一比例在一战后增加到60%。③由于上海与南洋之间的交通更加便利，上海的侨资分号明显增加，1921年印尼华侨黄奕住来上海创设中南银行，同时在上海设

① 《原久记木材公司忻佐庭访问录》，1964年4月30日，转引自《上海对外贸易：1843—1949》上册，第428页。

② 《上海渔介海味之进口贸易》，《经济半月刊》1928年5月1日，第2卷第9期，转引自《上海对外贸易：1843—1949》上册，第425页。

③ 《上海对外贸易：1843—1949》上册，第383页。

立外贸行号黄日兴，主要进口爪哇糖。由于黄奕住在南洋有自置的蔗园、糖厂，入股南洋多家华侨银行，日兴行的总行设于三宝垄，在南洋多地及中国的厦门等地都设有分行号，因而其货源组织和资金融通都极为便利。该行在上海的爪哇糖进口方面居“行业之冠”。建源公司是荷属东印度糖王黄仲涵的家族企业，其总公司设在巴达维亚(今雅加达)，分公司遍及南洋及欧亚重要商埠。建源公司上海分公司设立于1929年，是从属于加尔各答建源公司的子公司，其主要业务是进口爪哇糖、薯粉及南洋土特产胡椒、洋米等。[①] 印尼华侨曾万铺、赵桂德等创办的南侨行主要经营拷皮、橡胶、胡椒、咖啡豆、椰干的进口。[②] 1921年，郭春秧设立的锦茂号主要是进口自己在荷属东印度糖厂的产品。20年代末，荷属东印度侨商张隆盛到上海考察商务，与经营内贸的糖商陈裕仁相识，在张的劝说下，陈出资设立源记进口行，直接从张隆盛手中进口爪哇糖。[③] 到20世纪二三十年代，一些“九八行”如源来行、炳昌行往往也在南洋的新加坡、望家锡、泗水、香港等地设置分号，就地办货。此时，南洋侨商在上海设置的侨资坐庄或分号主要是他们在南洋业务的延伸，有强大的货源和金融支撑。

棉纱、织物、搪瓷等轻工业产品是上海对南洋的主要出口商品，就二三十年代上海对南洋的轻工产品出口而言，侨资坐庄较有优势，菲律宾华侨戴槐生、刘万泉在上海开设的协源行专为戴槐生在菲律宾开设的汉泉公司和刘万泉在菲律宾开设的苏州公司提供日用百货和布匹。菲律宾华侨蔡建文等在上海开办的太平洋商行为其在马尼剌的华南、华伦两行采办棉布和日用百货。

---

① 《上海对外贸易：1843—1949》上册，第403页。

② 同上书，第404页。

③ 同上书，第444页。

青年办庄的合伙人华侨吴慎帆亦在荷属东印度经营百货行号，货源由青年办庄从上海采办。① 上海经营百货出口的侨资坐庄如新昌办庄总号设于新加坡，其经营的出口商品包括毛巾、被单、袜子、皮箱、针棉织品等，经营纱布出口的建东行是菲律宾华侨车逢时、李孙修与日本华侨胡诸中合伙于1919年在香港开设，1921年在上海设置分行。此外，由菲律宾华侨郑崇琬、郑崇琇设立的建华行对菲律宾出口棉纱、棉布、针织品等。② 其他如南华、德兴、鸿兴等商号是新加坡进口商设于上海的侨资坐庄，这些侨资坐庄都是南洋侨商设于上海的采办机构。

由于南洋华侨曾是孙中山领导辛亥革命的重要助力，自民国成立，南洋侨商因参政议政转道上海，或专程来上海经商考察者络绎不绝。因为这些政治、经济方面的渊源，加之20世纪初的抵货运动，侨商与国内华商围绕“国货运动”的互动推动了华商对南洋的关注，真正开始“走出去”，上海的厂商开始组团赴南洋考察，正应了前文高事恒“到南洋去”的呼吁。

伴随着南洋侨商在上海经济活动的日益活跃，上海的厂商在20年代积极开发南洋市场，并派遣商务考察团赴南洋各地了解市场行情、推介产品、联络当地侨商。美亚绸厂厂主蔡声白于1928年赴南洋考察。国货厂商还顺应国货运动的潮流，组织国货团体如上海机制国货工厂联合会、中华国货产销协会、上海国货工厂联合办事处等，将上海的国产轻工产品向南洋推销。1936年7—11月，上海工商界以上海工业国外贸易协会的名义组织南洋商业考察团赴南洋考察，走访了南洋各主要商埠，其间举办七次国货展览会，吸引参观者29万人次，展览会结束后在

① 《上海对外贸易：1843—1949》上册，第496—497页。
② 同上书，第402页。

当地设立国货陈列馆。① 通过这样的商业考察和国货展览，扩大了国货在南洋的知名度和影响力，增强了与侨商的业务往来。上海的厂商开始在南洋设置分销处或办事处，拓展当地市场。如上海的振华油漆公司在新加坡设立办事处，在英属暹罗、菲律宾各处都设有分销处；上海的新亚化学制药厂在缅甸、暹罗、新加坡均有分公司或代理处。② 其他知名企业如美亚绸厂、中华搪瓷厂、五洲大药房、中法药房、信谊药厂、新亚化学制药厂等也在南洋各地设立办事处、特约经销处等。这些国货工厂在南洋各地所设代理机构主要是利用当地侨商的销售网络，否则很难开展商业活动。所以侨商建议："国货要推销于南洋，须国内的厂家和南洋的华侨通力合作才有希望。在厂家方面，要晓得南洋的气候，住民的习尚，社会的需要，外货与国货，式样与货料等方面，须综合研究，夫然后可以选出适合南洋畅销的货物。"③南洋侨商还在上海大做广告，要求把国货推广到南洋去，如小吕宋中华商业公司在国内刊登广告征求国货样品，称"惟山河遥隔，虽有优秀之国货出品，本公司亦莫从而知，深引为憾，故特登报请求诸厂家惠赐样本"。④

由上述可知，近代侨商在上海与南洋的贸易中充当了重要角色，由于南洋侨商介入的贸易制度安排，推动了两地的直接贸易，无论是在上海的侨资分号、侨资坐庄，还是上海厂商利用南洋侨商网络设置的分销处和办事处，都明显降低了贸易成本，推

① 《南洋商业考察团报告书》，《上海对外贸易：1843—1949》上册，第495页。

② 《新加坡中华总商会第二届国货展览推销大会特刊》，函件摘要，第18页。

③ 《新加坡中华总商会第二届国货展览推销大会特刊》。

④ 《广告》，《国货月报》1924年第4期。

动了上海对外贸易的发展。

南洋侨商在上海对南洋贸易中的作用

首先，南洋华侨本身即是一个极大的消费群体，由于家国及乡土情结，对于国内文化产品及土产均有大量及稳定的需求。抗战前，南洋总人口1.27亿，华侨超过1 000万人。① 过千万的南洋华侨自然是一个庞大的消费群体，对国内的图书、电影、生活用品需求量极大，推动了上海对南洋的贸易。如1923年王叔旸在新加坡开设上海书店，专营中国图书，并在上海设立上海书店申庄，专门经营北新书局、创造社出版的图书杂志，出口南洋。

其次，凭借南洋侨商主导的购销网络拓展南洋市场，推动上海与南洋间的贸易。"以业别言，漳泉人多营土产；潮州及福清人多营布业；客人多营杂货；广肇人多营土木工程；海南及广州人多营饮食店；永定人多营药材。以地方言，华侨之在越南、缅甸、暹罗者多营米业；在马来者多营树胶及锡矿；在菲律宾者多营糖、椰、烟等；在东印度者多营糖、咖啡、树胶、椰、米等。总之，南洋商店，无论市镇及乡野，几全属于华侨。"②而上海南洋庄的国外关系主要是与南洋华侨非亲即故的宗族关系或同乡关系，如前述，南洋华侨的同一宗族或同乡往往也集中南洋某地从事同一行当，所以南洋庄利用南洋华侨的关系经营进出口亦有很强的专业性。③ 上海的进口商可以利用南洋侨商的关系组织进口货源，如伍泽民于1917年开设的锦发行就得到了荷属东印度侨商郭春秧的帮助，开业时主要进口荷属东印度的食糖，兼营海味等南洋特产。就上海进口的食糖来看，主要来自香港、台湾地区和荷属东印度、日本等国。由于20世纪二三十年代从南洋直

---

① 邱致中编著：《南洋概况》，第18页。

② 丘守愚：《二十世纪之南洋》，商务印书馆1934年版，第15页。

③ 《上海对外贸易：1843—1949》上册，第411页。

接输入的爪哇糖增多，30年代爪哇糖的进口占中国食糖进口的40%至50%。伍泽民还与马尼拉中华商店的桂华山关系密切，通过桂华山在当地推销国产轻纺产品。① 1920年南洋侨商在上海直接设置分号的还比较少，大多委托"九八行"代理。荷属东印度的"糖王"黄奕住、郭春秧等向上海出口爪哇糖主要是委托同乡即福建商帮的安记、炳记、聚德隆、捷裕等四家行号代理经销。据当时的从业人员回忆："这时黄奕住汇给这些闽帮九八行的佣金和汇水，每年就达一万多两银子一家。"②在1922年至1935年之间，锦发行还与炳昌、永德合伙从缅甸、安南进口洋米，每年在一千万元左右，从缅甸购米主要是由当地侨商供货。③

再次，南洋侨商的经济活动带动了上海相关产业的发展，特别是工商、金融、保险、航运等行业。我们知道，对外贸易可以将刺激经济发展的能量传导到各经济部门，带动各相关经济部门和行业的发展。

由于"九八行"进口南洋货物要在对方发货后即付对方大部分货款，而在出货后才能收到买方期票，其间需要一定数量的垫款，除股东垫款外，往往需要向钱庄或银行借贷。④ 类似的交易行为需要持续的金融支持。但南洋侨商多起自小商小贩，在欧美大资本无意经营的领域里逐毫毛之利，至抗战胜利后，南洋侨商还主要是"居于中间性之中介人地位"。⑤ 大举投资银行业是

---

① 《上海对外贸易：1843—1949》上册，第417—418页。

② 《原黄日兴职工黄钰富访问录》，1963年11月29日，《上海对外贸易：1843—1949》上册，第443页。

③ 《原锦发行职工伍泽镇、陈志方访问录》，1964年1月13日，转引自《上海对外贸易：1843—1949》，第431—432页。

④ 《上海对外贸易：1843—1949》上册，第426页。

⑤ 丘斌有：《论华侨商业之势力与改进(上)》，《申报》1946年10月8日，第9版。

他们的经验总结。1921年杂志载文称："自前三年三宝垄糖商大失败后，侨商渐凛然于金融关系之重要。迨日本台湾银行创设华南银行于三宝垄以吸收我华侨资本，又恍然于金融权之不可旁落。于是大小银行应时而起者，计有新加坡千万元之华侨银行，泗水五百万盾之中华银行，余如巴达维亚三百万盾银行尚有若干起。"①1934年实业部国际贸易局局长何炳贤在接受采访时称，荷属东印度侨商的经济实力衰落的主因是他们缺少银行这样的资本密集型企业，侨商主要是中介商，容易被取代。② 事实上，自清末，南洋侨商已经开始在上海投资银行业。1897年6月21日，中国通商银行在上海成立，南洋侨商张振勋以巨额投资出任总经理。1913年5月南洋侨商投资入股的中华实业银行在上海开业。③ 1921年6月黄奕住在上海成立国内最大的侨资企业中南银行，黄奕住的代表韩君玉在中南银行成立大会上说："实业前途、社会经济、国际贸易，实利赖焉"。④ 有论者评论："黄奕住之所以想办银行，直接的原因是看到上海工商业发展快，急需大量资金，而华侨的手中有大量的资本，这需要银行为之中介；银行业的利润高。"⑤中国银行业的利润率在这一时期为30%左右。⑥ 1927年菲律宾华侨李清泉在上海创办中兴银行上海分

---

① 《暨南学校商业科筹办专门部之计划》，《中国与南洋》第2卷第4—5号，转引自赵德馨：《黄奕住传》，湖南人民出版社1998年版，第110页。

② 《何炳贤谈华侨南洋贸易失败五大原因》，《申报》1934年2月19日，第12版。

③ 《上海侨务志》编纂委员会编：《上海侨务志》，上海社会科学院出版社2001年版，第21页。

④ 《中南银行创立会纪事》，《申报》1921年6月6日，第10版。

⑤ 《黄奕住传》，第114页。

⑥ 许涤新、吴承明主编：《中国资本主义发展史》，人民出版社2005年版，第840—841页。

行。[1] 南洋侨商亦涉足保险业，1912 年 3 月，张振勋联合熊希龄在上海创办康年人寿保险公司，1914 年侨商卢信与唐绍仪创办金星水火保险公司。太平保险公司由中南银行等几大银行合办，黄奕住任董事长，在中国各大商埠设有分公司，为当时华商保险业之冠。[2]

南洋侨商亦积极投资航运业。1911 年南洋侨商张振勋等在上海筹办中美轮船公司。菲律宾华侨还在上海创办中华汽船公司，经营上海至马尼拉的客货航线。专门经营对南洋贸易的锦发行为方便贸易货运，于 20 世纪 30 年代开设民新轮船公司，经营航运业务。[3] 荷属东印度糖王黄仲涵的儿子黄忠孝把经营网络拓展到中国，在上海开办了中国酒精厂，1934 年 11 月 16 日正式建成投产。南洋侨商刘锡基、刘敏周等创办了上海新新公司。

侨商投资遍及经济社会文化各领域，据统计，1900—1949 年，侨商在上海经济领域的投资，工业占 47%，商业占 30%，金融业 17%。[4] 而侨资企业多为股份制公司，在商业方面多是独资公司，金融业全为股份制企业。1900—1949 年间，南洋侨商在上海的投资占侨商总投资约 62%。[5] 可见，南洋侨商在上海的侨商中占据主力位置。

对外贸易的运作是一个系统工程，仅就业务而言，要涉及运输、保险、银行等。当时的从业者已经意识到中国对南洋出口竞

---

① 《上海侨务志》，第 24 页。

② 《太平保险公司股东会》，《申报》1935 年 5 月 6 日，第 11 版。

③ 《上海对外贸易：1843—1949》上册，第 418 页。

④ 《1900—1949 年华侨投资上海各行业情况表》，《上海侨务志》，第 141 页。

⑤ 《1900—1949 年华侨投资上海资金来源地统计表》，《上海侨务志》，第 142 页。

争力不强的原因在于华商经营的运输、保险、银行均极为薄弱。[①] 侨商在上述领域的投资确实推动了上海对南洋的贸易及上海经济社会的发展。

南洋侨商与上海对外贸易机制的演变

新经济史家诺思认为，制度变迁是经济发展的主要动力。而在制度变迁中，意识形态、产权制度等的变革尤为重要。意识形态可以解释人们可以忽略个人的利益算计而为了推翻某种制度不惜代价。[②] 在近代中国，意识形态对于经济活动的影响是显而易见的，甚至影响了经济制度的变革。

清末风气渐开，清廷注意到华侨的经济力量和民族身份认同的紧迫感，因而对驻外使臣及领事，往往有保护侨民的训令，亦偶尔派遣专使至南洋考察慰问，如光绪十三年(1887 年)广东提督王荣和出使南洋，光绪三十年(1904 年)农工商部侍郎杨士琦慰问英、法、荷属殖民地华侨。国内官民对于华侨渐有好感，归国侨胞也渐渐多了起来。[③] 清廷也注重招揽资财雄厚、有声望的华侨。张振勋即以在巴达维亚经商致富，出任驻槟榔屿领事，驻新加坡总领事。棉兰地方最大的华侨资本家张煜南被清政府任命为驻槟榔屿副领事。[④]

清政府也开始关注华侨的国籍问题，其与荷兰协定，在属地“侨生”的华人为荷兰籍民，回到中国时即为中国人，如居住于第三国，由本人自择国籍。中华民国成立后，为认可华侨在辛亥革

① 《南洋布业侨商谈国货布匹之弱点》，《纺织周刊》1934 年第 4 卷第 16 期，第 426 页。

② [美] 道格拉斯 · C. 诺思：《经济史中的结构与变迁》，陈郁等译，上海三联书店、上海人民出版社 1994 年版，第 12 页。

③ 陈达：《南洋华侨与闽粤社会》，商务印书馆 2011 年版，第 51 页。

④ 小岛淑男：《1910 年的南洋劝业会和东南亚华侨》，简柏邨译，《近代中国(第四辑)》，1994 年。

命中的贡献,《临时约法》规定海外侨胞可选参议员 6 人(参议员总数 274 人)。南京国民政府时期,国民党在南洋华侨中设海外支部。这些举措客观上增强了华侨的归属感、认同感。北京政府和南京政府时期都设置了相应的侨务管理机构,有利于与海外华侨的沟通和国内华侨的管理。第一次世界大战期间,因英法到中国招募劳工,北洋政府设立侨工事务局管理其事,国民政府时期,因华侨事务更多,1932 年 4 月成立侨务委员会。① 1934 年 11 月国民政府上海侨务局成立。1937 年 7 月卢沟桥事变爆发,上海侨务局停止活动。1939 年国民政府侨务委员会改为中国国民党中央执行委员会侨务委员会。② 1946 年国民政府恢复侨务机构,上海侨务局改为上海侨务处。上述举措推动了南洋侨商的归国考察、创业等活动,南洋侨商与官方互动频繁,往往由南洋当地的中国领事向外交部转告侨商回国的去向、意图,并介绍该侨商在当地的声望、财力等,由外交部转工商、实业等部门,训令当地官员组织接待,而当地官员往往会同商会部署招商引资的工作。其间,民族主义思潮为南洋侨商在上海的经济活动推波助澜。

19 世纪 20 世纪之交,民族危机加深,刺激了民族意识的觉醒,民族主义与“商战”、“实业救国”的思潮相辅相成,提倡国货成为此类思潮的具体表现。自 1905 年抵制美货运动以后,抵货运动与提倡国货互为表里,也被民族企业家所凭借,推动民族工商业的发展。南洋侨胞有较强的民族身份认同意识。因而民族意识在双赢的商业活动中起到了积极作用。一方面,南洋华侨乐用国货,在 20 世纪 30 年代,“以种种刺激,爱国之心,随之热

① 《南洋华侨与闽粤社会》,第 52 页。
② 《上海侨务志》,第 26 页。

烈，而乐用国货，亦随之勃兴”①，此类民族认同无疑会推动中国对南洋的贸易。另一方面，乡土情结和家国情怀推动了南洋侨商与中国的贸易和投资，如近代华侨在国内投资的最大一笔是黄奕住在上海创办的中南银行，“定名中南，实取中国与南洋互相联络之义”。② 而黄奕住的子女认为“中南云者，亦南洋侨民不忘中国意也”。③ 南洋华侨的国家认同及报效家乡、祖国和光宗耀祖的传统理念在华侨回国投资创业中起到了非常关键的作用。

1912 年 12 月，南洋侨商陆秋杰等到上海创办实业银行，返程时将中华国货维持会提交的丝棉织品样本带回南洋向当地商家推荐。④ 沪上的商业团体往往会借助接待南洋侨商的机会向侨商展示自己的产品，希望他们能向南洋引介。如 1916 年 4 月，劝用国货会设宴招待南洋侨商吴紫山、李柳友、黄则登等，并通知各会员厂商出席招待会时携带自己的产品样品到场陈列。⑤ 1928 年著名侨商黄仲涵创办的建源公司从上海采办国货样品数千种在泗水进行国货展览，展览结束后运至巴达维亚商会陈列，扩大了国货在当地社会中的影响。⑥ 1914 年新加坡侨商庄希泉在新加坡开设中华国货公司，菲律宾华侨桂华山在马尼拉设立中华商业公司，专营国货。“九一八”事变之后，“在暹

---

① 《国货维持会发展国货南洋贸易》，《首都国货导报》1937 年第 38 期，第 28 页。

② 《中南银行筹备处消息》，《申报》1921 年 1 月 13 日。

③ 中国人民政治协商会议厦门市鼓浪屿区委员会编：《鼓浪屿文史资料第 2 辑》，1997 年印刷，第 44 页。

④ 《欢迎南洋侨商志盛》，《申报》1912 年 12 月 4 日，第 6 版。

⑤ 《劝用国货会预备欢迎华侨》，《申报》1916 年 4 月 11 日，第 10 版。

⑥ 《国货在海外美誉，备受荷印政府之欢迎》，《申报》1933 年 12 月 12 日，第 8 版。

罗曼谷，百货进口商苏顺发、昌发隆、罗发祥等商号，原来采办日货的，也改办国货”。① 一些侨商团体也在当地组织国货展览，将国内轻工产品出口至南洋试销，逐步打开了南洋市场。民族认同确实在商战中起到了重要作用，据当时的从业人员回忆："日本搪瓷器皿用料薄，价格廉。国货搪瓷既重且大，如8寸口杯80打，所付水脚费即与货价基本相等，客户进货成本亦高，若非华侨爱用国货，是无法在南洋市场与日货竞争的。"②1929年在上海创立的国货银行，南洋侨商也是积极入股，特别是中南银行代收股款，黄奕住等也积极入股。③

设置现代的社会团体和经济组织可以降低信息交换和交易的成本。南洋侨商在南洋及上海都设置了一些商业社团组织，在20世纪30年代初，南洋地区的荷属东印度各地有28家中华商会；美属菲律宾有9所华侨商会；英属马来缅甸北婆罗洲有新加坡中华总商会、槟榔屿中华总商会等14所，法属越南有3所中华商会，暹罗有曼谷中华总商会。④ 这些侨商团体举办各项有关华侨的商务、社会、文化教育事业，是联络南洋与中国的最重要机构，对于推动对华贸易起到至关重要的作用。如1930年10月上海国货工厂联合会分函南洋各地中华商会，请其接待上海各国货工厂组织的南洋群岛考察团，并称此行的目的在于展示所携带的国货，另外还要考察当地人民的需求以便回国制造。⑤ 1935年

① 《原佳发行经理姚亦泽访问录》，1961年9月，《上海对外贸易：1843—1949》上册，第473页。

② 《原益丰搪瓷厂营业主任朱耀文访问录》，《上海对外贸易：1843—1949》上册，第486—487页。

③ 《国货银行缴股消息》，《申报》1929年3月28日，第14版。

④ 《二十世纪之南洋》，第16—20页。

⑤ 《为南洋考察团介绍，国货工厂联合会分函南洋侨商》，《申报》1930年10月29日，第14版。

上海工商界组织代表团携带国货产品赴新加坡参加第二届国货展览会，越南中华国货展览会闻讯，派遣代表至新加坡与上海国货代表团的总代表王志圣磋商，邀请代表团在新加坡的展览结束后将国货样品送至越南展览，并派遣黄建中为驻沪代表，与全国商业联合会接洽，协调征集国货样品事宜。① 1935 年底由中华工业国外贸易协会和中华国货产销协会组织各厂商推派代表，组成南洋商业考察团，赴南洋调查南洋各地商业状况，寻机与当地厂商签订协议，并派人员常驻南洋。② 新加坡中华总商会准备于 1937 年 10 月举办第三届中华国货展览大会，并派代表返国，在沪港等地征集国货样品，沪上媒体报道："本市各大厂商、鉴于过去一二两届国展，本埠厂商均曾推派代表携品前往参加，成绩均甚良好故对参加原则均表赞同。"③并于 7 月 8 日由全国商业联合会、市商会、中华工业国外贸易协会等联合召集沪上厂商召开大会，讨论参加本次国货展览大会的办法，并请侨商代表列席。荷属东印度的泗水中华商会向实业部来函，通报由于荷兰盾贬值，物价上涨，此时国货出口荷属东印度应有丰厚利润，尤其是五金、绸布价格增长一倍，请求实业部转告各相关厂商，加紧推动对南洋出口，由实业部国际贸易局函告上海市国货工厂联合会，并由该会周知各国货厂商。④

国内与南洋侨商有关的组织在清末就有了。1910 年 6 月 5

① 《越南中华国展会征国货销南洋，委黄建中为驻沪代表，函请全国商联会协助》，《申报》1935 年 11 月 22 日，第 8 版。

② 《沪商界推进南洋贸易，组织商业调查团》，《申报》1935 年 12 月 23 日，第 8 版。

③ 《国货界会商拓展南洋商场，参加国展今日讨论办法，工业国外协会十六开会》，《申报》1937 年 7 月 8 日，第 15 版。

④ 《国货厂联会推进南洋贸易，函各厂商努力发展》，《申报》1937 年 3 月 5 日第 11 版。

日到11月29日在南京举行的南洋劝业会是中国历史上最早的国内博览会。南洋劝业会的董事会由资本家互选产生，李平书为总董，在董事会15人中半数以上是在上海经商，充分显示了上海的经济实力。此会推动了南洋侨商与国内资本家之间的互动，据时任工商部次长向瑞琨回忆："即以华侨结成团体以归国游历者，亦始于南洋劝业会"。① 1912年1月20日南京临时政府内务部批准南洋归侨吴世荣等关于在上海建立华侨联合会的提议。2月7日中国第一个华侨组织——华侨联合会成立，11月华侨联合会创办《华侨杂志》。② 华侨联合会的成员主体是南洋华侨，但该会主要是一个政治组织。随着侨商在上海的投资增多和商务往来常态化，侨商组织更倾向于商业性质。1942年一批在上海的侨商发起上海华侨商业联合会，中美化学工业公司总经理谢筱初、永安纺织公司总经理郭顺、建源公司总经理黄江泉为主席。常务理事有胡桂庚、林朝聘、陈水鲤、郑昭斌、易门、曾万铺。该会内部分金融、交际、工业、贸易、运输、慈善等六组。③ 该会主要促进南洋与上海之间通邮、通汇的工作，至1943年通邮、通汇基本恢复，南洋汇至上海的款项统由该会分发，而其中发生的费用由该会的理监事负担，不收取任何费用，手续简便。④ 类似的侨商组织确实便利了南洋与上海之间的贸易往来。1945年南洋归国华侨协会在上海成立。1947年华侨俱乐部改名华侨联谊社。1948年南洋归国华侨协会停止活动。1949年5月上海解放，南洋归国华侨协会恢复，更名归国华侨协会。

---

① 前工商部次长向瑞琨谈、李文权记：《论南洋劝业会之影响》，《中国实业杂志》第5卷第1期，1914年1月1日。

② 《上海侨务志》，第16—20页。

③ 《上海华侨商业联合会理监事就职》，《侨声》1942年第4卷第6期。

④ 《南洋侨胞汇款到上海，华侨商联会负责办理》，《侨声》1943年第5卷第12期。

7月上海华侨工商协会成立。①

南洋侨商多方位介入上海社会，特别是投资兴办商科教育，培养了大批商业人才。如上海的暨南大学，即以培养南洋华侨子弟为初衷，号称华侨最高学府，除招收大学本科生外，为便于华侨子弟入学，还创办了中学部，并设立海外文化部，专司海外宣传联络。② 1928年4月暨南大学校长郑洪年在上海华侨联合会上说：暨南大学设立的初衷是为了培养南洋华侨回国子弟，现在也包括那些有志于毕业之后去南洋发展的青年学子。“中国不但需要华侨的助款，而且很需要华侨的人才。”而暨南大学和中国南洋协会积极辅助成立的上海商科大学，也在于“提高华侨子弟的商业知识，多多造就商业人才，免得将来南洋华侨被淘汰”③。1929年6月6日南洋华侨教育会议在暨南大学开幕，南洋华侨专程回国参会的有60多人。而南洋兄弟烟草公司的简照南则每年招考资助15名留学生赴英美法德日留学。④ 侨商胡文虎先后捐助上海大夏大学、上海两江女子体育专科学校、上海儿童教养所。⑤

凭借对上海社会的深度介入，南洋侨商在人才培养、人际网络构建，以及南洋与上海之间的商业网络搭建方面都卓有成效。由于侨商在教育方面不遗余力的投入使得侨商得到上海社会及精英阶层的认可，有利于侨商融入上海社会。而基于国货推广，使得南洋侨商在上海与南洋之间搭起商业往来的桥梁，国货商人能够利用侨商的购销网络，拓展南洋市场，而侨商在上海的投

---

① 《上海侨务志》，第27页。

② 姚楠：《对二十世纪中国研究东南亚史和海外华人史的情况介绍和几点意见》，上海市华侨历史学会编：《上海侨史论丛》（第一集），自编文集，1987年印刷，第10页。

③ 《华侨联合会开会纪》，《申报》1928年4月25日，第14版。

④ 《南洋烟草公司之伟举》，《华侨商报》1920年第2卷第6期，第38页。

⑤ 《上海侨务志》，第25页。

资也得到了政府的欢迎和华商的支持，南洋侨商在工业、金融、贸易方面的投资大多有华商的入股或专业管理人员的加入，侨商与上海的国货商已经编织成为一个利益共同体，从而为南洋与上海间的贸易提供了有力支撑，降低了贸易成本。

一般来说，侨资企业有自己的独特优势：国内外联号企业互相支持、资金周转灵活；国内外市场行情传递迅速、交流商情便利。而且能在上海投资的侨商大多是由于福建、广东等侨乡难以容纳其巨额资本，从而选择上海作为投资地，而且往往是跨行业的投资，形成规模和体系优势。如侨商黄奕住经营范围涉及商业、银行、保险、房地产、种植业等多个行业，跨中国、印尼、马来西亚、新加坡等多个国家和地区，再利用乡缘、地缘关系，与南洋侨商黄仲涵、李清泉互为奥援。黄奕住在上海创办中南银行的过程中得到知名人士黄炎培、史量才的支持，并聘请拥有广泛政商界关系的金融专业人才胡笔江任总经理，从而站稳脚跟。而侨商带给上海的不仅是资本的力量，还有企业管理方面的创新。南洋侨商在上海的进出口企业主要是独资公司、家族企业、少量合资或股份公司。他们大多发家于家族企业，但注意采用现代公司制度和现代企业管理制度，结合两者的优长，增强竞争力。

但国民党政权亦有自身利益，而且并非与资产阶级的利益始终一致。在南京国民政府成立之后，上海的资产阶级遭到当局的威逼利诱，南京国民政府颇有竭泽而渔的做派，与北京政府时期对待资产阶级的态度相去甚远，包括侨商也在南京国民政府的勒索之列。即以侨商黄奕住为例，他曾因捐资教育、赈济灾民得到北京政府的嘉奖，获得黎元洪总统赠送的“敬教劝学”匾额和徐世昌总统颁发的勋章。黄奕住于1920年创办的中南银行破例获得钞票的发行权。币制局批文称：“查新设银行发行纸币，前经禁止有案……本局为鼓励侨商回国经营实业起见，特予格外通融，暂准发行。”[①]但自1927年6月被蒋介石逼买公债，随后收回北京政府曾授予的续修漳厦铁路和开采龙岩煤矿的许可。1930年5月黄奕住第三子黄浴沂时为中南银行的协理，在上海被绑票勒索[②]。黄奕住已如惊弓之鸟，不再有巨额资金调入国内。国民党政权对侨商予取予求的强势作风影响了侨商在上海的投资热情，破坏了上海曾经非常宽松的市场环境。特别是抗战胜利后，由于国民党当局继续实行贸易统制政策，对于棉纱、棉织品进行出口管制，导致南洋贸易也受到重大影响。如上海染织厂业同业公会称南洋侨商迭次来电“催办染织布匹前往”，厂商呼吁政府放宽对出口棉织品的限制。[③] 面对通货膨胀的失控局面，为维持对南洋出口，政府也曾施行棉织品的出口补贴，但收效不大。上海与南洋之间的贸易亦随着整体经济的崩溃而陷于停滞。

总体看来，近代侨商是上海与南洋之间贸易的桥梁，由于清廷对华侨的关注和革命党人在华侨中的大量宣传工作，很大程度上唤醒了华侨的归属感和民族主义意识，其与传统的衣锦还乡、光宗耀祖的传统观念结合起来，富有资财的侨商奔走于上海、南洋之间，带动两地之间商业团体的良性互动，推动了两地间贸易的发展。我们回顾这一段历史对于今日如何发扬华侨爱国爱乡的传统，推动侨商在中外经济文化交流中的作用应有一些借鉴的意义。

（张国义撰稿）

---

① 上海档案馆藏：《财政部币制局有关准予侨商回国首创银行事致中南银行发起人黄奕住函》，1921年7月11日，档案号：Q265-1-2-92。

② 《黄浴沂被绑，两保镖一死一伤，汽车夫亦受伤死》，《申报》1930年5月29日，第15版。

③ 《南洋侨商电催恢复染织品南输》，《商业月报》第23卷第7期，1947年7月。

三、会展经济与上海外贸发展

——华东进出口商品交易会浅析

中国华东进出口商品交易会(East China Fair,以下简称华交会)是中国规模最大、客商最多、辐射面最广、成交额最高的区域性国际经贸盛会,是中国四大进出口商品交易会之一。华交会由上海、江苏、浙江、安徽、福建、江西、山东、南京、宁波等9省市联合主办,被称为"新春第一展"。华交会立足上海,以服装、轻纺及日用消费品的进出口贸易为特色,同中国外贸经济密切相关。本文对其略作评析,分析其对上海对外贸易发展的作用、影响及需改进之处。

中国华东进出口商品交易会

——中国外贸开年第一展

华交会每年3月在上海举行,是全国举行最早的展会,被称为"新春第一展"。该展会最早开始于1991年3月5日,政府及商务人士能够依据每年华交会的贸易数据,可以预测当年的外贸情况,因此,华交会又被称为中国外贸的"晴雨表"。

华交会是中国四大进出口商品交易会之一,四大进出口商品交易会是指:中国进出口商品交易会(广交会)①、中国华东进

① 中国进出口商品交易会(英文:The China Import and Export Fair)即广州交易会,简称广交会,英文名为 Canton fair。创办于1957年春季,每年春秋两季在广州举办,是中国目前历史最长、层次最高、规模最大、商品种类最全、到会客商最多、成交效果最好的综合性国际贸易盛会。自2007年4月第101届起,广交会由中国出口商品交易会更名为中国进出口商品交易会,由单一出口平台变为进出口双向交易平台。目前广交会由中华人民共和国商务部、广东省人民政府联合主办,由中国对外贸易中心承办。

出口商品交易会(华交会)、中国义乌国际小商品博览会(义博会)①和中国国际日用消费品博览会(消博会)②。这四大交易会设立在中国外贸经济最为繁荣的沿海地区,在很大程度上见证了中国外贸经济的发展。

1991年3月5日—14日,第1届华交会在上海世贸商城和上海国际展览中心举办。此后第2—4届华交会分别在上海展览中心、上海商城和上海国际展览中心举行。第5、6届华交会在上海展览中心、上海商务中心举办,第7—11届主要是在上海世贸商城、上海国际展览中心举办。从2002年的第12届华交会开始,展会举办地点基本固定在了浦东的上海新国际博览中心。

在四大进出口交易会中,华交会立足上海,以服装、轻纺及日用消费品的进出口贸易为特色。交易额由1991年第一届的10.23亿美元上升到2008年的36.78亿美元,但是由于受到全球金融危机的影响,2008年之后的交易额出现动荡,总体来说,目前华交会的交易额还未恢复到2008年金融危机之前的水平。根据历届华交会的参展商数目及成交额度,笔者将华交会的发展可以大致划分为初步发展阶段(1991—2000年)、快速发展阶段(2001—2008年)和下跌及稳定恢复阶段(2009年至今)。

---

① 义博会的前身是创办于1995年的中国义乌小商品博览会。从2002年开始升格为由国家商务部参与主办的国际性展会。在每年的10月21日—25日期间举行。义博会由商务部、浙江省人民政府、中国国际贸易促进委员会、中国轻工业联合会、中国商业联合会主办,浙江省对外贸易经济合作厅、义乌市人民政府承办。

② 中国国际日用消费品博览会(消博会)是经国务院批准,由国家商务部和浙江省人民政府共同主办,宁波市人民政府、浙江省商务厅承办的专业性展会,是目前中国规模最大的日用消费品专业博览会,每年6月9日—12日在著名的港口城市宁波举办。

初步发展阶段。1991 年第 1 届华交会展位数只有 900 个，参展企业只有 617 家，成交额只有 10.23 亿美元。在此之后的 10 年间，华交会稳定发展，展位数逐渐达到了 2 000 个，最多的时候是 1998 年的 2 586 个，交易额也逐渐上升，逐渐超过 20 亿美元，1996 年达到 22.36 亿美元。总体来说，此阶段的发展处于缓慢地上升发展阶段。但是此阶段的发展受到 1997 年亚洲金融危机的影响，1999 年和 2000 年的华交会成交额分别只有 12.06 亿美元和 12.95 亿美元，远低于 1996 年和 1997 年的 22.36 亿美元、22.31 亿美元。1997 年亚洲金融危机对华交会的影响还体现在海外客商参展人数上，1997 年有 7 738 名外商参加华交会，而 1999 年下降到 6 108 人。“1998 年，从统计数字看，到会客户约减少 22%，成交下降约 15%。其中东南亚地区客户减少较大，几近 40%；其次是韩国、日本；美国、非洲、西亚等地区的客户有所增加。”①1999 年在华交会发展历史上非常重要，“华交会原为出口商品交易会，1999 年，华交会更名为‘中国华东进出口商品交易会’，设立境外企业馆。华交会参展企业从国内扩大到国外，华交会的展览功能从出口延伸到进口”。②

快速发展阶段。经历 1997 年亚洲金融危机的影响，1998—2000 年的华交会的发展出现停滞甚至下滑的状态，这一情况在 2001 年得到了迅速的改变。相比 2000 年的参展位数 1 921 个、参展企业数 2 000 家、成交额 12.95 亿美元，2001 年的三项数值分别是 2 807 个、2 990 家和 15.324 3 亿美元，分别上涨了 46%、49.5%和 18.3%。在 2001 年的良好开局下，华交会表现出强劲的发展势头。到 2008 年第 18 届华交会，展位数发展到 5 346

① 杨丹林：《从华交会看上海轻工出口商品市场》，《上海轻工业》1998 年第 1 期。

② 周波：《华交会的成功之路》，《中国经贸》2007 年第 3 期。

个，参展企业数上升到 3 590 个，成交额高达 36.78 亿美元，分别是 2000 年的 2.78 倍、1.80 倍和 2.84 倍。在中国加入世界贸易组织的大趋势下，快速发展阶段的华交会给人留下深刻印象。

下跌及稳定恢复阶段。同 1997 年的亚洲金融危机一样，2008 年由次贷危机引发的全球金融危机给华交会带来很大的冲击。2008 年华交会参展企业数 3 590 家，比 2007 年的 3 560 家小幅上涨 30 家，这一数据在 2009 年小幅下降到 3 353 家。如果说参展企业数只是小幅下降，那在成交额这一数据上可以明显看出金融危机对华交会乃至中国外贸的冲击。2008 年华交会的交易额达到顶点为 36.78 亿美元，这一数字在 2009 年迅速下降为 22.41 亿美元，下降了将近四成。海外客商到会人数由 19 263 人下降到 18 229 人，这些都体现了 2008 年全球金融危机对中国外贸的剧烈影响。金融危机的持续性，加之没有 2001 年加入世界贸易组织这类刺激性因素的出现，使得在此之后的华交会进入一个相对稳定时期，参展企业数维持在 5 000 个以上，成交额维持在 20 亿—30 亿美元之间。

表 4 - 1 是笔者根据华交会网站及相关信息制作的华交会资料数据。这份数据比较清晰地显示出华交会的发展趋势。总体来讲，华交会的发展表现出以下几个方面的特征：(1) 展会参展面积不断扩大，从最初的 2.1 万平方米增加到 11.5 万平方米；(2) 展会参展地点逐渐固定，在华交会的初期阶段，展出地点不断发生变化，自 2002 年第 12 届华交会开始，场馆固定在了浦东的上海新国际展览中心；(3) 国际影响力不断扩大，表现为境外参展企业数和海外到会客商人数不断增加。这些都表明，以上海为展出基地的华交会表现出强劲的发展活力。

华交会的运作过程

华交会自 1991 年创设以来，至 2016 年已经连续举办 26 届。

表 4-1　华东进出口商品交易会历届资料数据表(1991—2016 年)

届数	时　间	展出面积(万平方米)	展出地点	展位数	参展企业数	境外参展企业数	成交额(亿美元)	海外客商到会数
第 1 届	1991 年 3 月 5 日—14 日	2.1	上海世贸商城 上海国际展览中心	900 个	617 家	——	10.23	6 018
第 2 届	1992 年 3 月 5 日—14 日	2.9	上海展览中心 上海商城 上海国际展览中心	1 330 个	700 家	——	13.32	6 158
第 3 届	1993 年 3 月 5 日—14 日	3.5	上海展览中心 上海商城 上海国际展览中心	1 550 个	1 000 家	——	16.48	6 741
第 4 届	1994 年 3 月 5 日—14 日	3.6	上海展览中心 上海商城 上海国际展览中心	1 600 个	1 000 家	——	18.05	7 788
第 5 届	1995 年 3 月 5 日—14 日	5.1	上海展览中心 上海商务中心	2 100 个	1 400 家	——	21.41	7 906
第 6 届	1996 年 3 月 5 日—14 日	4.92	上海展览中心 上海商务中心	2 000 个	1 500 家	——	22.36	7 543
第 7 届	1997 年 3 月 5 日—14 日	6.42	上海世贸商城	2 537 个	1 500 家	——	22.31	7 738

（续表）

届数	时　间	展出面积（万平方米）	展出地点	展位数	参展企业数	境外参展企业数	成交额（亿美元）	海外客商到会数
第 8 届	1998 年 3 月 5 日—14 日	6.54	上海世贸商城 上海国际展览中心	2 586 个	1 800 家	——	19.65	6 518
第 9 届	1999 年 3 月 1 日—7 日	5.47	上海世贸商城 上海国际展览中心	2 217 个	1 500 家	76 家	12.06	6 108
第 10 届	2000 年 3 月 1 日—7 日	4.56	上海世贸商城 上海国际展览中心	1 921 个	2 000 家	45 家	12.95	7 277
第 11 届	2001 年 3 月 1 日—7 日	6.33	上海世贸商城 上海国际展览中心	2 807 个	2 990 家	100 家	15.324 3	10 562
第 12 届	2002 年 3 月 1 日—7 日	5.75	上海新国际博览中心	2 850 个	2 300 家	98 家	16.892 2	13 646
第 13 届	2003 年 3 月 1 日—7 日	5.75	上海新国际博览中心	2 966 个	2 400 家	99 家	20.403 4	15 749
第 14 届	2004 年 3 月 1 日—7 日	8	上海新国际博览中心	4 158 个	3 081 家	142 家	25.591 8	18 915
第 15 届	2005 年 3 月 1 日—7 日	8.05	上海新国际博览中心	4 158 个	3 300 家	128 家	29.74	20 558
第 16 届	2006 年 3 月 1 日—6 日	10.35	上海新国际博览中心	5 346 个	3 570 家	140 家	33.21	23 660
第 17 届	2007 年 3 月 1 日—6 日	10.35	上海新国际博览中心	5 346 个	3 560 家	144 家	35.53	18 557

（续表）

届数	时　间	展出面积（万平方米）	展出地点	展位数	参展企业数	境外参展企业数	成交额（亿美元）	海外客商到会数
第 18 届	2008 年 3 月 1 日—5 日	10.35	上海新国际博览中心	5 346 个	3 590 家	144 家	36.78	19 263
第 19 届	2009 年 3 月 1 日—5 日	10.35	上海新国际博览中心	5 312 个	3 353 家	120 家	22.41	18 229
第 20 届	2010	10.35	上海新国际博览中心	5 310 个	3 376 家	165 家	27.33	19 029
第 21 届	2011	10.35	上海新国际博览中心	5 310 个	3 326 家	170 家	28.39	20 105
第 22 届	2012	11.5	上海新国际博览中心	5 880 个	3 420 家	134 家	31.22	21 124
第 23 届	2013	11.5	上海新国际博览中心	5 880 个	3 607 家	158 家	28.14	20 016
第 24 届	2014	11.5	上海新国际博览中心	5 780 个	3 441 家	145 家	27.59	21 433
第 25 届	2015	11.5	上海新国际博览中心	5 780 个	3 378 家	204 家	25.66	21 200
第 26 届	2016 年 3 月 1 日—5 日	11.5	上海新国际博览中心	5 480 个	3 153 家	329 家	23.10	21 454

资料来源：华交会网站，http://cn.ecf.gov.cn/2015-09/02/c_45594.htm。

在这 26 年中，华交会主办方不断总结经验，吸收国际先进理念，逐渐形成和发展了一套适合展会定位、符合华东外贸发展的一些做法和经验，从而保证了华交会的顺利开展。

从参展客商的角度，华交会的运作模式包括申请、参展、会后服务等诸多环节。因为华交会是华东 9 省市联合主办，所以参展商出现不同的分类情况，主要包含以下类别：(1) 主办省市企业和组团城市企业；(2) 联合交易团企业；(3) 境外交易团企业。①

主办省市企业是指上海、江苏、浙江、安徽、福建、江西、山东、南京、宁波等华东 9 省市组成主办省市交易团。展会的组织机构会提前分配、预留一些展位给这些省市的企业。组团城市企业是指有一些城市出于各种原因，在政府的整合下由很多企业组团参加华交会。这两种性质的参展单位在申请参展过程中要求基本一致。这些地方的企业要申请参加华交会，首先要考虑自己是否有资格参加华交会，主要标准是申请企业必须获得进出口经营资格，并已办理进出口企业代码，年出口额不低于 75 万美元。达到以上标准的这些地方企业要同省市的交易团联系。主办方华东 9 省市满足条件的企业同所在地的华交会交易团联系；组团城市企业与获得授权的组团城市交易团联系，获得同意后即可参与华交会的展览过程。待这些地方的交易团同意之后即可办理展位缴费、网上办理参展证、布展证等手续，最后参加展会，面向全球推介自己的产品。2004 年第 14 届华交会新增杭州、厦门、青岛三个组团城市团。②

联合交易团企业的成员来自除中国华东地区以外的全国其

---

① 《参展流程》，http://cn.ecf.gov.cn/2015-08/23/c_45459.htm。

② 《第 14 届华东进出口商品交易会开幕，台湾组团参展》，http://www.huaxia.com/sw/cjzx/smhd/00181526.html。

他省、市、自治区。这些地方的企业主要是自己联系参展，同所在地政府关联较小。这些企业如果准备参展华交会，首先也是自审报名资格，申请资格与主办省市企业和组团城市企业一样，都需要获得进出口经营资格，并已办理进出口企业代码，年出口额不低于 75 万美元。在达到以上标准之后，需要登录华交会网站进行注册，在选择“境内参展商”后，填写企业信息及申请展位信息。在获得批准之后 15 天内需要进行缴费操作，然后在网上办理参展证、布展证，办理参展等有关事项。一切准备就绪后即可布展。2017 年华交会的联合交易团是由北京、天津、河北、河南、湖北、湖南、内蒙古、陕西、山西、黑龙江、辽宁、吉林、广东、深圳、广西、四川、重庆、云南、甘肃、西藏、新疆、五菱（军工）等 28 个分团组成。联合交易团展位数量仅次于上海、浙江、江苏交易团，位居第 4 位。①

境外交易团企业是指中国大陆之外的参展商系统。这些境外企业要想参与华交会，需要先取得报名资格。第 26 届华交会境外交易团参展企业需具备以下资格方可报名参展：(1) 境外企业需拥有政府颁发的正规营业执照，且注册地为境外国家或地区（包括中国香港、中国台湾、中国澳门）。(2) 自企业注册日期起一年后方可报名。(3) 境外企业直接报名参展，参展人员均须为境外企业员工。(4) 境外企业如通过境内分公司或办事处报名参展，需提供境外总公司以及境内分公司或办事处的正规营业执照，且需提供境外总公司联系人的有效联系方式（电话和邮箱），并由境外总公司委派至少一名员工作为参展人员。(5) 如境内外资公司在境外没有总公司，则不接受其参展请

① 《2017 上海华交会 联合交易团：全国一盘棋》，http://www.sohu.com/a/73087405_218706。

求。[1] 境外企业符合以上规定即可登录华交会官方网站，提交参展申请，在得到主办方的同意后获得展位确认书，展位确认书等同于参展合同，境外企业需要按照展位确认书的要求付款，然后网上办理参展证、布展证，并提交产品图片，如有修改，需要上报改装、特殊装修的展位图纸。一切准备就绪后，即可按时参展。

海外客商对华交会非常重视。华交会自1999年起设立境外馆。第一年外商摊位仅62个，不够分配，未拿到摊位的外商叫苦不迭。2001年主办方决定把境外馆摊位扩充到109个。外商认为“华交会给他们提供了同中国企业和参展商贸易交流的机会，也为他们投资中国打开方便之门”。[2] 参加华交会的海外展商数目逐渐增长。

上海华交会为各类参展企业制定了一系列的展览规则。在展会主办官方的《参展须知》中，明确规定了不同参展企业获取参展资格的不同方式，主办省市交易团由来自上海市、江苏省、浙江省、安徽省、福建省、江西省、山东省、南京市、宁波市的中国内地企业组成；组团城市交易团由来自杭州市、厦门市、青岛市的中国内地企业组成；联合交易团为主办省市及组团城市以外的中国内地企业；境外交易团由中国大陆以外的其他国家或地区（包括港、澳、台地区）的企业组成。[3]

企业参加华交会需要提前布展，布展结束之后就开始进入正式的展览阶段。展览过程中，参展企业要严格遵从管理方的展位管理规定。在一般客商看来，“华交会与其他大型交易会相

---

① 《参展流程》，http：//cn. ecf. gov. cn/2015－08/23/c_45459. htm。
② 华文：《外商青睐华交会》，《国际市场》2001年第3期。
③ 《展览须知》，http：//cn. ecf. gov. cn/2015－08/23/c_45458. htm。

比，交易成本和参展成本相对较低，而成交率和履约率都比较高”。① 能够得到这样的评价，与华交会的严格管理密不可分。

根据笔者掌握的 2017 年参展手册，我们会发现，管理方对参展企业做了严格规定：②

> 一、华交会展位仅限经资格审查、复核和备案的参展单位使用。展位实际使用单位须与展位楣板标明的参展单位一致。
>
> 二、严禁违规转让或转租(卖)展位。凡属展位实际使用单位与展位楣板标明的参展单位不一致，均视同违规转让或转租(卖)展位。包括：
>
> 1. 联营名义将展位转给联营单位使用；
>
> 2. 以供货或协作(含挂靠)名义将展位转给供货、协作、挂靠单位使用；
>
> 3. 以非参展单位(指未经资格审查、复核和备案的单位)名义对外签约；
>
> 4. 以借用名义将展位转给(借给)其他单位使用；
>
> 5. 未经许可擅自对调、对换展位；
>
> 6. 向供货、联营、协作等单位高价收取参展费用；
>
> 7. 其他违规转让或转租(卖)展位的行为。

在展会中，参展企业直接面对采购商和参观者。在展会组织方看来，进入展会的人可以分为“专业观众”和“普通观众”。

---

① 《山西外贸火爆“华交会”》，《今日山西》2003 年第 3 期。

② 华交会展务组：《第 27 届中国华东进出口商品交易会(2017 上海)参展商手册(境外版)》，2016 年 10 月，第 9 页。

"专业观众"需要通过网络等提前申请入场，在申请资格得到同意后到现场领取采购商证，领取该证时需要有以下方面的材料：(1) 网上预登记时使用的证件(护照/身份证/台胞证/回乡证/外服工作证等)；(2) 确认信打印件。① 普通观众要想参加展会，需要在展会时间段内现场购票，然后持票参会。

华交会的发展及其展望

华交会立足上海，上海是全国经济贸易发展最先进的地区之一，上海的区域优势在某种程度上促进了华交会的发展。在21世纪初，就有论者指出："华交会为何吃香？……华交会选择上海定位正确。上海这一国际大都市的地位越来越高，各国商人尤其是跨国公司纷纷抢滩上海。……华交会人气足，与国际大背景也有关。从世界经济的发展总态势和中国即将入世的形式看，对中国扩大出口是有利的。……华交会不同于广交会，赶会的主要是日本、韩国、台港澳、东南亚和澳大利亚客商。"②上海的地缘优势有利于华交会走向世界。

"华交会能持续发展，我认为主要有两个方面的因素。一是华交会目前的九个主办省市互商互谅，团结办会；二是华交会参展的有效客户每年增加，出口成交每年稳步增长，给参展企业和参展商带来了商机，实现了双赢。"③

"华交会原为商品门类众多的综合性交易会。2002 年前华交会先后撤销了机电、五矿、食品、土畜产等展馆。2002 年后华交会逐步撤销综合馆、境外馆，确定了以轻纺产品为主的专业化

---

① 《入场手续》，http://cn.ecf.gov.cn/2015-08/23/c_45460.htm。

② 李志石：《来自华交会"爆棚"的思考》，《国际商报》2001 年 3 月 3 日，第 1 版。

③ 张灏：《华交会，从区域交易会到国际品牌展——专访上海外经贸商务展览有限公司总经理徐桦》，《中国广告》2004 年第 3 期。

办展方向。2006年第16届华交会形成了服装、家用纺织品、装饰礼品、日用消费品4个专业展区的格局。”①近年来，华交会维持了服装服饰展、纺织面料展、装饰礼品展、家庭用品展、现代生活方式展等几个固定的展览内容。其中，服装服饰展包含时尚成衣展区、母婴及内衣展区、服装配件展区；纺织面料展包含居室用纺织品展区、餐厨用纺织品展区、面料辅料展区；装饰礼品展包含工艺礼品展区、文体及户外用品展区、玩具及宠物用品展区；家庭用品展包含餐厨用品展区、个护清洁用品展区、家具家电展区等。“由于展出范围集中在纺织服装、轻工和工艺品三大类，且产品质量上乘、价格适中，因此轻纺消费品深受发达国家和富裕地区客商的青睐。”②

国际市场对华交会的发展报以极大的热情。“外商对华交会寄予厚望不是没有道理的，因为它共同主办的上海、江苏、浙江、安徽、福建、江西、山东、南京和宁波9省市，处于中国华东地区，地理位置优越，自然资源丰富，工业基础浓厚，是中国经济最发达的地区之一。改革开放以来，华东地区加快发展外向型经济，取得令世人瞩目的成就。眼下，华东九省市的GDP总额占全国GDP总额的40%，进出口总额占全国的逾35%，其中出口占全国近40%，实际使用外资金额约占全国45%。历届华交会坚持以出口成交为中心，1991年至2000年10届交易会，共成交170亿美元，累计到会境外客商7万余人。于是，国内企业把华交会看成结识国外新客户，了解世界需求和走向国际市场的桥梁。而外商同样将华交会视为抢滩中国市场、寻觅贸易、投资机会的大舞台。”③

① 周波：《华交会的成功之路》，《中国经贸》2007年第3期。

② 《山西外贸火爆“华交会”》，《今日山西》2003年第3期。

③ 华文：《外商青睐华交会》，《国际市场》2001年第3期。

分析最近几年华交会的发展状况，我们既可以深入思考华交会的发展历史，又可以展望华交会的发展趋向。我们主要分析 2013 年到 2016 年间的数据，可以得出有益的启示。

表 4－2　2013—2016 年华交会参会客商统计表

时　间	总　数	国内客商	境外客商
2013	40 016	20 000	20 016
2014	35 433	14 000	21 433
2015	34 641	13 441	21 200
2016	36 099	14 645	21 454

资料来源：根据华交会网站提供的资料制作。http：//cn. ecf. gov. cn/2015－08/26/c_45560. htm。

2013 年到 2016 年，正处于华交会的稳定恢复阶段。由于 2008 年全球金融危机，中国外贸行业首当其冲。在此之后，外贸行业逐渐地恢复，并且维持在一个基本稳定的局面上。在缓慢发展的同时，又迎来了网络的冲击。网络经济的普及，使得实体的会展经济受到了很大冲击。

表 4－3　2013—2016 年华交会各大洲到会客商人数统计表

时间	总计	亚洲	欧洲	北美洲	中南美洲	大洋洲	非洲
2013	20 016	16 233	2 101	962	290	283	147
2014	21 433	17 590	2 126	1 112	184	296	125
2015	21 200	16 993	2 216	1 318	211	352	110
2016	21 486	17 256	2 245	1 389	168	345	65

资料来源：根据华交会网站提供的资料制作。http：//cn. ecf. gov. cn/2015－08/26/c_45560. htm。

在参加华交会的海外客商中，我们发现亚洲客商占据了绝大部分，并且保持在一个相对稳定的水平。从 2013—2016 年，亚洲客商占据的海外客商比例分别为81.1%、82.1%、80.2%、80.3%，由此可见华交会面向的海外国家主要是亚洲国家。亚洲是华交会参展的主要外国客商来源地。相比亚洲，欧洲的客商保持基本稳定，为了提高交易会的到会客商质量和数量，管理方组团赴欧洲招商，在1998年11月赴法国、意大利和德国招商，加强了与法、德、意三国贸易机构和企业界的联系；通过直接向海外客商寄送以及通过我驻外机构、海外企业、外商驻沪办事处、香港中旅社在世界各地的分支机构等渠道发送邀请函4.8万份，比上届增加8.3%，①但是起到的效果非常有限。北美洲客商增速较快，从2013年的962人增长到1 389人，四年间所占比例分别为4.8%、5.2%、6.2%、6.5%，有一个比较明显的上升过程。非洲客商在华交会上所占的比例较小，四年所占比例仅为0.7%、0.6%、0.5%、0.3%。对照广交会中非洲商人所占的比例，可以发现华交会在开拓非洲市场方面尚有较大潜力。

表4－4　2013—2015年纺织服装类、轻工工艺类及其他类商品成交比较表　（单位：万美元）

时　间	总成交额	纺织服装类	轻工工艺类	其他类商品
2013	281 419	131 338	138 270	11 811
2014	275 921	126 642	121 928	27 351
2015	256 571	13 462	115 609	6 200

资料来源：根据华交会网站提供的资料制作。http://cn.ecf.gov.cn/2015－08/26/c_45560.htm。

在成交额一项中，我们发现华交会的成交额呈现下降的趋势。下降的原因正如上文所言：一是受到全球金融危机影响，二

① 《华交会的探索——进一步迈向商业化、企业化、市场化之路》，《国际市场》1999年底4期。

是受到网络电商经济的冲击。其实在笔者看来，2010 年前后华交会的成交额下降在很大程度上也是一个自我调节的过程，自 2001 年加入世界贸易组织以来，中国利用其比较优势，在出口方面迅速占据全球贸易的优势地位。当然，这种政策性的利好作用不会长久，一是受到其他国家的制度反制，比如东南亚地区的后发比较优势、欧美贸易发达国家的政策性限制等；二是中国本身的情况发生了变化，由于中国自身发展，之前的比较优势，例如劳动力成本、环境成本等都发生了变化。由此导致外贸发展处于一个相对稳定发展的程度，只要保持这种稳定，中国外贸发展仍然处于一个较好的水平。

表 4－5　2013—2015 年新参展企业数及再次参展企业数

	新参展企业数	再次参展企业数
2013	2 999	608
2014	2 684	757
2015	2 178	1 200

对参展企业的有效分析是促进华交会发展的一个有效方式。从 2013 年到 2015 年，在华交会的参展企业中，新参展企业数目为 2 999 家、2 684 家、2 178 家，新参展企业数目呈现下降的趋势。但是再次参展企业数目分别为 608 家、757 家、1 200 家，出现一个明显的上升过程。通过分析这组数据，我们发现华交会需要在宣传等吸引新客商的手段上努力，同时也证明最近几年的华交会对客商还是有吸引力的，越来越多的企业选择再次参展。

根据统计，2015 年参展商的行业主要分布在以下领域：服装类占 32.65％、家用纺织品类占 17.35％、日用消费品类占 39.79％、装饰礼品类占 5.33％、境外类 4.36％、服务类 0.52％。

由此可见，华交会主要的交易对象是轻工业品，集中分布在日常生活用品方面。

通过以上分析，我们可以看到华交会需要在以下几个方面做出改善，从而取得更好的发展。

第一，加大宣传力度，做好宣传材料。比较于广交会的全国知名度，华交会仍然相差一个等级。最近几年新的参展商企业数目减少等问题都需要加大对华交会的宣传力度。华交会承办单位上海外经贸商务展览有限公司，虽然重视宣传，比如"华交会在6个著名网站，欧洲经济新闻网站、美国与日本的雅虎网站、荷兰贸易通道网站、环球资源网站、欧洲邮件投放专业人士网站进行宣传……在德国汉莎、日本航空、香港国泰3家航空杂志以及英国、加拿大、澳大利亚、新加坡、泰国、韩国6家较大影响的海外报刊投放广告"并且扩大招商代理，在国际上有21个代理商，委托香港中旅社设立了华交会的17个招商点，分布在澳大利亚、新西兰、加拿大、英国、法国、德国、美国、中国香港等地。① 但是根据实际效果来看，需要在展会宣传方面作出更大的努力。《华交会会刊》由华交会工作委员会主编，是华交会展期内出版发行的唯一权威性刊物。《华交会会刊》的主要内容有华交会介绍；参展企业名录、展位号；华交会展馆分布图等，但是会刊所载内容仍然偏少，会刊编撰也须更加专业化。

第二，华交会需要拓展更多的海外市场。通过前面的分析，我们知道华交会最重要的海外客商来源地是亚洲，占到了所有海外客商的八成以上。客商来源地的单一会严重影响到华交会的长远发展，如果亚洲再出现类似于1997年的地域性金融危

① 张灏：《华交会，从区域交易会到国际品牌展——专访上海外经贸商务展览有限公司总经理徐桦》，《中国广告》2004年第3期。

机，那对华交会发展的冲击可想而知。“上海轻工企业的出口地区还太窄，有些产品和企业甚至吊在少数几个国家和地区上。一旦这些国家和地区发生波动，就会给企业出口带来无法弥补的影响。像这次东南亚地区金融危机，受影响最大、受害最深的就属上海的轻工产品。”而且“上海轻工对东南亚地区出口比重约占35%—40%，个别企业高达60%—70%，我们的出口就受到这些国家的经济发展的支配，彼好我盈，彼差我衰”。① 在华交会的海外拓展中，北美洲正在逐渐发展，但是欧洲、中南美洲、大洋洲等地未见可喜的变化，在非洲的影响力太小，这同中非的贸易关系程度不相匹配，华交会需要在拓展非洲市场上做出努力。

第三，在展出产品方面，华交会也要作出适当的改变。目前华交会的参展商主要是轻工业品、日常生活用品的制造商，在产品科技水平含量上有很大的上升空间，缺乏高科技、精密度、重工业产品的涉及。虽然，“与广交会的博大相比，华交会更注重专业化”，②但是，面临网络电商对轻工业的冲击更大。所以要适当加入非轻工用品的比例。“一位来自西欧的客商认为展品的档次还要提高，交易会应集中展出精品、名品，不能博而不精。”③从横向比较来看，华交会与发达国家相比，仍存在较大差距。从成交情况可以看出，科技含量较高的机电产品成交额仅占总成交额的13.3%，远远落后于劳动密集型的纺织类商品(32.4%)和轻工类商品(20.9%)的出口成交量。④

① 杨丹林：《从华交会看上海轻工出口商品市场》，《上海轻工业》1998年第1期。

② 岳小月：《风声雨声——华交会听声》，《世界机电经贸信息》2004年第4期。

③ 于新春：《外商眼中的华交会》，《江苏纺织》1998年第4期。

④ 肖然：《第七届华交会采访札记》，《经贸文摘》1997年第5期。

第四，在展出方式方面，要应对电商跨境贸易的挑战。华交会到今天为止还未恢复到2008年经济危机之前的盛况，有经济不景气的原因，还有一个原因就是跨境电商平台的影响。在网络化时代，传统的会展经济必须要接受这种挑战。在2016年第26届华交会上，“首次设立了跨境电商展区，邀请跨境电商平台、物流、支付、第三方服务等企业参展，为展商业务发展开拓了商机”。① 这是我们看到的可喜变化，但是面对跨境电商的挑战我们还有很长的路要走。

（张帅撰稿）

① 姜煜：《华交会出口累计成交额下降近一成》，《中国贸易报》2016年3月8日。

第五章　对外贸易理论研究与传播

一、从业者与研究者

——中国近代贸易史上的何炳贤

何炳贤(1901—1999),又名何仪,广东番禺人。21 岁到美国留学,4 年后获得加利福尼亚大学政治经济学硕士学位。回国后在上海创办大陆大学,担任财政系主任,兼英文及市政学教授。1931 年任国际贸易局局长兼国民政府江浙陈厂丝推销委员会主席等职位。1933 年 10 月,任全国经济委员会棉业统治委员会委员。抗日战争期间,担任汪伪经济专门委员会副主任委员、军事委员会办公厅第三厅厅长、中央储蓄银行监事等职务。抗日战争胜利后逃往日本,被引渡回南京判处 8 年有期徒刑,后提前出狱移居香港直至去世。①

何炳贤的一生是饱受争议的一生,他为中国近代外贸事业

---

① 何炳贤生平见孙健、王磊:《得以善终的汪伪大汉奸何炳贤》,《钟山风雨》2008 年第 3 期,第 47—50 页;中国第二历史档案馆、《中国抗日战争大辞典》编写组、万仁元、方庆秋、王奇生编:《中国抗日战争大辞典》,湖北教育出版社 1995 年版,第 355 页。

作出过重要贡献，作为一名从事外贸工作的从业人员，他出任过国民政府第一任国际贸易局局长，主持了第一次全国范围对外贸易工作系统化科学化调查；作为一名中国近代外贸史研究的拓荒者，何炳贤撰写了大量中国与各国贸易的文章，并出版了第一部高等院校外贸史教材。学者与外贸从业者的双重身份，使何炳贤的学术研究具有与其他学者不同的特点，从外贸实践出发将中国外贸不振的原因归结为“被动贸易”，提出外贸发展要“扩大输出”，其“适当保护”的关税政策、“工农立国”和统制经济的思想，以及对美国复兴问题的考察都在当时的经济学界独树一帜。但是，由于何炳贤的政治立场，目前学界研究成果多集中于他的外贸思想研究①，而他对中国近代对外贸易史的发展和对外贸易史研究方面所作出的贡献并未引起学界的普遍重视。本文拟从历史学的角度，对何炳贤在近代对外贸易发展和外贸史研究的贡献予以梳理和总结，力求做到客观评述与表彰。

民国对外贸易史的书写者

何炳贤是国民政府实业部国际贸易局的首任局长②，他在

---

① 目前仅见曾红燕：《何炳贤经济思想研究》，贵州师范大学硕士学位论文，2014 年；曾红艳，周石峰：《何炳贤对外贸易思想析论》，《乐山师范学院学报》2014 年第 3 期。以及李舒瑾编著：《中国近代外贸思想研究》（河南大学出版社 2001 年版）、李蓉丽：《民国对外贸易思想研究》（武汉大学出版社 2008 年版）、陈晋文：《中国对外贸易与现代化》（知识产权出版社 2010 年版）、陈家勤主编：《国际经贸理论通鉴》（对外经济贸易大学出版社 2010 年版）等书中对何炳贤的贸易发展思想有所论述。

② 国际贸易局的前身是北洋政府时期的经济讨论处和南京国民政府时期工商部的工商访问局。1930 年 12 月 16 日正式成立，隶属于国民政府实业部。实业部任命郭秉文任局长，徐善祥任副局长，均辞未就职。1932 年 1 月，实业部委派何炳贤为副局长，局长由实业部部长陈公博兼任，6 月何炳贤任局长，郭威白任副局长。1937 年 8 月淞沪会战之后，国际贸易局迁往武汉。1938 年初，国民政府改组国家行政机关，撤销实业部，设立经济部，贸易调查委员会改名为贸易委员会，隶属财政部，原实业部下属的国际贸易局并入贸易委员会，国际贸易局的历史结束。

任期间领导和推动了国际贸易局一些首创性的工作，为中国近代对外贸易事业作出了贡献，也为中国近代对外贸易发展留下了珍贵记录。

虽然国际贸易局仅为一个实验性、过渡性的机构，但却是国民政府设立的第一个服务型对外贸易行政机构，在近代中国实属首创。作为历任国际贸易局局长任职时间最长的一位，从1932年6月到1936年4月，何炳贤带领国际贸易局走过了筚路蓝缕的开创时期。在他的任期内，在全国范围开展第一次实业调查，创办专业化刊物《国际贸易导报》《国际贸易情况》，发布每年度对外贸易报告等，为政府发展对外贸易提供决策咨询，在为进出口企业提供市场信息、介绍外贸业务，协调企业与政府相关部门的关系等诸多方面都作出了尝试与努力，对中国近代外贸事业的发展起到了推动作用。同时这些工作又多有文字记录留下，成为研究近代中国对外贸易史最珍贵的第一手资料。

何炳贤领导的国际贸易局下设四个处分别是总务处、指导处、统计处与编纂处。① 除了总务处外，其他三个处的主要工作分别可以概括为调查统计、对外贸易业务的指导、服务和宣传。其中统计处在调查统计全国范围的实业方面作出了具有开创性意义的工作。何炳贤认为调查统计工作之所以重要，首先来自国内实业发展的需要，“我国地大物博，惟是对于各省区的实业状况，从未举行有系统的调查，以致地如何大，物如何博，都没有确实的资料可供查考。想明了各省区的实业情形却不可得，更何论开发各省实业和厘定全国实业计划！”②进行全国性的实业

---

① 何炳贤：《国际贸易局沿革和现状》，《中国实业》第1卷第2期，1935年，第317页。

② 何炳贤：《中国实业志·序》，实业部国际贸易局编：《中国实业志（江苏省）》，民光印刷股份有限公司1933年版，第1页。

调查，“在政府可藉以为实施建设的依据，在国人可本此为经营事业的指南”。[①] 其次，来自国外特别是日本对于中国侵略的压力，“日本在华的调查工作几遍全国，二十年前，早就越俎代庖，替我们编一部数百万言的‘支那省别全志’，他们在华侵略实力的雄厚政治阴谋的成功。可以说是几十年调查得来的成就”。[②] 此外，随着世界经济的发展，实业调查工作愈发凸显其重要性，“年来经济恐慌，普及各国，竞以统制经济自居，炳贤向往有日，顾统制必先设计，设计必基于统计数字”。[③] 因此，何炳贤在上任之初就开始着手主持全国范围的实业总调查。“二十一年八月，陈部长以经济建设当先事调查统计，否则资本技术皆无所施，因有各地实业志之辑，命炳贤董其事。又以扬子江流域适于重工业中心，遂就江浙湘鲁等省实地调查，附局设一实业志编纂处。”[④]

此次调查的计划规模庞大，拟以省为单位，分为四期，调查的范围分工业、商业、矿业、农业、水产与渔业等项。调查方法分为直接与间接两种方式，直接的是派员实地调查或与各省公私机关及个人合作实地调查，间接的是利用各官厅公牍档案、各省县志书、各私人著作及公司团体或个人发行的报章杂志和各国出版的书籍报章杂志等资料。[⑤]

何炳贤聘请《国际贸易导报》的主编侯厚培为调查主任、朱羲农为编纂主任，主持调查与编纂工作。国际贸易局的众多工作人员参与调查与编撰工作。第一期调查工作计划两年完成，

① 《中国实业志·序》，第1页。

② 《中国实业志·序》，第4页。

③ 何炳贤：《国际贸易局沿革及现状》，《中国实业》第1卷第2期，1935年，第316页。

④ 同上。

⑤ 《中国实业志·序》，第3页。

但是江苏省的调查工作仅用了四个月的时间，1932 年 8 月份开始，到 12 月底已经结束。《中国实业志》第一编《江苏省》于 1933 年 2 月出版。由于时间仓促，人手不足等诸多问题，到 1937 年《中国实业志》只出版了江苏、浙江、山东、湖南、山西等五个省份，且存在调查结果中诸多敷衍甚至杜撰等问题，①导致这套书在当时就有学者提出异议。② 但是《中国实业志》的出版毕竟极大地弥补了民国时期区域经济统计资料不足的状况，"这次实业部举办全国实业总调查，是历史以来的创举"③，被视为"中国实业衰败到极端的时候……实业前途的一线曙光"。④ 至今仍是研究民国经济史的重要参考资料。

国际贸易局的编纂处主要负责编纂国际贸易局的定期刊物与不定期刊物，其中定期刊物有《工商》半月刊，《国际经济周刊》，英文《国际经济月刊》与《中国经济周刊》，此外不定期刊物有《国际贸易丛书》《华侨经济丛刊》《商品调查丛书》等。国际贸易局于 1934 年与上海商品检验局合办的刊物《国际贸易导报》是民国时期创刊最早、历史最长的外贸专刊。⑤ 这本外贸专刊作为对外贸易领域的专业期刊，刊载了大量可以视为对中国近

---

① 冯和法：《回忆〈中国实业志〉编纂经过》，中国人民政治协商会议全国委员会文史和学习委员会编：《文史资料选辑》合订本，第 42 卷，总第 122—124 辑，中国文史出版社 2011 年版。

详见千家驹、吴半农：《中国实业志(江苏省)》，《图书评论》第 1 卷第 11 期，1933 年。

② 《中国实业志·序》，第 4 页。

③ 朱羲农、侯厚培：《中国实业志(江苏省)·序》，实业部国际贸易局编：《中国实业志(江苏省)》，民光印刷股份有限公司 1933 年版，第 2 页。

④ 《中国实业志·序》，第 2 页。

⑤ 这是笔者目前掌握的材料中，民国时期最早出版的外贸专刊。创办于 1930 年 4 月，每月发行 1 号，1934 年由实业部国际贸易局与上海商品检验局合办，成为一本专门讨论国际贸易问题的刊物，该专刊出版至 1937 年 7 月第 9 卷 7 号，总共 9 卷 85 号。

代对外贸易事业具有奠基性意义的研究论文。

这些文章大致包括三个方面：首先是对外贸易实务研究。比如针对棉花、桐油、生丝、茶叶、蛋产品等中国主要的大宗出口商品，分别出版专号介绍这些商品出口状况及相应对策，如第5卷第5号的"茶叶专号"就刊登了《改进中国茶叶计划》《华茶在国际战争中的出路》两篇具有指导性意义的文章，此外还有《日本茶的生产及其贸易》《中俄茶叶贸易之过去现在与未来》《世界茶叶之观察》等文章；其次，关注国际贸易热点与理论研究。如中日之间的贸易问题在20世纪30年代前后一直备受关注，《国际贸易导报》第2卷第7号的"中日贸易专号"，刊登了一系列探讨中日贸易问题的文章①。"九一八"事变后，着重研究日本对华投资及贸易侵略，连续刊登研究中日贸易与日货倾销的文章。再次，关注国内国际市场动态，成为沟通国际国内市场的信息平台；《国际贸易导报》刊载了大量供求信息，设置"国内外市场报告"、"国际市场概况"等专栏，并定期公布国际贸易统计数据。《国际贸易导报》以其时效性、专业性、权威性在当时成为"教育机构大中学生及工厂商家均不可不人手一编"。而"研究学问者，由本报中可以得到极有价值之参考资料，经营工商业者，由本报中可以得到商品改良推销科学之方法以及重要商情消息等等"。② 同时，《国际贸易导报》是近代对外贸易史研究中不可多得的第一手材料，也是我们了解民国时期我国对外贸易发展的

---

① 详见《国际贸易导报》第2卷第7号刊载文章：《我国新税则与对日贸易的影响》《从统计上观察历年来之中日贸易》《大阪华侨之贸易现状及交易情形》《上海日商企业之发展与外人在华设厂问题》《中日贸易中之钢铁问题》《中日贸易之华棉出口问题》《中日贸易中之棉织品入口问题》《中日贸易中之豆类问题》《中日贸易中之糖业问题》。

② 《工商部上海商品检验局出版国际贸易导报》，《国际贸易导报》第1卷第1号，1930年。

一个重要窗口。

从1932年开始，何炳贤在任期内连续发表各季度贸易报告、年度工商业回顾报告、年度对外贸易回顾报告，这些报告基本涵盖了各年度国际国内的经济形势、工商业发展、对外贸易发展情况，每篇报告均有详尽的数据、图表与相应分析，既能够体现国际贸易局为实业部制定工商业发展规划提供决策咨询，为进出口贸易商提供资讯服务的功能，又展示了何炳贤在对外贸易实务工作中不仅熟悉各类业务，且能够纵览全局，对当时国际国内的经济问题均有独到的思考与见解。这些报告可以互为补充，通过这些报告基本可以掌握当时中国对外贸易的总体发展状况。以1932年的报告为例，通过《民国二十一年第一季第二季贸易报告》《民国二十一年第三季第四季贸易报告》《民国二十一年我国对外贸易的回顾》《民国二十一年中国工商业的回顾》，可以了解当年各季度国际国内经济概况，此外还有进出口贸易数值、进出口商品贸易、进出口贸易国别、进出口贸易埠别的情况、全年贸易总额、入超出超数字的变化、进出口商品的变迁与分析，对外贸易市场的变迁、国内基本工业的设施及计划，以及在外货倾销的状况下国内的煤炭、水泥、纸制品、渔业、火柴等工业的发展情况。从这些报告中可以了解1932年的国际经济形势“承上年普遍衰落之后，仍鲜生机回复之象。依然失业增加，物价低落，贸易不振，金融紧张，百货堆积，股票低疲，其中独英国情况略好”①，国内的经济状况，由于罕见的洪水、“九一八”事变、“一·二八”事变等原因，导致“国民经济，已疲敝不堪。抚今思昔，殆有一岁不如一岁之感……”②

---

① 何炳贤：《民国二十一年第一季第二季贸易报告》，《国际贸易导报·特载》第4卷第6号，1932年，第1页。

② 《民国二十一年第一季第二季贸易报告》，第9页。

何炳贤分析了对外贸易衰落的原因，首先是国内产业不振，另一方面“亦由于世界经济恐慌形成贸易之极端限制，对于各国商品，均以节约及自给为原则，不容他国商品之销行。出口贸易之不振，于是造成近年来所未有之巨额入超”。① 如何解决对外贸易严重入超，何炳贤认为根本的问题，在于提高商品质量，降低成本，在国际市场上提高竞争力。② 何炳贤的一系列相关报告勾勒出1932年到1936年之间中国对外贸易的发展脉络，并且配合详尽的数据图表与分析，这些报告真实反映了当时中国对外贸易发展的状况，作为中国近代对外贸易发展过程中的一部分，本身亦已经成为中国对外贸易发展史的重要史料。

我们知道，近代以来，对外贸易数据主要出自由列强把持的海关统计报告，除了少数学者进行整理征引外，政府机构鲜有利用。自何炳贤主持国际贸易局始，不但开始注重全国范围的产业调查，还定期详细编订对外贸易的各类数据以供政府和企业参考，实在是对外贸易史上的一个创举。

民国对外贸易思想史的贡献者

何炳贤长期从事外贸实践工作，他的学者兼从业者的双重身份，使他的外贸思想不同于一些纯粹学院派学者，他的外贸思想来源于实践工作与扎实的外贸统计数据，因此有别于当时的种种观点，有其独树一帜的内容，如“扩大输出的对外贸易”、“适当保护关税”、“工农立国”等。他的外贸思想最初均散见于发表在各类期刊杂志上的文章，大致可分为下面几个部分。

---

① 《民国二十一年第一季第二季贸易报告》，第72页。
② 同上，第73页。

第一，以扩大输出为主导，完善进口商品结构。

20世纪30年代，中国严重的对外贸易入超问题，引起众多有识之士为解救经济困境奔走呼号，“有倡统治汇兑者，有倡采用定额分配制者，有倡征收制止汇兑倾销税者，更有主张劝导国人节衣缩食，以减少外货之输入”①等各种应对策略频出。但是这些方法均围绕限制输入，“对于奖励输出，却不免忽视”②。何炳贤从中国对外贸易的统计数字出发，认为“殊不知减少输入，不过是消极的办法，增加输出，才是积极的政策。而且我们须要知道，我国巨额入超的形成，与其说是由于输入太多，不若说是输出太少”。③ 他列出1933年世界主要入超国家入口贸易及其比例表，对中国、日本、英国、法国、比利时、奥地利、荷兰、意大利、瑞士九个国家的入口额与出口额进行比较，中国的进口贸易额为27 597.6万美元，出口贸易额仅为12 511.9万美元，出口额仅为进口额的45%，而同为入超国日本的出口额为入口额的96%，其他几个国家进口额与出口额的比例均超过中国，“由此看来，我国出口贸易，实在未免太少。其结果自然不能使贸易平衡，今后实有积极发展输出贸易的必要”。④

如何发展积极的出口贸易，何炳贤认为首先需要政府与人民切实地合作，具体要做好八个方面的工作：一是商品标准化，二是减少商品成本，三是团结同业，四是明了国际市场，五是灵活对外贸易的金融，六是举办我国对外直接航运，七是注重国外的宣传，八是直接对外的贸易。⑤ 上述观点，虽然有一些是时人

① 何炳贤：《减少入超问题》，《国际贸易导报》第7卷第6号，1933年，第2页。

② 同上，第2页。

③ 同上，第2页。

④ 同上，第3页。

⑤ 同上，第3—7页。

的共识，但是因为何炳贤任职于国际贸易局，通晓国内的工商业状况，因此他提出了施行直接对外贸易以及办理国际航运，意图打造工、商、贸、运一体的外贸模式。这种模式不仅有利于中国商品自主定价，减少中间环节，压缩成本，也能够使中国生产企业及时准确地根据市场变化调整生产和改造技术，增强对外竞争力。

虽然提倡积极的输出贸易，并不意味着不重视输入贸易。何炳贤强调输入，不是因为我国进口贸易太多，有加以限制的必要，而是因为我国进口商品结构不合理。他认为 20 世纪 30 年代初米麦棉三项农产品占据了我国进口贸易总额的四分之一左右，其他纯粹消费品如棉布、糖等日用品等所占份额也不少。这些商品的大量进口，阻碍了我国工业与农业的发展，对于整个的国民经济发展带来消极影响。而当时国内还不能生产的进口商品仅占百分之五以下。这种进口商品机构导致我国人民不能享受国际贸易的利益，而只感到外国商品充斥市场的压迫。因此调整我国的进口商品结构大有必要。① 至于如何调整，何炳贤认为要区分商品的性质分别对待。对于与国内产品竞争和非必需的进口商品要加以限制；而对于我国不能生产的工业原料，则应当奖励进口，以使达到在进口商品中消费品减少而生产品增加的目的。这样才能使进口商品结构更为合理。何炳贤认为只有采用积极的扩大输出贸易，合理配置进口商品，才能解决当时我国对外贸易当中输出与输入贸易不能同比例发展与进口商品结构极不健全这两大根本缺陷。②

第二，采取适度保护主义的关税政策。

自南京条约之后，中国的关税自主权一直控制在外国人手

① 《减少入超问题》，第 8 页。

② 何炳贤：《今后我们对于对外贸易应有的觉悟》，《东方杂志》第 33 卷第 1 号，1936 年，第 114 页。

中，我国的对外贸易受制于协定关税，进出口关税皆为值百抽五，且不能自动增减。南京国民政府成立之后，通过谈判交涉逐渐收回关税自主权。但是在何炳贤看来国民政府的关税政策并不能真正做到自由，“第一，我国的关税收入早已划作拨付赔款及清偿内外债的用途，因之税率的拟订，每每计较利害，不管是非，只求收入之不致减少，不问税率之是否合理。第二，我国受国际的政治力量所支配，常常要看别国的喜怒来维持苟安的局面，而关税税率上的待遇，又是为联络国际感情的要具。故我国税率的增减，免不了要受着国际政治力量的影响。我们若是仔细地研究二十三年新税则的内容，便可以感觉到重重缚束的实在性了”。[①] 因此，当时的关税“实在是不足以扶掖国家的经济建设”。[②] 事实上，南京国民政府推行的国定税则主要是财政关税，以增加收入为最重要的目的，兼及保护国内工商业的作用。第一次世界大战之后，当时世界各国均采用严厉的保护关税政策，以保护本国的贸易。何炳贤认为“关税是奖励保护国内经济发展的利器，已为世界所公认的。有了保护的关税，才可以防止外国的经济侵袭，才可以助长国内经济实业的发展”[③]，因此他提倡适度的保护关税政策，认为“我国的关税政策，须具有保护及促进产业的机能……须具有调整对外贸易的机能……须具有提倡国货及改良社会习尚的机能”[④]。

面对我国落后的产业，应该怎样发挥保护及促进的机能？何炳贤提出关税的制定应该区分不同的产品：“对于我国立于竞

① 何炳贤：《中国究应采取什么样的关税政策》，《民族》第 4 卷第 4 期，1936 年，第 511 页。

② 同上，第 511 页。

③ 同上，第 512 页。

④ 同上，第 512—514 页。

争地位而我产量又能自给而有余或勉能自给或有适当的代用品的农工矿产品的输入,应课以保护税。第二,对于现在已有生产但未足自给的产品如棉织品及新兴工业品等的输入,应分别其性质,审核其利害,施以适度的保护税。第三,对于我国生产所必需的而本国目前又不能自产或自给的原料或半成品,应斟酌情形,课以轻税或免税。第四,对于我国生产所必需而本国目前又不能自给的工具,应当分别课以轻税或免税。又各种经济建设如交通事业,多与生产有重大关系,其所需的原料如钢铁、木材等,也应分别课以轻税或免税。"①

此外,我国的关税政策还需要具有"调整对外贸易的机能"。② 何炳贤一直主张促进输出与调整输入并重。他的观点有别于时人的贸易保护主义,认为我国对外贸易之所以连年入超,不是由于输入太多,而是由于输出太少。因此需要一面促进输出,一面调整输入。"输出的促进与输入的调整,俱有赖于关税的力量。"③他认为对于性质不健全而属于非必需商品的输入,应课以重税。对于必需的生产品的进口,应课以轻税或免税。对于工业品或手工业品的输出,须完全豁免其出入口税,并须退还制成品的原料复出口税。对于原料的出口,苟非妨碍国防及国内产业的需要,也应完全豁免其出口税。④

我国的关税政策,还要有"提倡国货及改良社会习尚的机能"。⑤ 何炳贤认为我国的市场,自开放对外通商以来就开始为洋货所充斥,社会习气,日趋奢靡,且养成喜用洋货而厌弃国货

---

① 《中国究应采取什么样的关税政策》,第 512 页。
② 同上,第 513 页。
③ 同上,第 513 页。
④ 同上,第 514 页。
⑤ 同上,第 514 页。

的心理。对于国内不能生产而又必需的物品，采用外货，于情于理还说得过去。但目前社会普遍存在舍价廉物美的国货不用，而以采用洋货为荣。比如水果与茶叶，我国的水果俱为价廉味美的特产，茶叶早已闻名世界，畅销海外。但是水果与茶叶的进口仍然占据了一定的进口份额。何炳贤指出遏制这种现象的有效方法就是适当发挥关税的调节功能。

第三，对外贸易的根本是工农立国。

20 世纪 30 年代，国内学者对于经济发展道路问题进行过激烈的争论与探讨，各方观点大致包括"以农立国"、"以工立国"、"第三条路"、"先农后工"、"发展农业资本主义"等观点。何炳贤则认为"工农立国，是真行我国外贸的正当大道"。[①] 他通过分析对外贸易形态的不同，比较了工业立国与农业立国的不同之处："在以工立国的国家，饮食物及原料多半巨额的入超，制造品则为巨额的出超……在进口商品的比率上言，通常工业国家输入商品，以饮食物烟草或原料占最大的比例，输出商品则以制造品占主要的成分。"[②]以及"农业国家的情形，事实上适得其反。在以农立国的国家，其对外贸易的形态，大体是饮食物烟草及原料多半为巨额的出超，制造品则为巨额的入超……在进出口商品的比率上，农业国家的输出商品，以饮食物货原料占最大的比例，输入商品则以制造品占主要的成分"。[③]

但就中国的对外贸易情况而言，既不同于以农立国的国家，也不同于以工立国的国家："在各农业国家，其饮食物及原料多半是出超，制造品为入超。在我国，则制造品固然是入超，同时

① 何炳贤：《工农立国与对外贸易》，《国际贸易导报》第 7 卷第 8 号，1935 年，第 7 页。

② 《工农立国与对外贸易》，第 2—3 页。

③ 同上，第 3 页。

饮食物烟草与原料半制品也是入超，由此可知我国不独制造品须仰给于外国，农产品也须仰给于外国。这很足以证明我国工业固然落后，农业也很落后……我国入口商品，以制作品为最多……本来制造品占进口商品之主要成分，为农业国家的常态，可是在我国出口商品方面，亦以制作品为最多。”①但制成品占出口份额较大并不是因为我国工业发达，而是因为我国农产品及原料出口的衰落，导致制成品在出口商品中占据较高份额。而在出口的制成品种百分之五六十是纺织品，其他为手工产品。而且在出口的纺织品中，除去生丝，超过70%的出口棉纱棉布为在华的日本纱厂产出。所以我国出口商品虽以制造品为最多，但是并不能代表我国已经是一个工业国家了。“从我国的对外贸易形态观察，我国的工农业都是同等的落后。在此变态的状况中，我国的对外贸易，当然是难谈发展的。”②

那么，究竟是采取以农立国还是以工立国？何炳贤进一步从对外贸易的角度，分析了以农立国与以工立国的结果。如果以农立国，“其结果，农产品的生产势必增加，农产品的入超势必终止，而剩余的农产品亦势须寻求海外市场，以谋出路。可是，我国农产品的海外市场，处于目前的贸易环境，似难有偌大的扩展……所以我们若是维持以农立国，虽可以达到农产品自给自足的目的，但剩余的农产品，实在是难找出路的。此外，我们若以全力谋农产业的发展，则对于工业品的进口势必增加。一方面进口的工业品增加，一方面剩余的农产难找出路，其结果，我国的贸易入超，难免不愈趋严重。所以站在对外贸易的立场，我国维持以农立国为国策，实非所宜”。③ 如果我国采取以工立国

① 《工农立国与对外贸易》，第4页。
② 同上，第5页。
③ 同上，第6页。

为国策，其结果是工业品的生产增加，还有为自给之外的剩余产品找出路。而我国工业品的出路，比农产品更为困难，“除手工制品外，国外几无市场可言”。① 如果全力发展工业，农产品的进口肯定要增加，另一方面剩余的工业品找不到出路，结果是我国的贸易入超，势必愈来愈严重。“所以站在对外贸易的立场，我国採取以工业立国为国策，亦非所宜。”②通过对以农立国与以工立国政策对国家对外贸易发展影响的比较，何炳贤主张应以工农并重的路线立国。③

何炳贤的对外贸易思想看似书生意气，在当时的时代背景下并不能实现，但是他的外贸思想来自工作实际，充分体现了他对中国外贸发展形势的观察与洞悉，体现了他对对外贸易与经济发展辩证关系的认识，是民国时期国人探索外贸理论与实践的一个重要观点，构成民国时期对外贸易思想重要的组成部分。

近代对外贸易史研究的拓荒者

何炳贤兼具学者与从业者的双重身份与双重视角，使他成为中国对外贸易史的研究者与书写者，对近代对外贸易史研究贡献良多。作为一名学者，何炳贤较早关注中国与其他国家的贸易发展史，撰写发表了一系列相关的学术论文。从 1933 年第 5 卷第 3 号《国际贸易导报》上发表《中美贸易问题的研究》开始，连续发表《中英贸易问题的研究》《中法贸易问题的研究》《中德贸易问题研究》《中意贸易问题研究》《中日贸易问题的研究》等三十余篇关于中国对外贸易问题研究的文章。后来这些文章集成第一本高等院校外贸史教材——《中国的国际贸易》。

---

① 《工农立国与对外贸易》，第 6 页。
② 同上。
③ 同上。

《中国的国际贸易》由商务印书馆1937年1月出版，这本书收入商务印书馆《大学丛书》。商务印书馆的这一套"大学丛书"被视为近代中国按现代大学学科体系大规模编印出版大学教材的肇始。[①] 这套书的出版满足了当时大学对于教材和教学参考书的需求，开辟我国成功出版本土化大学教材的先河，促进我国近代高等教育的发展和近代学术的独立，确立大学教科书成为图书出版专门别类的地位。[②] 这套丛书自1932年开始出版，至1937年9月共出版260种，商科教材仅13部。[③] 虽然何炳贤在该书的自序中写到这"是一本研究我国对各国国别贸易的小书，而不是探讨国际贸易理论的书籍"，[④]但是，能够入选这套丛书且名列商学院用书首位，体现了何炳贤的学术研究得到学界的公认。这套丛书拥有55位在教育界、学术界的执牛耳者组成的编委会。其中大学校长31位，中央研究院研究所所长9位，学会发起人或者负责人5位，商务印书馆或其他出版机构编审7位。[⑤] 且委员会在甄选入选书目的时候有一套比较严格的审查程序，从而保证这套丛书具有较高的学术水准。丛书中"许多著作是近代中国高水平、高质量的大学教材，也是近代中国的学术精品，它们大多为近代中国自然科学和人文社会科学各分支学科的奠基之作，成功地实现和促进了高等教育与现代学术的沟

---

① 肖朗、吴涛：《商务印书馆"大学丛书"与近代中国大学教材建设》，《高等教育研究》2015年第12期，第72页。

② 杨琳、肖东发：《商务印书馆〈大学丛书〉的出版及历史意义》，《出版科学》2012年第2期，第22页。

③ 王云五：《王云五年谱5·商务印书馆与新教育年谱》，江西教育出版社2008年版，第720页。

④ 何炳贤：《自序》，《中国的国际贸易》，商务印书馆1937年版，第1页。

⑤ 王寿南：《王云五先生年谱初稿》，台湾商务印书馆1987年版，第291—292页。

通与互动”。[①]

何炳贤的这本书能够入选“大学丛书”有几个突出的特点，使该书既可以作为大学教材，同时也具有较高的学术价值。

首先，这是第一部对中国对外贸易特别是近代以来对中国与其他各国国别贸易详细进行梳理的学术著作。[②] 全书的结构完整，分为二十二章，第一章概述我国对外通商的历史，全国对外贸易的趋势，对外贸易的入超及抵补，对外贸易商品的分析与历年我国对外贸易国别的变动。第二章到第二十章，每章专论我国与某一国家贸易关系，第二十一章记录了与中国对外贸易关系比较次要的国家，第二十二章为结论。该书的主要内容是第二章到第二十章，这十九章的内容，基本涵盖了与中国有贸易往来的主要国家，既有英、美、日、德、法、意、荷、比利时等帝国主义国家，也包括新兴的苏联，还有印度、安南、暹罗、马来亚、菲律宾、朝鲜等亚洲国家。在第二章到第二十章当中，不仅详细记叙了中国与某一国的通商过程，还对历年的贸易趋势与两国的主要贸易商品进行了论述。除了这些国家之外，在第二十一章还以列表的方式罗列出中国与葡萄牙、西班牙、奥地利、波兰、瑞士、希腊乃至墨西哥、古巴等二十九个国家的贸易情况。

其次，这本书的数据与事实基础都非常扎实，“完全根据于事实与数字，以事实与数字来演述与分析我国对各国贸易的沿

① 《商务印书馆“大学丛书”与近代中国大学教材建设》，第 78 页。

② 虽然此前有殷寿光著《中国国际贸易》(世界书局 1927 年出版)，侯厚培著《中国国际贸易小史》(商务印书馆 1929 年出版)，张毓珊、孔士谔著《中国贸易问题》(商务印书馆 1936 年出版)，武堉干著《中国国际贸易史》(北京商务印书馆 1928 年出版)，但一方面内容较为简要，另一方面主要关注中国自身的贸易发展，而对于中国与世界主要国家和地区的贸易情况较为简略，未采用何炳贤《中国的国际贸易》一书中以国别为线索的撰写体例。

革、现状与趋势”。[①] 随处可见我国进出口贸易的列表与数据，增加了这本书的科学性与可信度。且每一章内的数据翔实，既有我国历年来与各国对外贸易情况的纵向比较，也有同一时期我国的对外贸易与其他国家对外贸易数据的横向比较。作者因为长期从事对外贸易管理工作，因此可以掌握大量数据，这些表格与数据的支撑，是该书与此前出版的一些中国国际贸易的书籍最显著的区分，同时也使这本书更直观更简单地反应出中国对外贸易的状况。“因为写这本书的目的，是希冀能予研究国际贸易或从事国际贸易者以相当的方便，俾手执一本，即可了然我国对各国国别贸易的实际情形。”[②]也许，上述原因是这本书能够入选“大学丛书”的一个重要原因。

再次，本书虽然有大量数据作为基础，但是并不仅限于表格与数据的罗列。而是通过数据的支撑反映当时中国的对外贸易存在的问题并提出解决问题的对策，力图做到实践与理论相结合。在第一章，通过梳理从1868年到1934年的海关统计数字，何炳贤将中国的对外贸易分为五个时期：1866年到1884年、1885年到1895年、1896年到1913年、1914年到1931年、1932年至1937年，[③]并指出每一时期的对外贸易发展的特点，分析造成这种特点的原因。他指出我国对外贸易的发展受到金银比价变动的影响很大。我国的对外贸易增长总体较为缓慢，与同期日本的对外贸易的增长率相比更是相形见绌。[④] 而我国对外贸易的特征有二：一是长期的入超，二是巨

---

① 《自序》，第1页。

② 同上。

③ 何炳贤：《历年全国对外贸易的趋势》，《中国的国际贸易》第一章，商务印书馆1937年版，第8—10页。

④ 同上，第16页。

额的入超，抵补入超的方法是外债、外人在华投资、华侨汇款、在华各国驻军费用、在华各国使领馆官署费用、在华各国教会文化慈善费用、中国人所有外国证券收益、国境贸易出超额。而这些对外的无形收入，也有日趋衰落的趋势，无论就货物贸易或无形收入，都是很可忧虑的。① 在最后第二十二章结论部分，何炳贤回答第一章中提出的问题，系统论述解决贸易入超问题的策略即积极增加输出，同时调整输入商品的结构。积极的出口政策首需政府与人民切实的合作，只有这样举全国之力，才能使对外贸易终有振兴的一日。② 何炳贤认为，如果国家能够集中全力进行经济建设，则一方面国产的输出能力可以增加，一方面以国产代替洋货的能力可以增进。否则，如果本身力量不充实，纵使他国对我国产品有需求，我国也没有供给的能力。所以，何炳贤认为国内的经济建设，实在是发展对外贸易的根本关键。③

纵观何炳贤的一生，他的主要学术成果均在1937年之前，由于在就任国际贸易局局长时得到时任实业部部长陈公博的赏识，虽然总体上他只是个技术官僚，但是随波逐流，跟错了人，站错了队，最终堕入汪伪政权的彀中，学术活动基本停止。学术与政治之间的矛盾在何炳贤这里导致的结果便是完全放弃学术。何炳贤在就任大学教师、国际贸易局局长等职位时，对于近代中国贸易的问题有诸多思考与研究，对于推动近代对外贸易的发展以及近代贸易思想史、近代对外贸易史的研究作出诸多具有奠基性的贡献。因此，站在学术史的角度，梳理何炳贤对中国近

① 《历年全国对外贸易的趋势》，第25页。

② 何炳贤：《结论》，《中国的国际贸易》结论，商务印书馆1937年版，第1056—1061页。

③ 同上，第1064页。

代对外贸易史的贡献具有一定的实践与理论上的意义。

（庾向芳撰稿）

二、《国际贸易导报》
——民国时期最早的外贸专刊

《国际贸易导报》是民国时期创刊最早、历时最长的外贸专刊。[①] 自1930年4月1日出版第1卷第1号至1937年7月15日第9卷第7号，每月发行1号，共出版9卷85号，主编先后由侯厚培和冯和法担任。这本杂志虽名为报，但其实为月刊[②]，由上海商品检验局初创，1934年4月改由实业部国际贸易局与上海商品检验局合办，成为一本专门讨论国际贸易问题的刊物，[③]这也是民国时期最早的专门以对外贸易为主要内容的专刊，该刊的目的“为发展对外贸易，一方面消极的检验出口商品，增高国际信用；一方面仍须积极的指导国产商品之改良，促进国外贸易之发展，本报之设，即本此旨，故内容除刊载关于国际贸易极有永久价值之论文外，同时对于国产商品之消极调查，及生产调查，尤为重视”。[④]

---

① 张国义：《创新与顿挫——民国国际贸易局述论》，《史林》2016年第5期，第154页。

② 《国际贸易导报》名为报，其实应该为杂志。民国时期的报，包括杂志以及其他定期刊物（见戈公振：《中国报学史》，中国和平出版社2014年版，第1页）。

③ 何炳贤、蔡无忌：《导言》，《国际贸易导报》第4卷第1号，1932年，第1—2页。

④ 《本报启事一》，《国际贸易导报》第1卷第2号，1930年。

这本专刊登载了 1930 年至 1937 年间，对外贸易中大宗出口商品的生产程序、检验标准以及当时的贸易数据统计，更难能可贵的是这本专刊登载了当时从事对外贸易的机构制度、运作、国际贸易理论以及中国与世界各国对外贸易的历史，这些文章均体现出极高的专业性、实务性、时效性以及针对性，因此这本专刊为今天的研究者提供了解民国时期对外贸易的大量第一手资料，具有极高的史料价值。与国际贸易局长期并未受到重视相类似①，《国际贸易导报》作为民国时期的一本重要外贸专刊也未受到学界的普遍重视，只是在民国经济史研究中被作为数据来源或有征引，但其自身却尚未成为研究对象。事实上，这份期刊除了刊载许多研究近代外贸史的学术文章，同时还以其专业性、权威性成为近代外贸史研究的一个样本。本文拟从中国近代对外贸易史研究的珍贵文献、国际贸易领域的专业期刊两个方面进行述评，以期对这本期刊为中国近代对外贸易史研究作出的贡献予以发掘与表彰。

中国近代对外贸易史研究的珍贵文献

《国际贸易导报》最初由上海商品检验局出版，此后由商品检验局以及国际贸易局共同出版，因此这份杂志从一开始就具有专业期刊的属性，是最早大量刊载中国近代贸易史论文的专业期刊，同时记录了中国近代对外贸易史上的大事、上海商品检验局以及国际贸易局的工作，为近代外贸史研究留下了丰富的第一手资料。

1. 中国对外贸易史的书写

《国际贸易导报》是最早对中国对外贸易史进行关注的专业

---

① 上海商品检验局首任局长邹秉文认为国际贸易局“仅司调查编辑工作，实际上对国际贸易贡献并不多”，详见邹秉文：《中国之国际贸易政策》，《贸易月刊》第 2 卷第 10 期，1941 年。

性期刊。其中尤为引人瞩目的是国际贸易局局长何炳贤在《国际贸易导报》上发表的一系列有关中国与他国的贸易研究论文，可以称得上既有学术性又有专业性。何炳贤毕业于加利福尼亚大学，1927 年获得硕士学位，学习政治经济学及市政学。1931 年任国际贸易局局长，是我国第一位受命对全国对外贸易进行系统化研究的学人。[①] 何炳贤撰写了我国近代第一本国际贸易的教科书《中国的国际贸易》，这本书被收入商务印书馆的“大学丛书”，这套“大学丛书”被视为近代中国按现代大学学科体系大规模编印出版大学教材的肇始。[②] 而这本书的大部分章节均首发于《国际贸易导报》。第一篇《中美贸易问题的研究》发表于 1933 年 3 月 31 日出版的《国际贸易导报》第 5 卷第 3 号。这篇文章奠定了何炳贤此后研究这一类问题的基本模式。文章分为“导言”、“历史上中美通商的过程”、“从统计上观察历年来中美贸易”、“中美重要商品贸易的分析”、“中美贸易的将来”五个部分。“导言”回顾中美贸易的缘起和历史，美国殖民时期中美曾经有间接贸易，至 1784 年有直接贸易，1844 年《望厦条约》签订后才有正式的缔约通商，1864 年开始有了海关统计。作者将中美贸易分为三个时期，1864—1894 年为美国对华贸易的缓进时期，1895—1913 年为竞争时期，1914 年至文章写成时为激进时期。文章中运用的大量的统计表格，对中美贸易中的重要产品如茶、丝、地毯、桐油、蛋产品、生牛皮、羊毛等进行分析比较，得出结论：未来美国对中国的出口贸易不会有急剧的进展，而中国

---

① 何炳贤生平见孙健、王磊：《得以善终的汪伪大汉奸何炳贤》，《钟山风雨》2008 年第 3 期，第 47—50 页；中国第二历史档案馆、《中国抗日战争大辞典》编写组、万仁元、方庆秋、王奇生编：《中国抗日战争大辞典》，湖北教育出版社 1995 年版，第 355 页。

② 《商务印书馆“大学丛书”与近代中国大学教材建设》，第 72 页。

对美国的贸易近年来有显著的衰落现象，若想维持或推广我国在美市场之道无他，端在于国人之自强不息，踏上改良国货的轨道。[①] 此后何炳贤先后在《国际贸易导报》上发表了《中英贸易问题的研究》《中法贸易问题的研究》《中日贸易问题的研究》《中德贸易问题的研究》以及中国与加拿大、荷兰、比利时、安南、暹罗、印度、朝鲜、英属马来亚、荷属东印度、苏联、意大利等国家的贸易问题研究，这些内容基本构成了他出版的第一本高等院校国际贸易教科书《中国国际贸易》的主要部分。

此外，何炳贤作为国际贸易局局长每一年都有专门总结与评述我国对外贸易发展状况的年度报告，如 1932 年、1933 年、1934 年我国对外贸易的回顾，这些年度报告通过贸易数值的比较、贸易入超的状况、进出口商品的消长、贸易国别趋向、贸易开埠的变迁等内容，对每一年我国的进出口贸易状况进行评估与展望。例如 1932 年对我国贸易的回顾中，出口商品中豆类居第一位，占出口值的 10.40%，其次是生丝占 7.19%，蛋及蛋产品占 5.77%，茶占 5.03%。文章中分析我国对外贸易的商品性质，认为“有一种长期的现象，就是出口的饮食物及烟草，逐年减低，原料及半成品逐年增入。入口的制造品，每年都占最大部分，这种现象很可以表现我国近年来的经济兴替和产业的兴衰，入口商品中，制造品占绝对多数，始终是我国产业不振的明证。饮食物及烟草之占第二位，则足以表现近年农业的衰落，和农村经济的破产”。[②] 文中总结 1932 年贸易总的状况，是贸易额急剧下滑，尤其出口贸易值甚至低于入超数。分析这种局面的原因是由于

---

① 何炳贤：《中美贸易问题的研究》，《国际贸易导报》第 5 卷第 3 号，1933 年，第 111—113 页。

② 何炳贤：《民国二十一年我国对外贸易的回顾》，《国际贸易导报》第 5 卷第 2 号，1933 年，第 29 页。

世界经济不景气，1931 年我国水灾元气未复，加上“一·二八”事变的影响，东北各关的报告数字不完全，但是根本原因还是工业的衰落。①

比何炳贤略早专门研究外贸史的有武堉干，他曾出版《中国国际贸易史》(1928)、《中国国际贸易概论》(1930)。武堉干的研究更偏向学理方面，何炳贤因职务关系，在学理研究的基础上带有实务的特点；武堉干的中国外贸史研究基本截至清末，何炳贤除了追溯源流之外，更注重当下的研究；武堉干的中国外贸史研究注重中国贸易体制的变迁，何炳贤则侧重中国与世界各个国家和地区的贸易往来的研究。何炳贤与武堉干、侯厚培、章友江等在近代外贸史研究上具有筚路蓝缕之作用，何炳贤可以称得上是我国近代贸易史研究的奠基者之一，他开拓出来的外贸史研究领域直到今天仍然有现实意义。

2. 民国对外贸易史大事记

《国际贸易导报》的专业属性，使这份期刊成为近代中国对外贸易史上一系列大事件的记录簿，记载了从 1930 年到 1937 年之间对外贸易领域发生的重要事件。

经济政策的制定与实施是影响对外贸易最重要的因素。20 世纪 30 年代，西方各国在经济大萧条的冲击下，出现了政府干预经济的潮流，并通过学界、政府和实业界的途径影响了国民政府的政策。从 1931 年 12 月底接替孔祥熙任实业部部长的陈公博是统制经济的积极鼓吹者和推行者，实业部制定了“实业四年计划”，根据“二十年中央的决议的内容，大意是希望国家重要工业能于四年内筹设完毕”。② 陈公博在《国际贸易导报》发表文

① 《民国二十一年我国对外贸易的回顾》，第 29 页。

② 陈公博：《序四年实业计划》，《国际贸易导报》第 5 卷第 8 号，1933 年，第 1 页。

章《序四年实业计划》，详细说明“四年计划”的内容，包括择定扬子江区为首，始建中心区使政治中心与经济中心连成一片；粮食由国家管理，棉花则用实业部与铁道部计划合组运棉公司，以减轻棉花运价，便于纱厂购买；煤炭拟由各个煤矿合组一大规模公司，将各铁路坏车加以修理，专作运煤之用，使北煤南运；同时食盐、烟草、火柴等逐步实行专卖。此外，在“四年计划”中，第一阶段与德国公司共同设立钢铁厂，同英德两国合办硫酸铔厂、中央机器厂、细纱锭布机厂，在第二阶段工作中设立中央农业试验厂、中央畜牧场，改良桑蚕（包括原种的培养及机器的改良）、改进沿海渔业、新开造纸厂等。

陈公博在这篇序言中还记录下四年实业计划起草的原因与经过。制定四年实业计划，重要的原因是希望以经济为手段统一中国。[①] 实行统制经济政策，是基于保护中国弱小的工业以及进出口贸易。当时中国的经济情况是“小企业的农业国，工业不只是幼稚，我们可以说他是刚刚出生，绝无仅有的轻工业，不能不予以保护，这是中外都应承认的。中国本来是一个原料供给国，现在不止不能以原料供给别国，大宗原料还要仰给外人，主要的工业原料钢铁和氮气要靠外国不用说，连粮食也要差百分之五，棉花也要差百分之五十。这也是中外都承认的。在这种经济后退之下，我们纵然不高唱保护，可是原料的自足是我们最低限度的要求。我们要达这个目的，除了采取统制经济政策以外，我看不出更有良法”。[②] 实业部四年计划在当时虽然受到质疑，“这一种伟大的计划，在国家没有内争和外患之时，其前途或许是充满着希望，但是照现在那样的变乱相寻的国内情形，究

① 《序四年实业计划》，第1—2页。

② 同上，第4页。

竟能否见诸实行，确已成为问题”。① 且四年实业计划中的多数企业因抗战全面爆发未能建成。但是1934年官商合资的中国酒精厂在上海建成投产，1936年政府独资的中央机器厂在上海建成，同年中国植物油料厂由实业部与川、鄂、湘、浙、皖、赣6省政府合作建成，以桐油出口为主要业务，并在上海、汉口、芜湖、万县、重庆设立炼油厂，②则证明了四年计划“是政府所拟的最具有野心的计划，为前此所未有的。它虽不能与苏联的五年计划相比拟，可对于中国确实重要”。③ 四年实业计划是南京国民政府经济统制政策的具体实施方案之一，为抗日战争全面爆发后统制经济的全面实行打下了基础。

陈公博的《序四年实业计划》作为四年实业计划的附属报告，也可以视为《四年实业计划》的注释，他写作的目的是“以备研究这部计划的人们，作一种参考材料”。④ 可谓无心插柳，这篇序言反而成为研究国民政府经济政策的一篇颇具史料价值的参考文献。

1933年芝加哥世博会是在全世界具有影响的一件大事，中国政府受到邀请并决定参加此次世博会，过程颇为曲折。《国际贸易导报》推出芝加哥世博会专号(第4卷第3号)，详细记录下参加这次博览会的过程。

1933年美国芝加哥城建城百年，为庆祝这个城市由边远的殖民地发展成为新兴的全美农业工业中心城市，美国预备举办

---

① 徐叔羽：《评实业部四年实业计划》，《人民周报》1932年第47期，第17页。

② 实业部中国经济年鉴编纂委员会编：《民国二十五年中国经济年鉴》，商务印书馆1936年版，第(A)6页。

③ 《评实业部四年实业计划》，第17页。

④ 陈公博：《陈部长在参加芝加哥博览会筹备会演说词》，《国际贸易导报》第4卷第3号，1933年，第1页。

芝加哥世博会。这是第一届有明确主题的世博会，[①]提出的主题是“百年进步纪念会”[②]。这次大会分为“科学、艺术、戏剧、运动、工业、农业及各界名人丰功伟绩七门。邀请世界各国皆去比赛，哪一国对于那几门，从1834年到1933年，究竟做了些什么工作，得了些什么成绩，携带物品，附以图标，详加说明。把每五年或每十年，一步步前进的状况，表现得清清楚楚，并在可能范围内，酌带机器及员工，当场做给大家看”。[③] 此外，每一个国家还需要建一座政府馆，“这是临时的，用过五个月便要拆去，不希望多费钱，所当注意的，是建筑物及陈列品都要足以表现参加国的特色”。[④] 从1930年2月4日美国大使照会国民政府外交部，邀请中国参加博览会，到国民政府决定参会，虽然业界一致认为这次博览会是一次“国际宣传之良机，固不仅推广国际贸易”，[⑤]并且“关系我们对外贸易的盛衰和我国经济发展的关键”[⑥]，更“关系我们国家的体面，我们民族的体面”[⑦]。但是由于国际国内形势复杂，参会的过程却一波三折，特别是经历“九一八”、“一·二八”事变之后，直到1932年5月才成立筹备委员会，6月15日召开筹备委员会大会，参会预算也在政府财政困难的情况下一再削减，由最初的预算100万减至70万，最后减至40万元。同时对参会的商品“凡经出品审查会审定给证之物品，一律免缴出口

① 陈燮君、刘健、沈浩：《世博学》，上海教育出版社2014年版，第41页。

② 《陈部长在参加芝加哥博览会筹备会演说词》，第1页。

③ 同上。

④ 同上。

⑤ 张祥麟：《从费城博览会谈到芝加哥博览会》，《国际贸易导报》第4卷第3号，1933年，第23页。

⑥ 何炳贤：《芝加哥博览会的性质和我国应有的准备》，《国际贸易导报》第4卷第3号，1933年，第8页。

⑦ 同上。

税。凡由筹备委员会所派人员，或各地商会，运沪预行展览之物品，及展览后准予增加之物品，国家铁路轮船一律免收运费。至民营交通机关，由铁交两部令饬减费”。①

在这期专号中，刊登了《一九三三年芝加哥百年进步国际博览会章程》《芝加哥博览会出品人章程》，虽然两个章程都是初译稿，但却是了解芝加哥世博会的最直接的材料。此外，《参加芝加哥博览会筹备会会务录》收录了当时美国总统胡佛的宣言、芝加哥博览会会长陶斯的宣言，以及中国驻芝加哥总领事叶可梁呈行政院的公文，行政院的指令以及中国参加芝加哥博览会筹备委员会的章程、办事细则、筹备大会成立记录、筹备委员会第一次大会记录、筹备委员会常委委员会第一次会议记录、筹备委员会职员表等具体详细的资料，可以视为中华民国参与芝加哥博览会的全记录，芝加哥世博会是我们今天回顾近代以来中国参加世博会历史当中重要的一节。

3. 外贸机构的历史记录

上海商品检验局以及国际贸易局都是新型的对外贸易管理机构。上海商品检验局是近代中国建立的第一个对多种进出口商品实施检验的商检机构，1929 年 1 月成立之后，初步建立了近代中国的商品检验制度，独立自主地行使商检权，使商品检验成为中国对外贸易行政管理中的一项制度，使中国的出口商品获取国际市场的认可，参与国际市场的竞争，体现了中国近代经济制度与世界经济制度的逐步接轨。国际贸易局的前身是成立于 1920 年的经济讨论处，这是近代中国第一家官方的经济信息搜集、整理和发布机构，也是中国人自己有组织地调查和研究中国

① 《中华民国参加芝加哥博览会筹备委员会第一次会议记录》，《国际贸易导报》第 4 卷第 3 号，1933 年，第 172—173 页。

经济的开端。[①] 此后经济讨论处改组为工商访问局，1931 年 12 月国际贸易局成立，隶属于实业部，实业部部长陈公博兼任国际贸易局局长、何炳贤任副局长，1932 年 6 月，何炳贤正式担任国际贸易局局长。

这两个机构承担着民国时期对外贸易工作的指导与实践工作，但是这两个机构的组织机构、人员构成、工作运行机制以及取得的成就等内容较少被外界所了解。《国际贸易导报》因为由上海商检局主办，为上海商检局的工作留下了颇多第一手资料。如第 1 卷第 1 号的显著位置，刊登了上海商检局办公大楼和商检局全体职员的珍贵合影，此外首任上海商品检验局局长邹秉文撰写的文章《出口商品检验之目的与方法》，系统梳理了我国近代以来的出口检验工作的历史，可以视为近代中国商检事业以及上海商检局的发展史。文中将中国出口商品检验事业分为两个时期，1929 年 3 月 1 日之前“国民政府工商部尚未设立商品检验机关。全国之商品检验事业，毫无组织系统可言”。[②] 1929 年 3 月 1 日之后，“商品检验事业逐渐归入国民政府工商部指导之下……其组织已由散漫的而成为有系统的”[③]。上海检验局成立之后，汉口、天津、青岛商品检验局先后成立，“所有全国旧有之出口商品检验事业，已先后归并由各地商品检验局办理”。[④] 因此，全国的商品检验事业有了通盘的考虑和计划。这篇文章对上海商品检验局的概况、人员以及工作计划都作了详

---

① 关永强、王玉茹：《近代中国官方经济调查的发端——经济讨论处系列机构初探(1920—1937)》，《清华大学学报(哲学社会科学版)》2015 年第 4 期，第 81 页。

② 邹秉文：《出口商品检验之目的与方法》，《国际贸易导报》第 1 卷第 1 号，1930 年，第 5 页。

③ 同上，第 6 页。

④ 同上。

细记录，并且刊登了生丝检验处净量室、公量室、倒丝室、验匀室，棉花检验处棉花烘验室、棉花分级研究室，牲畜正副产品检验处蛋产品研究室，以及化验处化验室的照片，这是弥足珍贵的摄影资料，使我们对当时的上海商检局的工作状况有了最直观的了解和认识。

此外，《国际贸易导报》还专门开辟“局务纪要”栏目，用于刊登商检局各个处室的工作消息。比如第1卷第1号就刊登了棉花检验处成立并在宁波设立分处，派工作人员赴各乡劝阻向棉花掺水的信息；生丝检验处的消息则是置办机器，以及生丝检验处开始开展工作的情况；牲畜正副产品检验处的消息是增聘美国兽医以及试制牛瘟血清；花边检验处的消息是筹备检验花边。“局务纪要”基本记录了每一个月上海商检局各个处室工作情况，而《二年来之检政》(第2卷第1号)、《三年来之检政》(第3卷第1号)、《民国二十一年本局检政之回顾》(第5卷第6号)、《一年来本局检政之概述》(第9卷第1号)这样的文章则系统记录全国商检事业以及上海商检局的历年工作，类似于年度工作报告。随着《国际贸易导报》的主办单位由上海商检局改为国际贸易局和上海商检局合办，《国际贸易导报》上也刊载了大量国际贸易局的工作记录，如1932年、1933年、1934年、1935年我国对外贸易、我国工商业发展情况的回顾等文章，均可视为国际贸易局的年度工作报告。这些报告不仅为当时的研究者与从业人员提供了准确专业的信息，同时也是国际贸易局发展史不可或缺的重要组成部分。

国际贸易领域的专业期刊

《国际贸易导报》从创刊开始，专业属性就非常明显，刊载的大量文章可以视为在中国近代出口检验检疫事业以及对外贸易事业方面具有奠基性意义的学术论文。这些论文主要涵盖以下三方面的内容。

1. 国际贸易实务研究

上海商品检验局成立于1929年3月1日，是国民政府工商部设立的第一个商品检验局，主要负责棉花、牲畜正副产品、生丝、桐油、花边的出口检验①。其成立缘由是“近百年来，商战日剧，惟其剧也，故各国政府对于出口商品，不得不采用检验手续，以防止劣货之输出，影响本国商品在世界上之信用”。② 上海商品检验局下设五个检验处，分别是生丝检验处、牲畜正副产品检验处、棉花检验处、化验处、花边检验处，不仅对于上述商品从事检验，还注意于指导工作，以收改良商品之实效。③ 上海商品检验局的职员多为各领域专业人士，商检局鼓励技术人员进行研究工作，并撰写研究报告，研究成果多以报告形式刊载于《国际贸易导报》。从第1卷第1期刊载的文章就可以看出这一专业属性。该刊第1卷第1号刊登了时任上海商品检验局局长邹秉文撰写文章《出口商品检验之目的与方法》，对当时国内出口商品的检验工作进行了概述。同时还刊登了《上海棉花检验之过去情形及本局棉花检验》《从统计上观察历年来华丝贸易》《中国蛋产品之输出贸易》《中国棉织工业史略》《桐油检验方法》《生丝检验处应有之步骤》，分别介绍了棉花、桐油、生丝的检验方法，同时对丝、蛋产品、棉织工业的贸易和发展做了详细回顾。针对以上几种大宗出口商品《国际贸易导报》均专门出版过专号，根据当时出口大宗商品的不同情况，每一期专号的重点内容都有所侧重，对当时全国的外贸商品的生产销售均有指导意义。

茶叶自古以来都是重要出口商品，历史上中国曾经是世界

---

① 《出口商品检验之目的与方法》，第9—10页。
② 同上，第1页。
③ 同上，第15页。

最大的茶叶生产国和输出国，“自清季五口通商以后，出口鼎盛，全球市场，无不有华茶之足迹”。[①] 但是自“1896 年至 1930 年，茶之出口，中国减少三分之二，而印度与锡兰，反各增一倍以上，爪哇且增至十八倍有奇”。[②] 曾经占据出口贸易额四分之三的茶叶，到 1920 年已经低落至 1.6%，到 1932 年亦只有 5.03%[③]。这种状况一方面由于印度、锡兰、日本等新兴产茶国的兴起；另一方面是华茶的生产、制作均故步自封，千年以来无改进，贸易过程中商人缺乏资金，交易手段陈旧、手续繁杂，且缺乏有力的组织保证。针对华茶国际贸易的颓势，《国际贸易导报》先后刊登了四期与茶叶有关的专辑，分别是第 5 卷第 5 号的“茶叶专号”，第 6 卷第 6、7 号分上下卷刊登的“茶叶专号”，第 8 卷第 11 号的“茶叶专辑”，足见贸易管理部门对茶叶出口的重视。

第 5 卷第 5 号“茶叶专号”，刊发了两篇具有指导性意义的文章，一篇是时任上海商检局局长蔡无忌撰写的《改进中国茶叶计划》，提出要从调查各省栽培制造的状况入手，借鉴日本、印度、锡兰、爪哇等地的经验，改善栽培之方法；同时需要筹设实验及研究机构，利用科学的方法对华茶进行改良；在对外贸易中要注意利用多种宣传手段对华茶进行宣扬，同时要奖励保护敢于开辟新茶园及使用新式机器的茶农以及直接出口的茶商。[④] 另外一篇是吴觉农撰写的《华茶在国际战争中的出路》，文章中指出华茶的弱点分别是茶树的衰老、制造拙劣、名类过多、剥削过

① 蔡无忌：《改进中国茶叶计划》，《国际贸易导报》第 5 卷第 5 号，1933 年，第 31 页。

② 章有义：《中国近代农业史资料》第三辑（1927—1937），生活·读书·新知三联书店 1957 年版，第 410 页。

③ 《改进中国茶叶计划》，第 31 页。

④ 同上，第 39—41 页。

重，并在文章中提出解决问题的思路。① 这是两篇具有针对性的文章，对于当时茶叶的改革和发展提供了切实可行的发展策略。而《茶叶水色鉴定法之研究》《茶叶检查暂行分析法》是专业性很强的两篇文章，从技术层面解决华茶的改进问题。这一期还刊登了几篇具有国际视野的文章，如《日本茶的生产及其贸易》《中俄茶叶贸易之过去现在与未来》《世界茶叶之观察》，这些文章详细梳理了日本茶的生产与对外贸易的历史，中俄茶叶贸易的历史以及当前世界茶叶的现状，为华茶的生产、贸易创新提供借鉴。另外《古代塞外之茶叶贸易》《中国制茶种类概述》《两湖茶叶改进之我见》《复兴湖北省立茶叶试验场之管见》《龙井武夷茶之分析》《湖北杨楼峒之茶叶》《祁门之茶业》《君山茶》等文章分别从茶叶的历史、茶叶地域分布以及品类等方面对华茶的发展、改良与创新品种等多角度为挽救华茶颓势出谋划策。

此外，《国际贸易导报》的茶叶专号与茶叶专辑当中，还刊登了《华茶对外贸易之瞻望》《中国茶叶未来的幸运》《中国茶叶销售问题》《茶税之沿革》《锡兰红茶制法及其理论》《苏俄的茶叶栽培》《谈谈印度茶叶》《茶叶品质的科学鉴别法》《红茶筛分法之研究》《浙江平水茶叶衰落原因之探讨》《运销统制下的祁红输出手续》《浙江平水茶制造上之缺点》《江西宁茶复兴委员会应取之方针和办法》以及调查《浙江之平水茶叶》《皖西各县之茶业》《汉口之茶业》《爪哇苏门答腊岛之茶业》《查禁温州茶业掺假经过》《皖浙新安江流域之茶业》《云南之茶业》《印度锡兰之茶业》《英领非洲之茶业》《两湖之茶叶》《制茶水分含量之研究》《茶水简捷容量

---

① 吴觉农：《华茶在国际战争中的出路》，《国际贸易导报》第 5 卷第 5 期，1933 年，第 45—47 页。

检验法》等文章。这些文章的作者不仅有国内从事茶叶检验检疫以及贸易工作的专家学者、从业人员，也有对中国茶叶的现状进行分析与研究的外国学者。这些文章的研究领域包括茶叶的种植、制作、质量检验、销售乃至税收等等，涉及茶叶从生产到销售的各个环节，足见茶叶在中国对外贸易中地位之重要。

再如第 4 卷第 1 号的“丝业问题专号”，针对当时中国丝业外受日丝竞争以及世界经济衰落之影响，内以灾害连年，茧量歉收，原料不良，以至蚕丝事业日渐衰败，对外贸易，一落千丈。① 又由于 1932 年的“一·二八”事变，江浙蚕丝事业，遂陷绝境。中国的蚕丝出口居出口货物第二位，向来在中国出口贸易中占有重要地位，江浙两省大约有一千四百万人以蚕丝事业为生，因此丝业的衰败对国家经济有重要影响。所以《国际贸易导报》出版了专号，刊载了实业部对生丝行业的救市办法——《救济江浙蚕丝业办法案》《救济蚕丝业实施办法草案》，并通过不同的专题如《丝业救济问题》《丝业恐慌中各专家对救济问题之论见》《蚕业问题研究》《各地丝业状况》等，每一专题下均刊登多篇文章对当时的蚕丝业进行剖析，提出解决办法。此外，还刊登了单篇论文《救济蚕丝声中创办模范丝业改良区之重要》《谈谈蚕丝业问题》《中国丝业之积习及补救方法》《中国丝业之危机与其补救办法之我见》《吾国今日丝业问题之性质及其解决办法》《中国蚕丝业科学上之救济》《国产丝绸救济刍议》《组织江苏生丝合作社之意见》《华丝品质退化之原因今后应去改良方针》，通过不同角度分析蚕丝业面临的困境，并提出相应的补救措施。

此外，《国际贸易导报》还出版过：“生丝检验专号”(第 1 卷

① 陈公博：《救济江浙蚕丝业办法案》，《国际贸易导报》第 4 卷第 1 期，1932 年，第 1 页。

第7号)、“棉业专号”(第5卷7号)、“蛋业专号”(第5卷9号)、“农作物检验专号”(第6卷6号)、“食粮问题专号”(第8卷6号),分别对这些出口大宗商品的生产、检验以及贸易进行研究与指导。另外还设有“国际贸易实践”栏目,刊登与进出口相关的业务研究文章,如《论出口发票》(第4卷第5号)、《进出口贸易组织述要》(第4卷第8号)、《论订货单》(第4卷第4号)、《海上保险》(第4卷第7号)等,这些文章对国际贸易的实务均有专业的介绍与研究,对国内读者了解进出口贸易业务大有裨益。

2. 国际贸易热点与理论研究

在关注贸易实务的同时,《国际贸易导报》能够步趋时代的潮流,集中讨论与外贸相关的热点问题,提出相应的外贸理论。“九一八”事变前后,中日关系紧张乃至冲突,对外贸影响尤大,因此对日贸易成为当时外贸期刊讨论的热点问题。《国际贸易导报》第2卷第7号即为“中日贸易专号”,分别刊登了《我国新税则与对日贸易的影响》《从统计上观察历年来之中日贸易》《大阪华侨之贸易现状及交易情形》《上海日商企业之发展与外人在华设厂问题》《中日贸易中之钢铁问题》《中日贸易之华棉出口问题》《中日贸易中之棉织品入口问题》《中日贸易中之豆类问题》《中日贸易中之糖业问题》,这些文章既有政策分析,也有统计数据,还有对不同种类商品的关注。“九一八”事变后,着重研究日本对华投资以及贸易侵略,连续刊登了中日贸易与日货倾销的数篇文章,如《日本对华投资与贸易侵略》(第2卷第11号),从经济侵略之破绽与“九一八事件”、日本帝国主义在华金融资本与企业情况、日本帝国主义在我国之贸易侵略、日本帝国主义对华贸易侵略之阵线四个方面分析了“九一八事变”对中日贸易的影响。此外还能看到《日货灯泡畅销》(第5卷第3期)、《华北日货进口惊人》(第 5 卷第 5 号)、《日货倾销声中我国火柴业可危》等日本对华进行经济侵略的消息。再如《九一八以后日本对华输出贸易之转变》(国际贸易第 6 卷第 8 号),运用统计数据研究了"九一八"事变后中日贸易变化,包括棉布、鱼介、糖类、纸类、煤炭、机器等产品在中国各地销售数量的消长,该文还运用了日本方面的统计数据,使文章更具有说服力和权威性。

针对"九一八"事变之后中日贸易的变化,当时的国际贸易局局长何炳贤在《国际贸易导报》上分三期连载《中日贸易的研究》,全文约 7 万余字,分别从历史上中日通商的过程、从统计上观察历年来中日贸易的趋势、中日重要商品贸易的分析、中日贸易港别研究、中日贸易的将来五个方面系统梳理中日之间从古至今的贸易状况,并对中日贸易的未来进行展望,是研究中日贸易比较全面与权威的文章。

20 世纪 30 年代初,苏联作为当时的唯一的社会主义国家,其外贸政策引起了很多学者和专业人士的注意。特别是苏联当时实行的"计划经济"或"统制经济"在实践过程中取得了巨大的成就,一些学者撰文对这种新的经济政策进行引介与研究。《国际贸易导报》不仅出版了"中俄贸易专号"(第 5 卷第 1 号),对中苏复交后的贸易进行研究,对苏联的外贸政策和组织、苏联的对外贸易实施手续、五年计划下苏联工业的进展进行介绍。还先后刊登《苏联商业政策与中苏商业关系》(第 2 卷第 12 号)、《国营经济政策》(第 5 卷第 3 号)。《国营经济政策》文中称"自苏俄第一期五年计划成功以来,于是个人自由主义的经济理论,可谓已完全丧失其百余年来的权威,而替代之者,则有社会干涉主义的经济理论。以社会上流行语表示之,此种新型的理论经济就叫做'计划经济'或叫做'统治经济'","统治经济之表现于国际贸易者，则为国际贸易的国营”。[①] 当时国内对于中国应该实行自由贸易还是贸易统制政策有颇多争论，所以关注苏联外贸政策可能也有借鉴的意义。1933 年第 5 卷第 12 号刊登的《设立对俄贸易局问题之商榷》，认为针对苏联对外贸易是国营的特点，同时为应对苏联的倾销政策，需设立专门的对苏贸易局，以调整对苏进出口贸易，并可以作为国家贸易统制政策的试点。[②] 这些文章反映出苏联的国营经济在资本主义世界经济危机席卷全球的情况下作为成功样板的巨大示范作用。

3. 沟通国际国内市场的平台

在 20 世纪 30 年代，资讯尚不发达，从事对外贸易的商人急需国内国外市场行情的消息，《国际贸易导报》从创刊开始就致力于国内国际市场行情的通报，特别是对国际市场的需求刊登得尤为多，因为“吾国输出贸易衰败原因甚多，不注意国际市场情形，即其最重要之一点”[③]。《国际贸易导报》从创刊之初就有“统计”、“工商消息”专栏，刊登国内外的市场需求，第 1 卷第 1 号刊登在“统计”专栏中的主要内容有《世界重要国家棉产统计》《世界各国生丝出产统计》《十八年华丝在纽约市场市价统计》《十八年华丝在里昂市场市价统计》《十八年七月十五日至十二月三十一日肠类由上海出洋国别统计》《十八年七月十五日至十二月三十一日蛋及蛋产品由上海出洋国别统计》《十八年五月十五日至十二月三十一日猪油肉类由上海出洋国别

① 李权时：《国营经济政策》，《国际贸易导报》第 5 卷第 3 号，1933 年，第 115 页。

② 毕士林：《设立对俄贸易局问题之商榷》，《国际贸易导报》第 5 卷第 12 号，1933 年，第 25 页。

③ 《本报启示三》，《国际贸易导报》第 1 卷第 9 号，1930 年。

统计》等。“工商消息”中根据不同的产品刊登《美棉最近十年间之供求状况》《中日互惠协定中之棉货贸易观》《世界棉花之供给与消费》;《十八年杭州产茶统计》《去岁茶叶亏损》;《中国鸡蛋输入日本大减》《日本养鸡业之垄断》《铁道部保护蛋业》《上海徐家汇设公共屠宰场》《中国皮革出产之进步》《美国垄断桐油计划》等信息。

另外这一期的“特载”栏目刊登的是《德国柏林及不来梅商会对吾国商品意见书》,此信是柏林和不来梅两商会回复上海商品检验局的回函,内容主要是回复上海商品检验局征求这两地商会对中国主要出口商品的意见。两商会的回函中,详细罗列了中国出口商品的弊端以及改良措施,比如羽毛出口有以次充好的情况,鸡蛋货色价值均可,只是包装需要进一步改进,由扁的箱子代替桶装以避免破损。汉口的桐油比较好,但是也有油色不匀和油渣混入的情况。对于皮货、粗丝、瓷器较为满意,但是茶箱不够坚固,望能使用像印度那样的坚固木箱等。

从第 1 卷第 6 号开始,《国际贸易导报》开始设置“国内外市场报告”专栏,介绍生丝和棉花的市况,至第 2 卷第 2 号更名为“国际市场概况”,按月刊登进出口贸易的情况,“尤注重于与吾国有密切关系之商品,如丝茶、牛皮、蛋产品、花生、桐油、钨、锑等项,以供出口商家之一部分参考”①。第 1 卷第 9 号开始又增设“国际市场概况”,旨在“注重各种商品最近国际销售情形及市场上供求状况”。② 此后“国际市场概况”的内容逐渐分解到“国际贸易统计”和“国内外贸易消息”等栏目,编制的国际贸易表格从最初的三种《按月进出口贸易总值统计》《按月进出

① 《本报启示三》。
② 同上。

口商品分类统计》《按月进出口贸易国别统计》①，增加到五种统计表格《按月进出口贸易总值统计》《按月进出口贸易总值指数》《按月进出口商品分类统计》《按月重要进出口商品贸易指数》《按月进出口贸易国别统计》②，再到八种统计表格《按月进出口贸易总值统计》《按月进出口贸易总值指数》《按月进出口商品分类统计》《按月出入口商品从量贸易指数》《按月进出口贸易国别统计》《按月进出口贸易国别百分比统计》《按月进出口商品国别统计》《按月进出口商品贸易部别统计》③，随着国际贸易统计表格的增加，国际贸易统计的内容更加细化，指标逐渐增多。通过这些数据，可以大致了解当时主要出口产品在国际上的销售状况。事实上，这些栏目的设置不仅具有实务性，也具有很强的时效性，国内外市场行情、商业消息等都是既有研究价值更明显具有时效性的贸易情报。

《国际贸易导报》自 4 卷第 3 号开始设置“国际贸易统计”栏目，包括每月进出口贸易总值统计、商品分类统计、贸易国别统计等内容。这些统计数字不仅给一般读者带来及时有效的信息，也为专业人员的国际贸易研究工作提供了便利。到 1934 年的第 6 卷第 1、2 号合刊，又增加了“经济统计”栏目，将过去一个月上海商业金融行市等内容按月编订，刊入次月的导报。这一期的“经济统计”中就出现了伦敦、纽约银价电汇行市，上海每日银钱行市，上海国外汇兑行市，上海国内汇兑行市，上海标金行市，上海公债行市，上海标纱、标花行市，海外棉市，上海面粉、杂粮、生丝行市，上海鱼市，中国重要商品海外行

① 《例言》，《国际贸易导报》第 4 卷第 4 号，1932 年，第 162 页。
② 《例言》，《国际贸易导报》第 4 卷第 5 号，1932 年，第 122 页。
③ 《例言》，《国际贸易导报》第 5 卷第 5 号，1933 年，页数不详。

市，世界重要商品海外行市的统计表。海外金融行市出现在《国际贸易导报》，是这份杂志国际化、专业化步伐加快的重要体现。

《国际贸易导报》从办刊初始就遵循“以研究检验方法，改良国内商品发展对外贸易为宗旨”①，虽然经过改换主办单位，但是办刊宗旨始终未变。作为国际贸易领域的专业期刊，力图做到“教育机构大中学生及工厂商家均不可不人手一编。研究学问者，由本报中可以得到极有价值之参考资料，经营工商业者，由本报中可以得到商品改良推销科学之方法以及重要商情消息等等”。② 这份期刊以其时效性、专业性、权威性成为民国时期对外贸易领域的重要专业杂志，是外贸体制近代化的重要指标和特征。同时，也是我们了解民国时期我国对外贸易发展的一个窗口和桥梁，是近代外贸史研究中不可多得的第一手材料，值得学界进一步关注与研究。

（庾向芳撰稿）

① 《工商部上海商品检验局出版国际贸易导报》，《国际贸易导报》第1卷第1号，1930年。

② 同上。